周易卦爻辭釋義

雷寶 著

社會科學文獻出版社
SOCIAL SCIENCES ACADEMIC PRESS (CHINA)

序

易與天地準，其道廣大也夫！故能彌綸寰宇，盡心知命，曲成範圍，無方無體者也。然則天地悉備，鬼神伏藏，原始要終，生死妥熨，幽明無往不屆，剛柔所在弗通，莫非易之往來屈信動静闔辟者歟？至若探賾索隱以擬諸形容者，亦莫不象其物宜、法類大化之形容也。故象，聖人所以盡意者也。八卦成列，象在其中。象也者，像此者也。此者何？乾坤之謂也。乾坤闔闢，六索而成物開務，有天地而萬物生焉。復乃由萬物變化而返於元氣氤氳，一歸於易道，大要皆法象之功也。返者何？反復其道也。復者，其有見乎天地之心矣。聖人以此洗心，退藏於密，可謂善於觀象而知易者也。

門生雷寶素耽幽玄，從余研《易》有年，自黑水靺鞨而聽潮申瀆，復至鷺島之濱而觀瀾海運，俯味時賢珠璣之言，仰體往聖設象之趣，探賾鉤沉，引重致遠，獨得於易象之妙，哀纂斯《周易卦爻辭釋義》，乃丐序於余。余覽其書，頗有古法，依遵前漢焦氏易之古象，踵武會稽茹敦和、德清俞曲園、行唐尚秉和諸先生之行跡，且多有闡發，時聞新義，可謂善讀《易》者也。觀其文，亦頗有古式，要言不煩，節以制度，詳略款洽，濃淡相宜，可謂善爲文者也。味其人，則頗有古風，志剛以恬淡自静，性柔而致恭守位，勞謙君子，終日健健，可謂善涵泳者也。昔者聖人之作《易》也，將以順性命之理，窮理盡性以至於命，其欲恒其德者歟？然則縱有未至，其心仰止，信之以中孚，養正以頤，無乃讀《易》者之謂乎！良善君子當自省於深密也夫！

是爲序！

詹石窗

甲午年冬

於蓉城童蒙齋

目　録

乾

乾：元亨，利貞。

用九：見群龍无首，吉。

上九：亢龍有悔。

九五：飛龍在天，利見大人。

九四：或躍在淵，无咎。

九三：君子終日乾乾，夕惕若，厲，无咎。

九二：見龍再田，利見大人。

初九：潛龍勿用。

《彖》曰：大哉乾元，萬物資始，乃統天。雲行雨施，品物流形。大明終始，六位時成，時乘六龍以御天。乾道變化，各正性命，保合太和，乃利貞。首出庶物，萬國咸寧。

【釋讀】乾卦：象徵天，大亨而通，暢達無比，有利之徵兆。

元：許慎《說文解字》：「元，始也。」《周易集解》李鼎祚案引《子夏傳》曰：「元，始也。」混沌初開，萬物之始也。元，爲始，故爲首，爲大。

亨：“元亨”，帛書《周易》作“元享”。“享”篆文作“亯”。《説文解字》：“亯，獻也。从高省，曰象進孰物形。《孝經》曰：‘祭則鬼亯之。’”《説文解字》有“亯”而無“亨”“享”，“亨”“享”本同源字。孔穎達《周易正義》：“亨，通也。”亨即獻祭祖先以溝通人神，故釋爲通。

貞：《説文解字》：“貞，卜問也。从卜，貝以爲贄。一曰鼎省聲，京房所説。”段玉裁注曰：“《大卜》：‘凡國大貞。’大鄭云：‘貞，問也。國有大疑，問於蓍龜。’後鄭云：‘貞之爲問，問於正者。必先正之，乃從問焉。’引《易·師》‘貞，丈人吉’。”“一説是鼎省聲，非貝字也。許説從貝，故鼎下曰貞省聲。京説古文以貝爲鼎，故云從卜鼎聲也。陟盈切，十一部。”京房讀作“zhēng”。貞之爲問，由卜及筮，以求其徵兆也。

《象》曰：天行健，君子以自强不息。

《象傳》説：天之道運行周而復始，君子應效法天道，自立自强，無有止息。

初九：潛龍勿用。

【釋讀】初九：龍潛藏在水下，養精蓄鋭，暫時不宜施展。

《象》曰：“潛龍勿用”，陽在下也。

《象傳》説：“潛龍勿用”，是因爲陽爻處在最下之位，其勢微弱。

潛龍：《説文解字》：“潛，涉水也。”《爾雅·釋言》：“潛，深也。”

【象解】在下曰潛，巽伏而勿用。《子夏傳》曰：“龍，所以象陽也。”

九二：見龍在田，利見大人。

【釋讀】九二：龍已出現在地上，利於出現大人。

《象》曰："見龍在田"，德施普也。

《象傳》說："見龍在田"，猶如陽光普照，其恩惠美德遍施天下。

見龍在田：見，現也。初九"潛龍"即"龍潛"也，知"見龍"當爲"龍見"之義。田，《説文解字》："陳也。樹穀曰田，象四口。十，阡陌之制也。"《釋名》："填也。五稼填滿其中也。"《玉篇》："土也，地也。"《正韻》："土已耕曰田。"《詩經·齊風·甫田》："無田甫田。"《詩經·小雅·大田》："雨我公田。"杜佑《通典》："古有井田，畫九區如井字形，八家耕之，中爲公田，乃公家所藉。"地盡其用，則稱之曰"田"。王弼《周易注》曰："出潛離隱，故曰'見龍'。處於地上，故曰'在田'。"

大人：《文言》曰："夫大人者，與天地合其德，與日月合其明，與四時合其序，與鬼神合其吉凶。"合此四德，方謂之大人。

【象解】在下爲地，地稱田。二五剛健居中，皆大人之象。

九三：君子終日乾乾，夕惕若，厲，无咎。

【釋讀】九三：君子一天到晚日復一日振作警醒，晚上也心存戒懼，這樣即使遇到危險也會逢凶化吉。

《象》曰："終日乾乾"，反復道也。

《象傳》說："終日乾乾"，是説日復一日周而復始不敢有懈怠。

厲：危也。

君子終日乾乾：乾乾，日復一日；猶蹇卦六二"王臣蹇蹇"之"蹇蹇"。

【象解】乾爲君子，象其剛健也。乾爲日，乾卦之終，故稱"終日"，稱"夕"。終日則陽始消，乾變兑之象也，故爲"惕若"，爲"厲"。艮爲遴，行難也，故爲咎。

九四：或躍在淵，无咎。

【釋讀】九四：龍或騰躍而起，或退居於淵，不會有過失。

《象》曰："或躍在淵"，進无咎也。

《象傳》說："或躍在淵"，因爲能審時度勢，故進退自如，不會有過失。

或躍在淵：段玉裁《說文解字注》："古文祇有'或'字，既乃復製'國'字，以凡人各有所守，皆得謂之'或'；各守其守，不能不相疑，故孔子曰：'或之者，疑之也。'而封建日廣，以爲凡人所守之'或'字未足盡之，乃又加口而爲'國'，又加心爲'惑'，以爲疑'惑'當別於'或'。"

【象解】九四居上卦之初，應於初爻，其象爲巽，巽之初爲淵，陰在下也。巽爲惑，惑則多歧也，故亦爲或。言其躍者，震也；陽稱龍，龍之象也。震爲遇，遇則无過，无咎也。

九五：飛龍在天，利見大人。

【釋讀】九五：龍飛在天，利於出現大人。

《象》曰："飛龍在天"，大人造也。

《象傳》說："飛龍在天"，大人將會大展宏圖，有所作爲。

【象解】在上爲天，九五君位，故有飛龍在天之象。

上九：亢龍有悔。

【釋讀】上九：龍飛到了高而又高的地方，將會後悔。

《象》曰："亢龍有悔"，盈不可久也。

《象傳》說："亢龍有悔"，因爲物極必反，過盈則虧，不能長久。

亢龍：亢，《說文解字》："人頸也。"亢，頏同字。《詩經·邶風·燕燕》："燕燕于飛，頏之頏之。"毛傳曰："飛而上曰頏，飛而下曰顉。”段玉裁《説文解字注》謂：“當作飛而下曰頓，飛而上曰頡。轉寫互譌久矣。”亢之引申義爲高也，過也。《周易集解》引王肅曰：“窮高曰亢。”

【象解】上爻處窮極之位，高而又高，亢也。亢則有過，是爲有悔。

用九：見群龍无首，吉。

【釋讀】用九：出現群龍自由飛騰，不分首尾之象，吉利。

《象》曰：用九，天德不可爲首也。

《象傳》説：“用九”的爻象説明，天雖生萬物，但卻不居首，不居功。

【象解】天道循環，群龍競飛。乾爲圜，故“无首”。乾卦用“龍”象，陽純也。

《文言》曰：“元者，善之長也。亨者，嘉之會也。利者，義之和也。貞者，事之幹也。君子體仁足以長人，嘉會足以合禮，利物足以和義，貞固足以幹事。君子行此四德者，故曰‘乾，元亨利貞。’”

初九曰“潛龍勿用”，何謂也？子曰：“龍德而隱者也。不易乎世，不成乎名，遯世而无悶，不見是而无悶。樂則行之，憂則違之，確乎其不可拔，潛龍也。”

九二曰“見龍在田，利見大人”，何謂也？子曰：“龍德而正中者也。庸言之信，庸行之謹，閑邪存其誠，善世而不伐，德博而化。《易》曰‘見龍在田，利見大人’，君德也。”

九三曰“君子終日乾乾，夕惕若，厲，无咎”，何謂也？子曰：“君子進德修業。忠信，所以進德也；修辭立其誠，所以居業也。知至至之，可與言幾也；知終終之，可與存義也。是故，居上位而不驕，在下位而不憂。故乾乾因其時而惕，雖危无咎矣。”

九四曰“或躍在淵，无咎”，何謂也？子曰：“上下无常，非爲邪也。進退无恒，非離群也。君子進德修業，欲及時也，故无咎。”

九五曰“飛龍在天，利見大人”，何謂也？子曰：“同聲相應，同氣相求。水流濕，火就燥，雲從龍，風從虎，聖人作而萬物覩。本乎天者親上，本乎地者親下，則各從其類也。”

上九曰“亢龍有悔”，何謂也？子曰：“貴而无位，高而无民，賢人在下位而无輔，是以動而有悔也。”

“潛龍勿用”，下也。“見龍在田”，時舍也。“終日乾乾”，行事也。“或躍在淵”，自試也。“飛龍在天”，上治也。“亢龍有悔”，窮之災也。乾元用九，天下治也。

“潛龍勿用”，陽氣潛藏。“見龍在田”，天下文明。“終日乾乾”，與時偕行。“或躍在淵”，乾道乃革。“飛龍在天”，乃位乎天德。“亢龍有悔”，與時偕極。乾元用九，乃見天則。

乾元者，始而亨者也。利貞者，性情也。乾始能以美利利天下，不言所利，大矣哉！大哉乾乎！剛健中正，純粹精也。六爻發揮，旁通情也。時乘六龍，以御天也。雲行雨施，天下平也。

君子以成德爲行，日可見之行也。潛之爲言也，隱而未見，行而未成，是以君子弗用也。君子學以聚之，問以辯之，寬以居之，仁以行之。《易》曰“見龍在田，利見大人”，君德也。

九三重剛而不中，上不在天，下不在田，故乾乾因其時而惕，雖危无咎矣。

九四重剛而不中，上不在天，下不在田，中不在人，故或之。或之者，疑之也，故无咎。

夫大人者，與天地合其德，與日月合其明，與四時合其序，與鬼神合其吉凶。先天而天弗違，後天而奉天時。天且弗違，而況於人乎？

況於鬼神乎？

　　亢之爲言也，知進而不知退，知存而不知亡，知得而不知喪。其唯聖人乎！知進退存亡，而不失其正者，其唯聖人乎！

坤

䷁ 坤：元亨，利牝馬之貞。君子有攸往，先迷後得主。利西南，得朋，東北喪朋。安貞吉。

用六：利永貞。

上六：戰龍于野，其血玄黃。

六五：黃裳，元吉。

六四：括囊，无咎，无譽。

六三：含章，可貞。或從王事，无成有終。

六二：直方大，不習无不利。

初六：履霜，堅冰至。

《彖》曰：至哉坤元！萬物資生，乃順承天。坤厚載物，德合无疆。含弘光大，品物咸亨。牝馬地類，行地无疆，柔順利貞。君子攸行，先迷失道，後順得常。西南得朋，乃與類行。東北喪朋，乃終有慶。安貞之吉，應地无疆。

【釋讀】坤卦：象徵地，大亨，利於雌馬之徵兆。君子若去遠方，先迷失後找到主人。往西南方有利，會得到朋友的幫助，如往東北方，則會失去朋友的幫助。若保持現狀，則爲吉祥之兆。

《象》曰：地勢坤，君子以厚德載物。

《象傳》說：地之德和順且承載包容，君子應效法坤德，仁厚寬廣，胸懷天下。

初六：履霜，堅冰至。

【釋讀】初六：腳踏上了霜，知道寒冷結冰季節即將到來。

《象》曰："履霜堅冰"，陰始凝也。馴致其道，至堅冰也。

《象傳》說："履霜堅冰"，說明陰寒之氣開始凝聚。按照這種情況發展下去，必然迎來寒冰的出現。

【象解】初爻稱履。爻例以初爲微，爲弱，陰微故以霜爲喻；臨重陰，爲寒重，則以冰爲喻。陰，柔也；純陰者至柔也，至柔者至剛，故稱"堅冰"。陽宜動而陰宜静，故"履霜"而後可待"堅冰至"也。

六二：直方大，不習无不利。

【釋讀】六二：巡行四方，不遇襲擾，没有什麽不利。

《象》曰：六二之動，直以方也。"不習无不利"，地道光也。

《象傳》說：六二待時而動，宜廣佈四方。"不習无不利"，是因爲地德廣大，能够包容萬物的緣故。

直方大：省方，巡行四方。聞一多《周易義證類纂》："古直省同字，直方疑即省方。"荀爽《九家易》即釋"方"爲四方。"大"通"達"，順暢通達。《説文解字》："達，行不相遇也。……达，或從大。"

習："習"通"戠"。《玉篇》："戠，古文襲字。輕師掩其不備也。"

【象解】坤爲方，天圓地方也。坤爲廣，爲佈，象皆取其大。離中虛，爲彭亦爲大。《象》曰"六二之動"，動則成坎，坎爲險陷，故戒之曰"不習无不利"也。

六三：含章，可貞。或從王事，无成有終。

【釋讀】六三，韜光養晦不顯擺。如果輔佐君主，死而後已。

《象》曰："含章可貞"，以時發也。"或從王事"，知光大也。

《象傳》說："含章可貞"，說明要等待時機纔能充分展示自己。"或從王事"，是知道自己只有跟從有爲君主纔能大顯身手，一展抱負。

含章："章"通"璋"，半圭爲璋。釋見姤卦九五。《周禮·天官·大宰》："大喪，贊贈玉含玉。"死而後已，獲贈含玉，正爲"无成有終"也。

【象解】坤爲含，取其包容也。玉，至堅之物也；坤土，至柔之物，而玉産於土。至堅者至柔，至柔者至堅，陰陽之道也。下卦之終變而成艮，伏兌爲口亦爲含。艮爲山爲玉，艮爲臣爲成。卦雖无乾，爻辭皆視乾而繫。

六四：括囊，无咎，无譽。

【釋讀】六四：扎緊口袋，謹言慎行則沒有讚譽，也免遭禍患。

《象》曰："括囊无咎"，慎不害也。

《象傳》說："括囊无咎"，說明小心謹慎纔能免遭禍患。

无譽：《說文解字》："譽，稱也。"《玉篇》："聲美也。"名美稱"譽"。《詩經·周頌·振鷺》："庶幾夙夜，以永終譽。"鄭箋曰："聲美也。"《禮記·表記》："君子不以口譽人，則民作忠。"《莊子·盜跖》篇："好面譽人者，亦好背而毀之。"

【象解】坤爲佈，爲囊。坤又爲閉，爲括。括囊則无咎，无譽。上卦之下爲巽，巽爲繩，故爲括閉。震爲无咎，覆艮无譽。六四之慎，近五也。

六五：黄裳，元吉。

【釋讀】六五：黄色裙裳，大吉。

《象》曰："黄裳元吉"，文在中也。

《象傳》説："黄裳元吉"，因爲黄色在五彩斑斕之色中居於中位。

黄裳：周人認爲黄色爲吉祥之色。《説文解字》："裳，下帬也。""帬"同"裙"。段玉裁注曰："裳，障也。以自障蔽也。"《釋名》："上曰衣，下曰裳。"

文在中也：《釋名》："文者，會集衆綵，以成錦繡。會集衆字，以成辭義，如文繡然也。"《説文解字》："繡，五采備也。"

【象解】坤爲土，五色之中爲黄。坤下稱裳，六五得中，故爲"黄裳"。

上六：戰龍于野，其血玄黄。

【釋讀】上六：龍在郊外原野上争鬥，流出的血是青黄相雜的顔色。

《象》曰："龍戰于野"，其道窮也。

《象傳》説："龍戰于野"，説明陰極陽生，純陰已經發展到了盡頭。

戰龍于野：《周易集解》引孟喜曰："陰乃上薄，疑似於陽，必與陽戰也。"上薄，上迫也。野，《説文解字》："郊外也。"《爾雅·釋地》："邑外謂之郊，郊外謂之牧，牧外謂之野，野外謂之林，林外謂之坰。"

其血玄黄：《周易集解》引王凱沖曰："陰陽交戰，故血玄黄。"《説卦》："震爲雷，爲龍，爲玄黄。"震爲東方之卦。玄黄，草青色。

【象解】龍，陽物也。物極必反，陰盡陽生，故上六取龍象。坤爲野。坤爲血。若以"戰"爲陰陽交合之義，則與《象》義相違。

用六：利永貞。

【釋讀】用六：利於像川流不息的江水一樣保持長久之兆。

《象》曰：用六"永貞"，以大終也。

《象傳》說：用六爻辭"永貞"，是指陰盛到了極點就會向陽轉化。

利永貞：永，《說文解字》："水長也。象水巠理之長。"《詩經·周南·漢廣》："江之永矣，不可方思。"

【象解】地道廣佈，源遠流長。坤爲大川，水長爲永。坤卦取象不一，陰雜也。

《文言》曰：坤至柔而動也剛，至靜而德方，後得主而有常，含萬物而化光。坤道其順乎？承天而時行。

積善之家，必有餘慶。積不善之家，必有餘殃。臣弒其君，子弒其父，非一朝一夕之故，其所由來者漸矣，由辯之不早辯也。《易》曰"履霜堅冰至"，蓋言順也。

直其正也，方其義也。君子敬以直內，義以方外，敬義立而德不孤。"直方大，不習无不利"，則不疑其所行也。

陰雖有美，含之以從王事，弗敢成也，地道也，妻道也，臣道也。地道无成而代有終也。天地變化，草木蕃。天地閉，賢人隱。《易》曰"括囊，无咎，无譽"，蓋言謹也。

君子黃中通理，正位居體，美在其中，而暢於四支，發於事業，美之至也。

陰疑於陽必戰，爲其嫌於无陽也，故稱龍焉，猶未離其類也，故稱血焉。夫玄黃者，天地之雜也。天玄而地黃。

屯

䷂ 屯：元亨，利貞，勿用有攸往，利建侯。

上六：乘馬班如，泣血漣如。

九五：屯其膏，小貞吉，大貞凶。

六四：乘馬班如，求婚媾，往吉，无不利。

六三：即鹿无虞，惟入于林中，君子幾不如舍，往吝。

六二：屯如邅如，乘馬班如，匪寇婚媾。女子貞不字，十年乃字。

初九：磐桓，利居貞，利建侯。

《彖》曰：屯，剛柔始交而難生，動乎險中，大亨貞。雷雨之動滿盈，天造草昧，宜建侯而不寧。

【卦名釋義】屯卦有駐扎屯居之義。卦爻辭主要講定居生活。《序卦》："有天地然後萬物生焉，盈天地之間者唯萬物，故受之以屯。屯者，盈也。屯者，物之始生也。"《雜卦》："屯見而不失其居。"屯卦由坎卦卦變而來。

【釋讀】屯卦：大亨，有利的徵兆，不適宜去遠方，有利於建造堡壘分封諸侯。

利建侯:《尚書·康王之誥》:"乃命建侯樹屏。""侯"通"堠",堡壘。《史記·律書》:"原且堅邊設候,結和通使,休寧北陲,爲功多矣。"設候即建侯,建立烽燧等守候望敵之建築。有爵位名爲"亭侯",其在列侯中食禄於鄉、亭者稱爲鄉侯、亭侯。亭侯爲秦、漢亭長下屬,任候盗捕盗之事。魏、晉仍置。如漢末曹操封費亭侯,關羽封漢壽亭侯,劉備封宜城亭侯。《後漢書·百官志》:"列侯……功大者食縣,小者食鄉、亭。""十里一亭。亭長,亭侯,素絶以收執賊。"高亨《周易古經今注》曰:"建侯者,建立諸侯也。古者封侯授國,新侯嗣國,皆自天子命之,統曰建侯。"二説可通。

《象》曰:雲雷屯,君子以經綸。

《象傳》説:屯卦的卦象爲雲雷大作。君子觀屯之象,應該經綸天下之事,建功立業。

初九:磐桓,利居貞,利建侯。

【釋讀】初九:以堅固大石作爲牆壁,利於安居之兆,適合建造堡壘分封諸侯。

《象》曰:雖"磐桓",志行正也。以貴下賤,大得民也。

《象傳》説:雖然遇阻而徘徊不前,但是其志向和行爲都很正當。自己身份高貴卻能公正對待身份卑微的人,很能贏得民衆的擁戴。

磐桓:帛書《周易》作"半遠",與"磐桓"聲通。《廣韻》:"磐,大石。"高亨《周易古經今注》曰:"桓疑借爲垣,同聲係,古通用。《説文》:'垣,牆也。'磐垣,以大石爲牆也。""建侯所以屏藩王室,王室之有侯國,猶居之有垣。"

【象解】初至五,震對艮。震爲覆艮,艮爲山,故爲石、爲磐。上坎下震,動而遇險,初動應四,四據於五,動而欲止,故曰"磐桓”。震動也，故爲作，爲建；艮止也，故爲亭，爲侯。屯卦有“亭”之象。

六二：屯如邅如，乘馬班如，匪寇婚媾。女子貞不字，十年乃字。

【釋讀】 六二：徘徊往復，四匹馬拉著的大車盤桓不進，不是盜寇，是來求婚配的。預兆這個女子不被准許嫁人，十年之後纔能出嫁生育。

《象》曰：六二之難，乘剛也。“十年乃字”，反常也。

《象傳》說：六二之困境，是由於陰爻六二乘淩陽爻初九所造成的。“十年乃字”，是很反常的現象。

乘馬：一車四馬爲一乘。《詩經·鄭風·大叔于田》：“大叔于田，乘乘馬。”前一“乘”字爲能乘，後爲所乘。

班如：《子夏傳》：“班如者，爲相牽不進貌。”“般”“班”字通。《說文解字》：“般，象舟之旋。”《爾雅·釋言》：“般，還也。”“班如”爲徘徊不進之貌。

婚媾：有婚姻關係的親戚。古代氏族社會禁止族內通婚，周朝貴族仍保留“族外婚”傳統。《國語·晉語》：“同姓不婚，懼不殖也。”《左傳·僖公二十三年》：“男女同姓，其生不蕃。”

字：懷孕，妊娠。《說文解字》：“字，乳也。”段玉裁注曰：“人及鳥生子曰乳。”《周易集解》引虞翻曰：“字，妊娠也。”又爲名字。《禮記·曲禮》：“男子二十冠而字。”《儀禮·士冠禮》：“冠而字之，敬其名也。君父之前稱名，他人則稱字也。”《禮記·曲禮》：“女子許嫁，笄而字。”注：“亦成人之道也。”王國維《說女字》：“男女既冠笄，有爲父母之道，故以某父某母字之也。”王國維：“讀彝器文字而得周女字十有七焉。”後引申之義爲女許嫁曰“字”。

【象解】 上卦坎險，下卦震動，遇險則迍邅難行。坎爲輪，震爲馬，二至五爲正覆震，故曰“乘馬班如”。坎爲婚媾，亦爲寇，有應則“匪寇婚媾”。震爲孚，六二前行遇二陰所阻，然終應於九五，故“十年乃字”。

六三：即鹿无虞，惟入于林中，君子幾不如舍，往吝。

【釋讀】六三：追逐野鹿時來到山腳之下，由於缺少管山林之虞人的引導，致使鹿逃入樹林深處，君子繼續靠近追趕，不如放棄，向前追逐有困阻。

《象》曰：“即鹿无虞”，以從禽也。君子舍之，往吝窮也。

《象傳》説：“即鹿无虞”，要靠虞人的引導纔能打獵。君子應適時放棄，繼續追下去有困難而且無路可走。

即鹿无虞：“鹿”“麓”通，山足也。《釋名》：“山足曰麓。”《詩經·大雅·旱麓》：“瞻彼旱麓，榛楛濟濟。”《傳》：“麓，山足也。”《詩經·大雅·桑柔》：“瞻彼中林，甡甡其鹿。”《周禮·地官·林衡》：“中林麓，如中山之虞。小林麓，如小山之虞。”鄭注云：“衡，平也。平林麓之大小及所生者，竹木生平地曰林，山足曰麓。”茹敦和《重訂周易小義》：“麓之文從林從鹿，亦以林之有鹿故爾，雖義異而象同，則鹿之不必爲麓也。”《周易集解》引虞翻曰：“即，就也。虞謂虞人，掌禽獸者。”虞人爲古代掌管山澤苑囿田獵的職官。《周禮·地官·山虞》鄭注曰：“虞，度也，度知山之大小及所生者。”《禮記·喪大記》：“復有林麓則虞人設階，無林麓則狄人設階。”孔穎達疏曰：“‘無林麓則狄人設階’者，謂官職卑小，不合有林麓，無虞人可使。”一説“虞”爲“備虞”，經非此義。

君子幾不如舍：《繫辭下》：“幾者，動之微。”《周易集解》引虞翻曰：“幾，近。”一説“冀望”，經非此義。舍，止也。段玉裁《説文解字注》：“凡止於是曰舍，止而不爲亦曰舍，其義異而同也。”

從禽：《後漢書》："（光武）既反，因於野王獵，路見二老者即禽。"即禽，猶打獵，在野外獵取禽獸。從禽，其義同"即禽"。一説"從"通"縱"，"縱禽"爲放跑禽獸之義，殆誤。

【象解】尚秉和《周易尚氏學》："麓通鹿，山足也。三爲艮初，正山足也。即鹿者，言至山足而從禽也。"艮爲角，爲鹿。艮爲虞人。震爲進，進則近，故亦爲幾；艮爲止，爲舍。六三處震卦之終，獨遠陽爻，動之微而宜静，故"幾不如舍"。六三震終艮初，動而无應，故爲"往吝"。震爲入，爲木，正覆震爲林，互坤爲平，故"惟入于林中"。六三无應，隔陽遠實，故有此象。

六四：乘馬班如，求婚媾，往吉，无不利。

【釋讀】六四：四匹馬拉著的大車盤桓不進，是來求婚配的，前往吉祥，没有不利。

《象》曰："求而往"，明也。

《象傳》説："求而往"，是明智的。

【象解】六四"乘馬班如"取象與六二同，皆用覆象。互艮爲求，坎爲婚媾。六四近承陽，遠有應，故"无不利"。

九五：屯其膏，小貞吉，大貞凶。

【釋讀】九五：儲藏屯積肥油，小事預兆吉利，大事預兆凶險。

《象》曰："屯其膏"，施未光也。

《象傳》説："屯其膏"，未能像陽光普照一樣廣施恩澤。

屯其膏：屯，屯聚；膏，甲骨文"膏"字代表動物油脂，凝者曰脂，釋者曰膏。《説文解字》："脂，戴角者脂，無角者膏。"引申之義爲恩澤。

小貞吉，大貞凶：《周官·太卜》："凡國大貞，卜立君，卜大封。"俞樾《群經平議》："以大事問謂之大貞，以小事問謂之小貞。'小貞吉，大貞凶'，言可小事，不可大事也。"

【象解】坎爲水，九五陽爻稱膏。下震爲簋，震又爲小，水潤下而聚於器中則爲屯；坎爲隱伏，互艮爲大，九五擁君位而陷於群陰，私其用而恩澤未能廣施，小則聚，大則溢也，故曰"小貞吉，大貞凶"。

上六：乘馬班如，泣血漣如。

【釋讀】上六：四匹馬拉著的大車盤桓不進，有人悲傷哭泣，泣血不止。

《象》曰："泣血漣如"，何可長也？

《象傳》說："泣血漣如"，這種狀況怎能維持長久呢？

泣血漣如：泣血，淚盡而繼之以血；漣如，垂泣之貌。《詩經·衛風·氓》："不見復關，泣涕漣漣。"

【象解】《說卦》："坎爲血卦。其於馬也，爲曳。其於輿也，爲多眚。"坎爲血，爲水，故曰"漣如"。六二、六四、上六三爻皆曰"乘馬班如"，而吉凶各異。六二得中有應，然遇阻也；六四近承遠應；上六乘凌九五陽爻，无應。

蒙

蒙：亨。匪我求童蒙，童蒙求我。初筮告，再三瀆，瀆則不告。利貞。

上九：擊蒙，不利爲寇，利禦寇。

六五：童蒙，吉。

六四：困蒙，吝。

六三：勿用取女，見金夫，不有躬，无攸利。

九二：包蒙，吉。納婦，吉，子克家。

初六：發蒙，利用刑人，用説桎梏，以往吝。

《彖》曰：蒙，山下有險，險而止，蒙。"蒙，亨"，以亨行時中也。"匪我求童蒙，童蒙求我"，志應也。"初筮告"，以剛中也。"再三瀆，瀆則不告"，瀆蒙也。蒙以養正，聖功也。

【卦名釋義】《象》曰："山下出泉，蒙。""霧"，古音蒙。《序卦》："蒙者，蒙也，物之穉也。"穉同"稚"。蒙者，萌也。《説文解字》："萌，草芽也。"泉水上溢，抑止則萌。引申之義爲萌發、幼稚、蒙昧、朦朧、懵懂、蒙蔽、冒犯等。

【釋讀】蒙卦：亨通。不是我有求於幼童，而是幼童有求於我。第一次占筮則告訴吉凶，再三來占問是褻瀆，褻瀆則不告訴吉凶。有利的徵兆。

初筮告，再三瀆，瀆則不告：帛書《周易》作"初筮吉，再三瀆，瀆則不吉"。第一次卜筮吉，若一而再再而三卜筮則屬褻瀆，褻瀆則不吉利。初筮既然吉，何必要再三卜筮？目的豈是占卜到不吉利的結果？故知其當爲"初筮告"，非"初筮吉"。

《禮記·曲禮》曰："卜筮不過三，卜筮不相襲。龜爲卜，策爲筮，卜筮者，先聖王之所以使民信時日、敬鬼神、畏法令也；所以使民決嫌疑、定猶與也。"不過三之義，與《易》之"再三瀆，瀆則不告"同。《左傳·僖公四年》晉獻公欲納驪姬，卜之不吉而後筮，亦瀆也。孔穎達疏言之甚詳："《曲禮》云：'卜筮不相襲。'鄭玄云：'卜不吉，則又筮，筮不吉，則又卜，是瀆龜筮也。晉獻公卜娶驪姬，不吉，公曰"筮之"是也。'如彼《記》文，卜之不吉，不合更筮。但獻公既愛驪姬，欲必尊其位，故卜既不吉，更令筮之，冀乎筮而得吉，所以遂己心也。《詩》云：'我龜既厭，不我告猶。'鄭玄云：'卜筮數而瀆龜，龜靈厭之，不復告其所圖之吉凶。'由是貫瀆龜筮，不復告之以實，故終實不吉，而筮稱其吉，是筮非不知，而不以實告也。"

《象》曰：山下出泉，蒙。君子以果行育德。

《象傳》說：蒙卦爲山下有泉水之象。君子必須行動果斷，以培養良好的品德。

初六：發蒙，利用刑人，用說桎梏，以往吝。

【釋讀】初六：在萌芽狀態下啓發教育蒙昧之人，貴在給人樹立典型，以便避免將來手銬腳鐐的懲罰，前行會有阻礙。

《象》曰："利用刑人"，以正法也。

《象傳》說：樹立典型的辦法來進行啟蒙教育，是爲了確立正確的法度，以便遵循。

發蒙：發，啟也。《論語·述而》："不憤不啟，不悱不發。"《說文解字》："啟，教也。"蒙，萌也。

刑人：尚秉和《周易尚氏學》："刑與型同。利用刑人者，言宜樹之模型，使童蒙有所法式，得爲成人，永免罪辟也。"《一切經音義》卷二引《通俗文》曰："以土曰型，以金曰鎔，以木曰模，以竹曰範。四者一物材別也。"《詩經·大雅·思齊》："刑于寡妻，至于兄弟，以禦于家邦。"給自己的嫡妻還有兄弟做榜樣，推而廣之，進而治理好一家一國。一說處罰人，或指受刑之人，經非此義。

用說桎梏：用，宜也。說，讀"脫"。桎梏，刑具。在足稱"桎"，在手稱"梏"。

【象解】初爻爲始，故爲啟，爲發。坎爲水，初爻爲萌。尚秉和《周易尚氏學》："坎爲桎梏。"此說不確。震爲桎，艮爲梏。初六承陽，孺子尚可教也，故曰"利用刑人"，"用說桎梏"也。上无應遇坎，故"以往吝"。

九二：包蒙，吉。納婦，吉，子克家。

【釋讀】九二：包容懵懂的人，吉利。娶媳婦，吉祥，兒子能够成家立業了。

《象》曰："子克家"，剛柔接也。

《象傳》說："子克家"，這是因爲男女婚配如同剛柔相濟的道理一樣。

包蒙：蒙，懵懂。包，帛書《周易》作"枹"。黃焯《經典釋文彙校》："《易》包字凡九見，而唐石經苞包歧出，蓋初刻作包，後刻作苞也。"

克：《説文解字》："肩也。"徐鍇注曰："肩，仟也。負何之名也。與人肩脾之義通，能勝此物謂之克。"《爾雅·釋言》曰："克，能也。"

【象解】中爻稱包，坎卦一陽包於二陰。坎爲婚媾，震爲小子。九二應於六五，正反艮爲負荷，爲克，爲能。上艮爲户，下坎爲家。李光地《御纂周易折中》："以九二應六五者，凡十六卦，皆吉。"

六三：勿用取女，見金夫，不有躬，无攸利。

【釋讀】六三：不宜娶這樣的女子，見到美男子，獻身以求之，沒有什麼好處。

《象》曰："勿用取女"，行不順也。

《象傳》説："勿用取女"，是因爲這個女子的行爲不合乎禮儀。

有躬：即爲"有身"，猶言"有我"。《道德經》："吾所以有大患者，爲吾有身；及吾無身，吾有何患！"蹇卦六二："王臣蹇蹇，匪躬之故。"以艮爲躬。一爲懷孕。《詩經·大雅·大明》："大任有身，生此文王。"經非此義。

金夫：王弼《周易注》曰："女之爲體，正行以待命者也。見剛夫而求之，故曰'不有躬'也。施之於女，行在不順，故'勿用取女'，而'无攸利'。"虞翻、王弼均釋爲"陽剛之男"，美男子之謂也。《詩經·衛風·淇奧》"有匪君子，如金如錫，如圭如璧"，《左傳·昭公二十年》"思我王度，式如玉，式如金"，皆以金喻人之美。程頤《程氏易傳》："女之從人，當由正禮，乃見人之多金，説而從之，不能保有其身者也。"程頤釋"金夫"爲多金之男，臆説也。

【象解】此爻女喻六三，金夫喻上九。六三應上九，往求之則被前二陰爻所阻隔。艮堅爲貝，亦爲金。《易林》以艮爲金。以爻而言，

初弱終壯，故震爲小子，艮爲丈夫；艮爲身體，震爲反身，反身即
"不有躬"。六三與上九相應，而處於下卦之終，陰柔失正，乘凌九二
陽剛，有既處"蒙稚"又急於求進之象，猶如女子見美男子亟欲求
之。故爻辭戒上九勿娶此女，娶之必"无攸利"。蒙卦三男一女，亦
不宜娶婦之象。

六四：困蒙，吝。

【釋讀】六四：人困處於迷茫之境地，處境艱難。

《象》曰："困蒙"之吝，獨遠實也。

《象傳》説："困蒙"之吝，在於六四上下皆爲陰爻，只有六四遠
離陽爻。

困蒙：蒙，迷茫、無所適從之義。

【象解】六四與初六敵而不應，與九二及上九均爲陰爻所阻隔，
正是求告無門之象。此爻進退皆有阻礙，故稱之曰"吝"，尚不至於
有咎也。

六五：童蒙，吉。

【釋讀】六五：幼稚的孩童，吉利。

《象》曰："童蒙"之吉，順以巽也。

《象傳》説："童蒙"之吉，是因爲蒙童的態度恭順而謙遜。

童蒙：蒙，幼稚。卦辭所指之"童蒙"，即此爻。

【象解】艮爲童蒙。六五承陽，居上卦之中位，與九二正應，故
曰"吉"。

上九：擊蒙，不利爲寇，利禦寇。

【釋讀】上九：抗擊冒犯之人，不宜做盜匪劫掠，適合抵擋盜匪。

《象》曰："利用禦寇"，上下順也。

《象傳》説："利用禦寇"，因爲下屬願意跟隨自己一起協力抵禦盜匪。

撃蒙：蒙，冒犯。

禦：抵禦、防備。《詩經·邶風·谷風》："我有旨蓄，亦以御冬。"《詩經·齊風·猗嗟》："射則貫兮，四矢反兮，以禦亂兮。"《左傳·僖公三十三年》："晉人禦師必於殽。"

【象解】艮爲執，爲角，上爻亦爲角，爲撃。艮爲防，爲禦。下坎爲寇。上九不宜棄四五爻而下應坎卦六三，故"不利爲寇，利禦寇"。

需

䷄ 需：有孚，光亨，貞吉，利涉大川。

上六：入于穴，有不速之客三人來，敬之，終吉。

九五：需于酒食，貞吉。

六四：需于血，出自穴。

九三：需于泥，致寇至。

九二：需于沙，小有言，終吉。

初九：需于郊，利用恒，无咎。

《彖》曰：需，須也，險在前也。剛健而不陷，其義不困窮矣。“需，有孚，光亨，貞吉”，位乎天位，以正中也。“利涉大川”，往有功也。

【卦名釋義】 需爲小雨之卦。需，帛書《周易》作“襦”。《雜卦》：“需，不進也。”《説文解字》：“需，遇雨不進。止頦也。”需卦有爲雨水“濡濕、沾濕”而“等待、停留、遲滯”之義。泰卦變而成需卦。

【釋讀】 需卦：有福氣，大亨通，吉祥的徵兆，渡過寬闊的河流很順利。

有孚：孚，從爪，抓也；從子，孵也。《説文解字》："孚，卵孚也。从爪从子。一曰信也。"徐鍇曰："鳥之孚卵皆如其期，不失信也。鳥褢恒以爪反覆其卵也。""有孚"卦爻辭習用，而向無確解，其義宜參中孚卦。林義光《文源》："孚即俘之古文，象爪持子。"《説文解字》："俘，軍所獲也。"《爾雅》："俘，取也。"高亨從其説，是也。於己爲獲爲得，於彼則爲懲爲罰。有孚，當作有俘獲、收穫解，引申爲"有福"之義。以孚爲信之説，離經旨遠矣，不足爲訓。

亨：楚竹書《周易》作"鄉""鄉"。《説文解字》："鄉人飲酒也。"《玉篇》："饗，設盛禮以飯賓也。"羅振玉《增訂殷虛書契考釋》："公卿之卿，鄉黨之鄉，饗食之饗，皆爲一字。"宴饗以溝通人與人、人與神之間的聯繫，故"亨"釋爲"通"。

《象》曰：雲上于天，需。君子以飲食宴樂。

《象傳》説：需卦的卦象是乾下坎上，爲雲在天上之象，水氣聚集天上成爲雲層，密雲滿天。君子在這個時候宜宴飲安樂。

初九：需于郊，利用恒，无咎。

【釋讀】初九：在郊野里駐守等待，應當依舊耐心等下去，不會有什麼過失。

《象》曰："需于郊"，不犯難行也。"利用恒，无咎"，未失常也。

《象傳》説："需于郊"，説明其沒有冒險前行。"利用恒，无咎"，表明其一直堅持下去沒有輕舉妄動。

需于郊：邑外謂之郊。

利用恒：恒，常也。

【象解】乾爲郊，乾爲天爲圓，迴環不絕故亦爲恒。初九爲重陽所阻，四據於五，所應爲坎險，故宜止待，不宜犯難而行也。

九二：需于沙，小有言，終吉。

【釋讀】九二：在沙洲上浸濕水，受到一些小的指責，最終吉祥。

《象》曰："需于沙"，衍在中也。雖"小有言"，以終吉也。

《象傳》説：在沙洲上浸濕水，是因爲沙洲在水澤之中。雖然有一些小的爭吵和指責，但是最終結果還是吉祥的。

需于沙：需，浸濕；沙，指沙洲，水邊或水中由沙子淤積成的陸地。《詩經·大雅·鳧鷖》："鳧鷖在沙。"《小爾雅》："澤之廣者謂之衍。"沙衍，爲水中有沙者。

【象解】乾爲圜，爲剛，爲玉，兑缺處坎水之下，故爲沙。互兑爲口爲言。

九三：需于泥，致寇至。

【釋讀】九三：淤滯於沼澤地中，招致搶掠的盜匪乘機而至。

《象》曰："需于泥"，災在外也。自我致寇，敬慎不敗也。

《象傳》説："需于泥"，説明災禍還在外面，尚未殃及自身。自己招引來強盜，説明要恭謹小心纔能不危及自身。

需于泥：需，淤滯。《釋名·釋丘》："水潦所止曰泥丘。"水流不去，則成泥沼。

【象解】坎爲水，九三居水下爲泥。坎爲寇。

六四：需于血，出自穴。

【釋讀】六四：沾著血污，從地穴中出來。

《象》曰："需于血"，順以聽也。

《象傳》説："需于血"，此時溫順而且聽從擺佈。

需于血：需，沾也，黏也。

出自穴：穴，爲地穴，俗稱"地窨子"。《説文解字》："穴，土室也。"《墨子·辭過》:"古之民,未知爲宮室時,就陵阜而居,穴而處。下潤濕傷民,故聖王作爲宮室。"《繫辭下》:"上古穴居而野處,後世聖人易之以宮室,上棟下宇,以待風雨,蓋取諸大壯。"

【象解】坎爲血,六四以陰承陽,傷也;"需于血",近也。兌爲口,爲穴。六四兌之上,故曰"出自穴"。《易林》皆以兌爲穴。

九五:需于酒食,貞吉。

【釋讀】九五:盛滿酒食,吉祥的徵兆。

《象》曰:"酒食貞吉",以中正也。

《象傳》説:"酒食貞吉",説明所處之位即中且正。

需于酒食:需,少則沾,多則滿;此有盛滿之義。

【象解】坎爲酒、食。實也,坎中滿。泰卦六五變而成需卦,泰爲大震,其象簋。

上六:入于穴,有不速之客三人來,敬之,終吉。

【釋讀】上六:進入地穴裏,有三個沒有邀請的客人到來,恭敬慎重對待他們,最終是吉祥的。

《象》曰:不速之客來,"敬之終吉",雖不當位,未大失也。

《象傳》説:不請自到的三位客人到來,"敬之終吉",表明儘管所處位置不適當,但是沒有犯大的過失。

敬:《釋名》:"敬,警也。"《禮記·曲禮》注曰:"在貌爲恭,在心爲敬。""敬"兼有敬畏、驚懼之義。

【象解】坎爲入,互兌爲穴,上六往應九三,則"入于穴"。乾爲賓客,九三來應上六,乾三陽爲三人,遇坎則"不速"。坎又爲心憂,爲畏懼,故曰"敬之",然三六終必相合,故爲"終吉"。

訟

䷅ 訟：有孚，窒惕，中吉，終凶。利見大人，不利涉大川。

上九：或錫之鞶帶，終朝三褫之。

九五：訟，元吉。

九四：不克訟，復即命，渝，安貞吉。

六三：食舊德，貞厲，終吉。或從王事，无成。

九二：不克訟，歸而逋，其邑人三百户，无眚。

初六：不永所事，小有言，終吉。

《彖》曰：訟，上剛下險，險而健，訟。"訟，有孚，窒惕，中吉"，剛來而得中也。"終凶"，訟不可成也。"利見大人"，尚中正也。"不利涉大川"，入于淵也。

【卦名釋義】《象》曰："天與水違行，訟。"《雜卦》："訟，不親也。"《説文解字》："直言曰言，論難曰訟。""以手曰爭，以言曰訟。"《經典釋文》："爭也，言之於公也。鄭云：辯則曰訟。"《周易集解》引鄭玄曰："訟猶爭也。言飲食之會，恒多爭也。"吳汝綸《易説》："訟非美事，故爻詞皆主卦變為義。陽爻惟九五以中道得吉，餘

皆言其變。剛變而柔則不爭矣。"上善若水，天下之水公且平矣！遯
卦卦變則成訟卦。

【釋讀】訟卦：有利可圖，受到阻塞，心中畏懼有所戒備，中正
則吉利，最終結果凶。有利於出現大人，但要渡過寬闊的大河則不會
順利。

窒惕：《經典釋文》："馬作咥，云：讀作躓，猶止也。"王弼《周
易注》："窒謂窒塞也。"孔穎達《周易正義》疏曰："窒，塞也；惕，
懼也。"

《象》曰：天與水違行，訟。君子以作事謀始。

《象傳》說：訟卦爲天向西，水東流，天與水逆向背行之象。君
子在做事前從一開始就要深謀遠慮。

初六：不永所事，小有言，終吉。

【釋讀】初六：不宜長期陷於爭端之中，有小的爭吵，但最後是
吉利的。

《象》曰："不永所事"，訟不可長也。雖"小有言"，其辯明也。

《象傳》說："不永所事"，說明與人爭端不可持續過久。雖然
"有小的爭吵"，但是可以分辯是非。

【象解】坤與坎爲水，故稱"永"，初爻則爲"不永"。陰爻稱
"事"，未成訟也。初爻往應四爻則遇坎，爲二爻所妒，應爻巽口相
對，陰陽相應故"終吉"，然必"小有言"也。

九二：不克訟，歸而逋，其邑人三百戶，无眚。

【釋讀】九二：打官司失利，走爲上策，趕快逃回來，跑到只有
三百戶人家的小國中，可以避開災禍。

《象》曰："不克訟"，歸逋竄也。自下訟上，患至掇也。

《象傳》說："打官司失利"，迅速逃回來。因爲自己處於下位，與上面有權有勢的人打官司，要失敗而且有災禍降臨，但逃走避開，災禍就沒有了。

歸而逋，其邑人三百户：《説文解字》："邑，國也。"古代國君封賜給卿大夫作爲世祿的田邑，也叫"采地""封地""食邑"。《穀梁傳·莊公九年》："十室之邑，可以逃難；百室之邑，可以隱死。"孔穎達《周易正義》曰："'三百户'者，鄭注《禮記》云：'小國下大夫之制。'又鄭注《周禮·小司徒》云：方十里爲成，九百夫之地，溝渠、城郭、道路三分去其一，餘六百夫。又以田有不易，有一易，有再易，定受田三百家。即此'三百户'者，一成之地也。"

逋〔bū〕：逃亡，逋逃。

眚：災禍，疾苦，災眚。

掇：《逸周書》曰："綿綿不絕，蔓蔓若何。毫末不掇，將成斧柯。""不掇"即"不輟"，"掇""輟"古通用。吳汝綸《易説》："'掇'借爲'輟'，止也。患至而止，仍釋不克而逋之義。"尚秉和《周易尚氏學》："歸而逋，即輟訟矣。""逋而輟訟。訟止故无眚。"

【象解】二五相敵，二卑五尊，故曰"不克訟"。坎爲隱伏，爲隱藏，故曰"歸而逋"；坤爲邑，一陽入於坤中成坎，坎數爲三，"其邑人三百户"之象也。坎爲災眚，九二居中，止訟之象，故"无眚"。

六三：食舊德，貞厲，終吉。或從王事，无成。

【釋讀】六三：安享原有的家業，危險的徵兆，最終是吉祥的。如果輔佐君王做事，沒有成就。

《象》曰："食舊德"，從上吉也。

《象傳》說："食舊德"，說明順從尊上，則可以獲得吉祥的結果。

食舊德：享用祖先的恩德。食，享用，相當於食邑之"食"，即諸侯享用所分封采邑的稅賦。德，得也，見小畜卦上六釋。

【象解】坎爲食，巽爲德；坤與坎皆爲永，久則舊也，坤變坎而六三不變，故曰"食舊德"；坎之陽自上來，亦爲"舊德"。失位乘坎則"貞屬"，有應承陽故"終吉"。乾爲"王事"，巽爲"或從"。"或"多見於三、四爻，參看坤卦六三"或從王事，无成有終"。

九四：不克訟，復即命，渝，安貞吉。

【釋讀】九四：打官司失敗，回來後遵守法令，改變自己，安分守己，纔能得到吉利的結果。

《象》曰："復即命，渝，安貞"，不失也。

《象傳》説："復即命，渝，安貞"，以和爲貴，安分守己就不會有什麽損失了。

即命：王引之《經義述聞》卷一"即命"："巽者順也，施命者也。復，猶歸也。即，就也。""凡《易》言'王三錫命''大君有命''自邑告命''有孚改命'，皆謂命令也。"

渝：《説文解字》："渝，變污也。"《爾雅·釋言》："渝，變也。"《詩經·鄭風·羔裘》："彼其之子，舍命不渝。"

【象解】乾爲復，巽爲命，故曰"復即命"；九四不宜下應初六，且爲坎所阻，故訟而"不克"。《易》凡言"克"，皆以陽應陰，唯訟卦九四曰"不克"，其意在息訟止爭也。"復"象參看小畜卦初九"復自道"。伏震爲變，故曰"渝"。巽爲順，曰"安貞吉"。楊簡《楊氏易傳》："九剛四柔，有始訟終退之象。"

九五：訟，元吉。

【釋讀】九五：官司得到了公正審判，大吉。

《象》曰："訟，元吉"，以中正也。

《象傳》說："訟，元吉"，表明此時居於中正之位，得到了公正的對待。

【象解】九五中正，不偏不倚，乾爲君子，是爲大吉。

上九：或錫之鞶帶，終朝三褫之。

【釋讀】上九：因打官司獲勝，君王賞賜給飾有皮束衣帶的華貴衣服，但在一天之內三條大帶卻都被剝下身來。

《象》曰：以訟受服，亦不足敬也。

《象傳》說：因爲打官司獲勝而得到賞賜，沒有什麼可以值得尊敬的。

鞶帶：鞶，《説文解字》："大帶也。""男子帶鞶，婦人帶絲。"

【象解】乾曰鞶。茹敦和《重訂周易小義》："鞶帶者，坎陽橫於中也。"有應於坎則"賜之"，陽入於坤則"褫之"；上九高居乾上，其下巽隕不固，得而易失之象也。《周易尚氏學》："坤爲夜，乾爲朝，上居乾終，故曰終朝。與乾三終日同義。"尚秉和以坎數爲三，見《周易尚氏學》困卦初六、坎卦上六二卦引茹敦和云"坎爲三歲"，及需卦上六"有不速之客三人來"所釋，惟以坎數三釋"三褫之"或不確。上九下應六三，上互卦爲巽，爲隕落，下卦坎爲陷，爲失，乾三陽，爲三，故稱"三褫之"。象見損卦六三釋。

師

䷆ 師：貞，丈人吉，无咎。

上六：大君有命，開國承家，小人勿用。

六五：田有禽，利執言，无咎。長子帥師，弟子輿尸，貞凶。

六四：師左次，无咎。

六三：師或輿尸，凶。

九二：在師中，吉，无咎。王三錫命。

初六：師出以律，否臧凶。

《彖》曰：師，衆也，貞，正也，能以衆正，可以王矣。剛中而應，行險而順，以此毒天下，而民從之，吉，又何咎矣。

【卦名釋義】以一陽統於五陰，乃行師打仗之卦。地下有水亦爲濕。

【釋讀】師卦：德高望重富有經驗的長者統帥軍隊吉利，不會有什麼過失。

丈人："丈"通"杖"，扶行之杖。老人持杖，故曰"丈人"。朱熹《周易本義》："丈人，長老之稱。"

《象》曰：地中有水，師。君子以容民畜眾。

《象傳》說：師卦的卦象是坎下坤上，象徵地中有水。君子要像地中藏水一樣容納蓄養民眾。

初六：師出以律，否臧凶。

【釋讀】初六：出師征戰必須要有嚴明的紀律約束，否則暗藏凶險。

《象》曰："師出以律"，失律凶也。

《象傳》說："師出以律"，如果軍紀不良，就要發生凶險。

律：《爾雅》："律，常也，法也。"《周易集解》引《九家易》曰："坎為法律。"王引之《經義述聞》曰："蓋唐人說易，有以律為六律者。"又曰："《索隱》《正義》之說，殆不可通。惠氏襲用之，非也。"

否：《說文解字》："否，不也。"

臧：段玉裁《說文解字注》："凡物善者必隱於內也。以从艸之藏為臧匿字始於漢末。"《管子·侈靡》篇："天子藏珠玉，諸侯藏金石。"

【象解】《國語·晉語》："坎，勞也，水也，眾也。"坎為眾，故為師，坎為法律，為凶險。"師出以律"，初慎始也；坎為伏藏，"失律凶"也。

九二：在師中，吉，无咎。王三錫命。

【釋讀】九二：在軍中任統帥，吉祥，沒有過失。君王多次予以賞賜。

《象》曰："在師中吉"，承天寵也。"王三錫命"，懷萬邦也。

《象傳》説："在師中吉"，表明承受天命，得到君王的寵幸。"王三錫命"，説明懷有使萬邦心悦誠服的宏大志向。

王三錫命：錫命，又叫册命、策命，時有錫命之禮。授職稱命，賜服稱賜。《周易正義》孔穎達疏云："案《曲禮》云：'三賜不及車馬。'一命受爵，再命受服，三命受車馬。三賜三命，而尊之得成，故'乃得成命'也。"《左傳·成公七年》："秋，七月，天子使召伯來賜公命。諸侯即位，天子賜以命圭，與之合瑞。"孔穎達疏曰："春秋之時，賜命禮廢，唯文公即位而賜，成公八年乃賜，桓公死後追賜，其餘皆不得賜。"西周分封諸侯、授官任職、朝覲時多有賞賜。錫命所賞賜之物依照等級，種類豐富，小至貝、弓矢、服飾，大到土地、車馬、奴隸等。

【象解】九二以一陽統於五陰，居中有應，"吉"而"无咎"，陽陷群陰也。九二震初，遇陰則通，動應六五，"王三錫命"也。坎數爲三。

六三：師或輿尸，凶。

【釋讀】六三：軍隊出征，有人用車拉著死者的尸體，凶險。

《象》曰："師或輿尸"，大无功也。

《象傳》説："師或輿尸"，興師動衆卻没有任何功績。

輿尸：輿，本義爲載人之車，此用爲車載人也。

【象解】坤爲死，坎爲尸，震爲輿，六三乘剛，故曰"輿尸"。管輅以坎爲棺椁。

六四：師左次，无咎。

【釋讀】六四：軍隊左翼駐扎，免得遭受損失。

《象》曰："左次无咎"，未失常也。

《象傳》説：“左次无咎”，説明没有違背正常的用兵之道。

左次：帛書《昭力》：“次也者，君之立也。見事而能左其主，何咎之又？”《周易集解》引荀爽曰：“‘左’謂二也，陽稱‘左’。次，舍也。”王弼《周易注》曰：“行師之法，欲右背高，故左次之。”尚秉和《周易尚氏學》曰：“次舍也，震爲左，故曰‘左次’。古人尚右，左次則退也。四前臨重陰，陰遇陰得敵，其行難矣。知難而退，故无咎也。”

【象解】六四位於坤卦群陰之中，承乘皆陰。震行之終宜乎止，得其位故“无咎”。

六五：田有禽，利執言，无咎。長子帥師，弟子輿尸，貞凶。

【釋讀】六五：率軍圍獵有捕獲，利於生擒活捉，没有損失。長子率師作戰，弟子拉著尸體回來，凶險之兆。

《象》曰：“長子帥師”，以中行也。“弟子輿尸”，使不當也。

《象傳》説：“長子帥師”，表明居中而行。“弟子輿尸”，説明用人不當。

田有禽：“田”通“畋”，即田獵。《説文解字》：“禽，走獸總名。”《説文解字》無擒字。詳見王引之《經義述聞》“田有禽”條。

利執言：聞一多《周易義證類纂》：“言讀爲訊；訊，俘訊也。”訊，問也；上問下曰訊。《詩經·小雅·出車》：“執訊獲醜，薄言還歸。”《詩經·小雅·采芑》：“方叔率止，執訊獲醜。”《詩經·大雅·皇矣》：“執訊連連，攸馘安安。”西周《虢季子白盤》：“折首五百，執訊五十。”“折首”即斬首，生擒者訊問曰“執訊”，即抓獲俘虜審問。

【象解】此爻多取應爻之象，中心應也。震爲田獵，有無看應爻，陽爲有禽，陰爲無禽。震爲言，二應五，“利執言”。震卦爲長子，坎卦爲弟子。《周易尚氏學》：“二居中爲震主，故爲羣陰之帥；二坎陷於陰中，不可使，使則有輿尸之禍也。”

上六：大君有命，開國承家，小人勿用。

【釋讀】上六：天子頒佈了詔命，分封功臣，或封爲諸侯，或封爲上卿，或封爲大夫，但小人絕不可以重用。

《象》曰：“大君有命”，以正功也。“小人勿用”，必亂邦也。

《象傳》説：“大君有命”，是爲了按功勞大小而公正封賞。“小人勿用”，因爲重用小人必然危害並擾亂國家。

開國承家：開國，帛書《周易》作“啓國”，楚竹書《周易》作“啓邦”。啓、開同義，邦、國亦同義。國爲諸侯封地，家爲士大夫封地。今本蓋避諱漢景帝劉啓與漢高祖劉邦而改。

【象解】《説卦》“帝出乎震”，震爲君，爲動，故曰“大君有命”。坤爲邑，爲國，爲家。羣陰從於九二之命，開國承家，各安其宜。坤卦羣陰爲小人，爲惑亂，“小人勿用”，陰不可無陽也。

比

比：吉。原筮，元永貞，无咎。不寧方來，後夫凶。

上六：比之无首，凶。

九五：顯比，王用三驅，失前禽。邑人不誡，吉。

六四：外比之，貞吉。

六三：比之匪人。

六二：比之自内，貞吉。

初六：有孚比之，无咎。有孚盈缶，終來有它，吉。

《彖》曰：比，吉也；比，輔也，下順從也。"原筮，元永貞，无咎"，以剛中也。"不寧方來"，上下應也。"後夫凶"，其道窮也。

【卦名釋義】比，通"弼"。《説文解字》："弼，輔也。"《彖》："比，輔也。"比即比輔、親密之義。比卦一陽居五爻君位，五陰各比輔於陽，互相依賴、輔助，故此卦"吉"。親附於人，或爲人所親附，皆宜正而不邪；失正則如烏合之衆，一盤散沙，其凶可知。比卦乃比輔、和合之卦。

【釋讀】比卦：吉利。原野之筮，一陽長久不變纔不會有禍患。連不安分的諸侯也一起來朝賀，還有少數來得遲的諸侯將有凶險。

原筮：原，楚竹書《周易》作"备"。《爾雅·釋地》："大野曰平，廣平曰原。"《說文解字》："高平曰邍。"鄭玄《周禮》注曰："原，原田也。杜子春云：玉兆，帝顓頊之兆。瓦兆，帝堯之兆。原兆，有周之兆。"尚秉和《周易尚氏學》曰："田必有疆畔，象龜兆之形，故曰原兆。"

【象解】坤爲原，爲田。坎爲筮。寧爲安，爲平，則坎爲不寧；坤爲方，以下應上爲"不寧方來"。尚秉和《周易尚氏學》："艮爲夫。上六獨居艮後，故曰'後夫'。下四陰皆承陽，獨上六乘陽不順，故凶。"九五一陽稱元，艮爲山，故爲"永"，固而久也。水流長亦爲"永"，此爲本義。

《象》曰：地上有水，比。先王以建萬國，親諸侯。

《象傳》說：比卦的卦象爲大地上百川爭流，地與水親密無間。以前的君主明白這個道理，所以分封土地，建立眾多邦國，安撫親近諸侯。

初六：有孚比之，无咎。有孚盈缶，終來有它，吉。

【釋讀】初六：有俘獲，對其安撫，沒有過失。俘獲很多，像雨水充滿了瓦罐，最後多到像水從江中漫溢出來一樣，吉利。

《象》曰：比之初六，"有它吉"也。

《象傳》說：比卦的初六爻，說明俘獲多得像江水漫溢出來是吉利的。

比之：比，安撫。

有孚盈缶：缶，《經典釋文》："瓦器也。鄭云：汲器也。《爾雅》云：盎謂之缶。"《後漢書·魯恭傳》："《易》曰：'有孚盈缶，終來有它，吉。'言甘雨满我之缶。"

终来有它："它"通"沱"，帛书《周易》作"冬来有沱"，《说文解字》曰："沱，江别流也。"段玉裁注曰："《召南》曰：'江有沱。'《释水》曰：'水自江出爲沱。'"

【象解】坎爲盈，坤爲缶。坤上坎爲沱，缶满则溢也。水流下注，故"终来有它"。

六二：比之自内，贞吉。

【释读】六二：内部亲密团结，吉兆。

《象》曰："比之自内"，不自失也。

《象传》说："比之自内"，不能自我放縱。

比之自内：比，亲密、团结之义。

【象解】六二中正有应，故爲"贞吉"。

六三：比之匪人。

【释读】六三：勾搭行爲不端正的人交朋友。

《象》曰："比之匪人"，不亦伤乎？

《象传》说："比之匪人"，难道不是一件很受伤害的事吗？

匪人：帛书《周易》作"非人"，楚竹书本同。《经典释文》："王肃本作'匪人，凶'。""凶"字衍。

【象解】坎爲寇，爲"匪人"。六三失位无应，承乘皆阴而近坎，其比非正，是"比之匪人"也。

六四：外比之，贞吉。

【释读】六四：在外面追随贤明之主，吉利。

《象》曰：外比于贤，以从上也。

《象傳》説：在外面結交賢人，説明要順從於尊上。

【象解】九五居中正之位，在上稱外，六四承之，故曰"貞吉"。李光地《御纂周易折中》："《易》中以六四承九五者，凡十六卦，皆吉。"

九五：顯比，王用三驅，失前禽。邑人不誡，吉。

【釋讀】九五：田獵之網很明顯，君王去田野圍獵，用三驅之禮，禽獸被從前面放走。國人没有恐懼感，吉祥。

《象》曰："顯比"之吉，位正中也。舍逆取順，"失前禽"也。"邑人不誡"，上使中也。

《象傳》説："顯比"之吉，因爲羅網居於正中明顯的位置。捨棄逆來而俘獲順走的，讓前面的禽獸逃走。國人没有恐懼感，這是被君王聖明賢德所感化的緣故。

顯：《説文解字》："頭明飾也。"段玉裁《説文解字注》："引伸爲凡明之稱。"一説，"顯"通"㬎"。

比：通"畢"。段玉裁《説文解字注》："畢，田網也，謂田獵之網也。必云田者，以其字從田也。《小雅》毛傳曰：'畢所以掩兔也。'《月令》注曰：'罔小而柄長謂之畢。'"一説爲畢星，《詩經·小雅·漸漸之石》："月離于畢，俾滂沱矣。"畢宿被稱爲雨師，古人認爲畢宿和降雨有關。古巴比倫人也把畢宿所在的金牛座當作負責降雨的星座。

王用三驅：畋獵之網去其三面，而置其一面之義。事見《史記·殷本紀》。

邑人不誡：誡，帛書《周易》、楚竹書《周易》作"戒"。阮元《校勘記》："石經初刻作戒，後改。"《説文解字》："戒，警也。"

【象解】坎爲首，陽稱大，故曰"顯比"，猶坎之爲"美脊"也。

九五君位故稱王。坎爲矢，坎數三，伏離爲畋網，皆畋獵之象。五二相應，應爲陰爻，故"失前禽"。茹敦和《周易象考》案："戒爲震象，誡同。"震爲警，艮爲戒；坤爲邑。五二中正而應，六二以陰待陽，故"邑人不戒"也。

上六：比之无首，凶。

【釋讀】上六：沒有人做統帥，有凶險。

《象》曰："比之无首"，无所終也。

《象傳》說："比之无首"，說明自己將來沒有可以歸附立足之地。

【象解】爻例以上爲首，上六處窮極之位，坎爲隱伏，故爲"无首"。无首則如烏合之衆，坎即爲衆。上六履坎无應，无所容也，其凶可知。

【附】王用三驅

帛書《易傳·繆和》認爲此條爻辭用的是商湯的故事。《繆和》："湯出巡守，東北有火，曰：'彼何火也？'有司對曰：'漁者也。'湯遂至□，曰：'子之祝□？'曰：'古蛛蝥作網，今之人緣序。左者、右者，上者、下者，率突乎土者，皆來乎吾網。'湯曰：'不可。我教子祝之曰：古者蛛蝥作網，今之緣序。左者使左，右者使右，上者使上，下者使下，□□□□□者以祭□□□。'諸侯聞之，曰：'湯之德及禽獸魚鱉矣！'故供皮幣以進者四十有餘國。《易》卦其義曰：'顯比，王用三驅，失前禽，邑不戒，吉。'此之謂也。"

大意是說：商君成湯有一次巡狩東北方，看見有火光，就問："那個地方爲什麼有火？"有司回答說："是爲了捕魚而生的火。"湯聽對方說："古時蛛蝥織網，現在我學著做。上下左右來的魚都要進入我的網中。"湯說："這樣不可。我來教你說：古時候蛛蝥織成網，現在我學著做。左邊的向左邊張網，右邊的向右邊張網，上邊的向上邊張網，下邊的向下邊張網（我只捕撈自己撞到網上來的魚）。"諸侯聽說後都說："成湯的德義都施及禽獸和魚鱉了。"結果有四十多個國家拿著皮幣觀見成湯。《周易》比卦説："君王使用三驅之禮，放走往前跑的禽獸，國人對君王沒有戒畏，吉祥。"就是這個意思啊。

《史記·殷本紀》：湯出，見野張網四面，祝曰："自天下四方皆入吾網。"湯曰："嘻，盡之矣！"乃去其三面，祝曰："欲左，左。欲右，右。不用命，乃入吾網。"諸侯聞之，曰："湯德至矣，及禽獸。"

《呂氏春秋·孟冬紀·異用》篇：湯見祝網者置四面，其祝曰："從天墮者，從地出者，從四方來者，皆離（罹）吾網。"湯曰："嘻！盡之矣。非桀其孰為此也？"湯收其三面，置其一面，更教祝曰："昔蛛蝥作網罟，今之人學紓。欲左者左，欲右者右，欲高者高，欲下者下，吾取其犯命者。"漢南之國聞之曰："湯之德及禽獸矣！"四十國歸之。人置四面未必得鳥；湯去其三面，置其一面以網其四十國，非徒網鳥也。

小　畜

小畜：亨。密雲不雨，自我西郊。

上九：既雨既處，尚德載婦，貞厲。月幾望，君子征凶。

九五：有孚攣如，富以其鄰。

六四：有孚，血去惕出，无咎。

九三：輿說輻，夫妻反目。

九二：牽復，吉。

初九：復自道，何其咎？吉。

《彖》曰：小畜，柔得位而上下應之，曰小畜。健而巽，剛中而志行，乃亨。"密雲不雨"，尚往也。"自我西郊"，施未行也。

【卦名釋義】卦上下皆陽爻，一陰爻嵌止於卦內，可畜一陽，故爲小畜。畜，止也，留也，育也。需卦上坎變巽，風動而雲散，故卦辭有"密雲不雨"之象。《詩經·小雅·我行其野》："爾不我畜，復我邦家。"小畜爲農事之卦，亦有夫妻相畜之義。中孚卦變而爲小畜。

【釋讀】小畜：亨通。天空佈滿濃密的積雲，但還沒有下雨，雲氣是從西郊升起來的。

《象》曰：風行天上，小畜。君子以懿文德。

《象傳》說：風在天上颳動，這是小畜的卦象。君子應修養美好的品德。

初九：復自道，何其咎？吉。

【釋讀】初九：自己從原路返回，哪裏會有什麼過錯呢？吉祥。

《象》曰：“復自道”，其義吉也。

《象傳》說：“復自道”，表明這種行爲很適宜，合情合理，因而吉祥。

【象解】茹敦和《重訂周易小義》：“重巽之卦合於復爲小畜。”初四相應而不往，知難而退，何其咎也。乾爲天，爲圜，爲道。人但知震爲復，不知乾亦爲復。天道圜而復也。

九二：牽復，吉。

【釋讀】九二：被帶領返回來，吉祥。

《象》曰：“牽復”在中，亦不自失也。

《象傳》說：“牽復”，表明處於居中位置，同樣不會自己放逸自己而迷失。

牽：《說文解字》：“引前也。从牛，象引牛之縻也。”《玉篇》：“連也。”“速也。”三爻言“脫”，四爻言“去”“出”，五爻言“攣”。此爻之“牽”宜釋爲“連”，而非“速”。

【象解】伏艮爲手爲指，爲牛，故稱“牽復”。二至上正覆巽相對，二稱“牽”，五稱“攣”。

九三：輿説輻，夫妻反目。

【釋讀】九三：大車的輻條脱落出來，夫妻反目争吵。

《象》曰："夫妻反目"，不能正室也。

《象傳》説："夫妻反目"，説明其家道不正。

輿説輻：説，脱也。輻，《周易正義》作"輻"，《周易集解》作"輹"。輹，馬融以爲"車下縛"，鄭玄訓爲"伏兔"。《道德經》："三十輻共一轂。""輻"與"輹"二字同音假借，義雖異而其象同。車有輪輻若人之有足，恃之以行也。

【象解】巽爲隕落，兑爲脱，離爲斷；乾圜爲輪，兑卦爲脱，九三陽不附於上，外卦伏震爲輹，爲輻，故爲"輿説輻"之象。茹敦和《重訂周易小義》："乾爲圜而輻圜，故乾象輻焉。今小畜之四獨爲陰爻，則輻而脱其一也。"互卦爲睽卦，離、兑二目相背爲"反目"，亦有"脱""離"之象。三上无應，陰乘於己，故有此象。

六四：有孚，血去惕出，无咎。

【釋讀】六四：有俘獲，憂患消失，戒備解除，没有災禍。

《象》曰："有孚惕出"，上合志也。

《象傳》説："有孚惕出"，表明其符合居於尊上地位者的意願。

血去惕出："血"當作"恤"，憂也。惕，警也，戒也。

【象解】"有孚"謂四五爻陰陽相孚，陰陽相得爲孚。六四爲小畜卦主，巽爲利，亦爲孚。上互離卦伏象爲坎，坎爲險陷，爲血，故爲恤，乾爲惕。坎伏不見，下不應乾，故曰"恤去惕出"，不足憂懼之義。六四當位承陽，雖乘剛而"无咎"。

九五：有孚攣如，富以其鄰。

【釋讀】九五：有俘獲接連不斷，自己致富也要使鄰人跟著一同富起來。

《象》曰："有孚攣如"，不獨富也。

《象傳》說："有孚攣如"，表明要共同富裕，不獨自享受富貴。

有孚攣如，富以其鄰：有孚，有俘獲，猶言有福。攣，以繩繫之。以，及也。"以"字習見。因也，表示因果關係；及也，表示連帶關係；而也，表示順承關係；似也，表示相似關係；與也，表示並列關係。

【象解】巽爲孚，爲繩，故稱"攣如"。九五陽爻，當位居中，下乘六四陰爻，巽卦爲"近利市三倍"，故稱"富"。伏震卦爲鄰，六四承陽，故九五之富"以其鄰"，是謂九五其富與六四同享，不獨富也。凡陽爻稱"富"，陰爻則"不富"。

上九：既雨既處，尚德載婦，貞厲。月幾望，君子征凶。

【釋讀】上九：雨下下停停，要形成大雨，就要有大的積累，女人有危險的徵兆。月圓始虧，與日相望，君子遠行，有凶險。

《象》曰："既雨既處"，德積載也。"君子征凶"，有所疑也。

《象傳》說："下起了細雨，但不久又停下來"，表明還需要繼續積累。"君子遠行，有凶險"，說明所去地方情況不明。

既雨既處：雨下了又停，停了又下。"既"爲會意字，"既"字甲骨文字形左邊爲食器形狀，右邊像一人吃罷而掉轉身體欲離開。其本義爲"吃罷""吃過"，後來基本字義表示動作已經完畢結束，如"既往不咎""既而"等。"雨"爲下雨，"處"，止也，停止之義。《説文解字》："霽，雨止也。"

尚德載婦：段玉裁《説文解字注》："故釋尚爲曾。曾，重也。尚，上也。皆積纍加高之意。"又："德，升也。升當作登。辵部曰：遷，登也。此當同之。德訓登者，《公羊傳》：'公曷爲遠而觀魚，登來之也。'何曰：'登讀言得。得來之者，齊人語。齊人名求得爲得來。作登來者，其言大而急，由口授也。'唐人詩'千水千山得得來'，得即德也。"《説文解字》："得，行有所得也。"《玉篇》："獲也。"段玉裁《説文解字注》："行而有所取，是曰得也。"《左傳·定公九年》："凡獲器用曰得，得用焉曰獲。"載，《説文解字》："乘也。"段玉裁注曰："乘者，覆也。上覆之則下載之，故其義相成。引申之謂所載之物曰載。"《集韻》："舟車運物也。"《詩經·小雅·正月》："其車既載，乃棄爾輔。載輸爾載，將伯助予。"大有卦九二："大車以載。"坤卦象曰："君子以厚德載物。""德載"即爲"得以載"，不厚足則不得以載，故需止待也。"小畜"之時雲稀雨小，大雨則待累積。

月幾望：帛書《周易》作"月幾朢"，漢熹平石經作"□近望"。"幾""既""近"三字以音通相假。"望"通"朢"。《説文解字》："月滿與日相朢，以朝君也。"《釋名》："月滿之名也。月大十六日，月小十五日，日在東，月在西，遙在望也。"此用夏曆。王國維《生霸死霸考》："曰初吉，曰既生霸，曰既望，曰既死霸。""既望謂十五六日以後至二十二三日。"既望乃西周金文習見月相術語。王國維所釋爲周曆，與《釋名》相異。"月幾望"則陰氣幾乎達到鼎盛，或喻婦人得勢。蘇軾《東坡易傳》曰："'尚德'者，非真有德之謂也，九五、上九知'乾'之難畜，故積德而共載之，此陽也，而謂之婦，明其實陰也。以上畜下，故'貞'。'乾'不心服，故'厲'。以陰勝陽，故'月幾望'。"

君子征凶：《詩經·小雅·鴻雁》："鴻雁于飛，肅肅其羽。之子于征，劬勞于野。"毛傳、《爾雅·釋言》皆謂"征，行也"。《韻會》："征，伐也。"

【象解】巽爲兑覆，澤傾雨施。巽爲疑，爲進退不果，故有"既雨既處”之象。巽爲利，爲得，故亦爲德。巽爲婦，爲柔順，高亢在上非婦所宜，故曰“婦貞厲”。上九居巽卦之極，高處全卦之上，下橈而无應，故“君子征凶”。乾圜爲日，巽下初缺，日月相對，“月幾望”之象明矣。

履

䷉ 履虎尾，不咥人，亨。

上九：視履考祥，其旋元吉。

九五：夬履，貞厲。

九四：履虎尾，愬愬，終吉。

六三：眇能視，跛能履，履虎尾，咥人，凶。武人爲于大君。

九二：履道坦坦，幽人貞吉。

初九：素履，往无咎。

《彖》曰：履，柔履剛也。説而應乎乾，是以“履虎尾，不咥人，亨”。剛中正，履帝位而不疚，光明也。

【卦名釋義】履：帛書《周易》作“禮”，《説文解字》：“禮，履也，所以事神致福也。”乾爲天，兌爲言，禮乃代天作言。《説文解字》：“巫，祝也。女能事無形，以舞降神者也。”甲骨文“巫”字寫法像人拎著牛尾或鳥羽起舞。巫通神的主要手段是舞，也就是跳神。傳説夏禹發明一種可以通神的舞步，名爲“禹步”。王國維《宋元戲曲考》曾言：“歌舞之興，其始於巫乎？”“巫之事神，必用歌舞。”巫作爲鬼神和人之間的中介，在巫術和原始宗教祭祀活動中扮演著極爲重要的角色。《周易略例》：“陽處陰位，謙也。故此一卦，皆以陽處陰爲美也。”

【釋讀】腳踩到了老虎的尾巴，不咬人，亨通。

《象》曰：上天下澤，履。君子以辯上下、定民志。

《象傳》說：履卦的卦象爲上有高天，下有沼澤。君子要確立上下名分，引領民衆的意志。

《詩經·魏風·葛履》：“糾糾葛履，可以履霜。”

《周禮·天官》：“屨人掌王及后之服屨。爲赤舄〔xì〕、黑舄、赤繶、黃繶、青句、素屨、葛屨。”屨單底，舄雙底，以木置履下爲舄。

初九：素履，往无咎。

【釋讀】穿著白色的鞋子，前行沒有過失。

《象》曰：“素履”之往，獨行願也。

《象傳》說：“素履”之往，表明自己秉持特立獨行的意願。

【象解】兌卦於色爲白，在初故爲素。兌爲履，伏象艮爲止，亦爲趾。

九二：履道坦坦，幽人貞吉。

【釋讀】九二：所行之路平坦筆直，幽囚之人可獲吉利。

《象》曰：“幽人貞吉”，中不自亂也。

《象傳》說：“幽人貞吉”，說明處於中位而有條理，自己不慌亂。

坦坦：道路平坦筆直，易於行走。《詩經·大雅·皇矣》：“帝省其山，柞棫斯拔，松柏斯兌。”《詩經·大雅·緜》：“柞棫拔矣，行道兌矣。”段玉裁《說文解字注》：“兌，易直也。此引伸之義。”兌有筆直暢通之義。

幽人：“幽人”與六四“武人”相對。《説文解字》：“幽，隱也。”《正韻》：“幽，闇也。”《玉篇》：“幽，不明。”又：“幽，深遠也。”《詩經·小雅·斯干》：“秩秩斯干，幽幽南山。”孔穎達《周易正義》履卦九二疏曰：“幽隱之人。”惠棟《周易述》曰：“幽人，幽繫之人。《尸子》曰：文王幽於羑里（《太平御覽·人事部》一百二十七引）。《荀子》曰：公侯失禮則幽。”《易林·剥卦》：“執囚束縛，拘制於吏，幽人有喜。”虞翻以坎爲獄釋幽人。漢時説易者，以幽人爲幽囚之人，宜從。茹敦和《周易象考》案：“虞氏易坎爲獄，今考之獄當爲離象。”

【象解】艮爲阻，兑爲通。坦坦，取象於兑卦。此爻用伏象，艮爲小徑，震爲大塗。兑卦爲暗昧，故曰“幽人”。《歸妹》之下卦亦兑，故歸妹九二曰：“利幽人之貞。”王引之《經義述聞》：“幽人者，兑象，非坎象也。”虞翻以坎爲獄釋幽人，取象誤。九二得中遇陰，故爲“貞吉”。

六三：眇能視，跛能履，履虎尾，咥人，凶。武人爲于大君。

【釋讀】六三：視力微弱快瞎了，勉强能看到一點點。足跛腿脚不靈便，勉强能走路。踩在老虎尾巴上，老虎回頭就咬人，凶險。武士爲君主效勞。

《象》曰：“眇能視”，不足以有明也。“跛能履”，不足以與行也。“咥人之凶”，位不當也。“武人爲于大君”，志剛也。

《象傳》説：“眇能視”，不足以分辨事物。“跛能履”，不能與其同行。“咥人之凶”，表明所處位置不當。“武人爲于大君”，表明武士性格剛烈。

眇能視，跛能履：《經典釋文》：“眇，妙小反。字書云：盲也。

《説文解字》云：小目。""眇"意爲視力微弱而近盲。能，《周易集解》及所引虞翻注均作"而"。王引之《經傳釋詞》卷六"能"條："能猶而也。能與而古聲相近（説見《唐韻正》），故義亦相通。"

武人爲于大君：帛書《周易》作"武人迵于大君"，乾坤"用九""用六"，帛書皆作"迵九""迵六"，知"迵"同"用"，故"爲于大君"猶"用于大君"，爲大君所用之義。

【象解】《周易尚氏學》："伏震爲武人，乾爲大君。三承乾，故曰'武人爲于大君'，言武人忠於大君。陰順陽，代終事，與訟三之從王事同。"又曰："三正在乾虎後故曰'履虎尾'。象言不咥，此言咥者，蓋以上下卦言，乾虎在外，兌在後，故不咥；而以爻言，四虎尾，上虎首，三應在上，上必來三，虎首回噬，故三獨受咥而凶也。"兌爲斧，巽爲斷，離爲甲冑，故六三取武人之象。兌卦爲闇昧，《説卦》巽卦爲多白眼，兌爲覆巽，其於目也爲眇。中孚卦爲大離，履卦六三視下則爲小目，小畜九三視上則反目。兌爲毀折，故爲跛。兌爲口，其象亦爲虎。

九四：履虎尾，愬愬，終吉。

【釋讀】九四：踩了老虎尾巴，感到恐懼害怕，最終是吉祥的。

《象》曰："愬愬終吉"，志行也。

《象傳》說："愬愬終吉"，説明小心而行最後能實現自己的志願。

【象解】乾爲虎，爲惕，故亦爲懼。九四爻處乾卦之下，爲"虎尾"。能"終吉"者，蓋因九四下據六三。如小畜之九五"有孚"，謂孚於四陰，又大有之上九"吉"，隨卦九四"有孚"，皆以陽爻下據陰爻而吉。

九五：夬履，貞厲。

【釋讀】九五：鞋子斷裂，危險徵兆。

《象》曰："夬履貞厲"，位正當也。

《象傳》說："夬履貞厲"，說明此時正處於這樣的位置。

夬：決，絕也，斷裂的意思。

【象解】五爻承乘比應皆陽，且五爻居於互巽之上，巽爲隕落，故危。類象見於否卦九五"其亡其亡"，兌卦九五"孚于剝，有厲"，皆以居巽卦之終，故其辭危也。

上九：視履考祥，其旋元吉。

【釋讀】上九：察看走過的路，審視其吉凶禍福，反思自己，這樣是吉祥的。

《象》曰：元吉在上，大有慶也。

《象傳》說：大吉大利，居尊上之位，表明有大的福分要慶祝。

視履考祥：《詩經·小雅·大東》："君子所履，小人所視。"《大戴禮記》："天道以視，地道以履，人道以稽。"《廣雅·釋詁》："考，問也。"《文選·張衡〈東京賦〉》："卜征考祥，終然允淑。"李善注引薛綜曰："考，問也。"段玉裁《說文解字注》："凡統言則災亦謂之祥，析言則善者謂之祥。"

旋：返也，歸也。《詩經·小雅·黃鳥》："言旋言歸，復我邦族。"《詩經·國風·載馳》："既不我嘉，不能旋返。"

【象解】乾爲頭，其上曰"視"，下兌爲履。上九下應六三，下兌卦爲口，考問也；乾爲圜，故爲旋返也，上九獨應六三，故稱"元吉"。可參看小畜卦初爻釋象。

泰

䷊ 泰：小往大來，吉，亨。

上六：城復于隍，勿用師，自邑告命，貞吝。

六五：帝乙歸妹，以祉元吉。

六四：翩翩，不富以其鄰，不戒以孚。

九三：无平不陂，无往不復。艱貞无咎，勿恤其孚，于食有福。

九二：包荒，用馮河，不遐遺，朋亡，得尚于中行。

初九：拔茅茹，以其彙，征吉。

《彖》曰："泰，小往大來，吉，亨"，則是天地交而萬物通也，上下交而其志同也。內陽而外陰，內健而外順，內君子而外小人，君子道長，小人道消也。

【卦名釋義】上經始乾坤，終坎離，而以否泰為樞紐；下經始咸恒，終既濟未濟，而以損益為樞紐。《管錐編》引元代楊瑀《山居新語》記陳鑑如寫趙孟頫像，趙援筆改正，謂曰："人中者，以自此而上，眼、耳、鼻皆雙竅，自此而下，口暨二便皆單竅，成一泰卦也。"中醫以人中穴為人身之泰卦，針刺人中穴可以調通陰陽，有起死回生

之效。尚秉和《周易尚氏學》："否、泰、損、益，皆序於第十卦後
者，數至十則盈。盈則變也。"

【釋讀】泰卦：小的去，大的來，吉祥，亨通。

《象》曰：天地交，泰。后以財成天地之道，輔相天地之宜，以
左右民。

《象傳》說：天地陰陽之氣互相交合，暢達通泰。君主應善於裁
決，以促成天地萬物相互交融之道，把握時機輔助天地所生之宜，以
護佑天下百姓。

后：君王。

財：通"裁"。

左右：左，佐也；右，佑也。

初九：拔茅茹，以其彙，征吉。

【釋讀】初九：拔起了茅草，連同叢生的同類也帶起來，往前行
進是吉祥的。

《象》曰："拔茅征吉"，志在外也。

《象傳》說："拔茅征吉"，說明有向外進取的志向。

拔茅茹：茹，《周易集解》引虞翻曰："茹，茅根。"《爾雅·釋
草》："茹，藘。"注曰："今蒨草也。又水名。"《詩經·鄭風·東門
之墠》："東門之墠，茹藘在阪。"王弼《周易注》："茅之為物，拔其
根而相牽引者也。茹，相牽引之貌也。"阜陽漢簡《周易》作"如"，
《說文解字》："如，從隨也。"段玉裁注曰："從隨即隨從也。""引伸
之，凡相似曰如。"

以其彙："以"猶"及"也，"以其彙"，言及其彙。《說文解
字》："彙，草木牽孛之貌。"《集韻》："或作𢖠、𧱓。"《周易尚氏

學》：“茹與茅爲二物，以其彙者，言茅與茹同拔。”“彙”當訓爲“類”。

【象解】震爲根，初爻亦稱根；茅茹，柔草也，其象爲坤，此用應爻之象。茅與茹同拔，根相連故及其類也。泰卦三陽並進，陰陽相濟，初九應上，不爲所阻，故曰“征吉”。

九二：包荒，用馮河，不遐遺，朋亡，得尚于中行。

【釋讀】九二：匏瓜大而空，宜借助於它渡河，不會沉入水裏，結伴而往，因爲居中而行所以能得到佐助。

《象》曰：“包荒”，“得尚于中行”，以光大也。

《象傳》説：“包荒”，“得尚于中行”，説明自己處於光耀顯赫之位。

包荒：包，帛書《周易》作“枹”。匏，瓠也。荒，《周易集解》作“亢”。段玉裁《説文解字注》：“水廣也。引申爲凡廣大之稱。”《經典釋文》：“本亦作亢。”“鄭讀爲康，云：虚也。”《詩經·邶風·匏有苦葉》：“匏有苦葉，濟有深涉。”《論語·陽貨》：“吾豈匏瓜也哉，焉能繫而不食！”《莊子·逍遙遊》：“今子有五石之瓠［hù］，何不慮以爲大樽，而浮乎江湖，而憂其瓠落無所容？則夫子猶有蓬之心也夫！”

馮河：段玉裁《説文解字注》：“凡經傳云馮依，其字皆當作憑。或假爲淜字。如《易》《詩》《論語》之馮河皆當作淜也。俗作憑，非是。”《詩經·小雅·小旻》：“不敢暴虎，不敢馮河。”不敢空手搏虎，不敢徒步渡河。

聞一多《周易義證類纂》認爲“包荒”即“匏瓜”，又據《莊子·齊物論》“葆光”，謂之即北斗之別名，“古斗以匏爲之，故北斗一名匏瓜，聲轉則爲葆光耳”。而《九懷·思忠》“聊逍遥兮播光”之

“播光”，亦即北斗，同爲匏瓜之轉。再以《詩·匏有苦葉》，《魯語》下之魯叔孫賦此詩，《莊子·逍遙遊》、《淮南子·説林訓》、《鶡冠子·學問》篇、崔豹《古今注·音樂》等多例，證以假匏瓜渡河之事。聞一多認爲：“‘包荒，用馮河’，即以匏瓜渡河。‘不遐遺’者，不遐，不至也……遺讀爲隤，墜也，言以匏瓜濟渡，則無墜溺之憂也。”

不遐：“不遐”與“不瑕”，《詩經》裏面各出現了兩次，表示否定，“不會”“不能”的意思，或表反問“怎麽會”，意同否定。《詩經·大雅·下武》：“于萬斯年，不遐有佐！”《詩經·大雅·抑》：“輯柔爾顔，不遐有愆。”《詩經·邶風·泉水》：“遄臻于衛，不瑕有害。”《詩經·邶風·二子乘舟》：“二子乘舟，泛泛其逝。願言思之，不瑕有害？”

遺：《廣雅·釋詁》：“零、墜、遺，墮也。”

朋亡：亡者，往也。帛書《周易》作“弗忘”，二字音通。

【象解】坤爲虛，乾爲瓜。震爲遺。上坤卦爲水，爲河，三陽並進，遇陰則通，故“用馮河”。陰降而陽升，九二上應六五，居三陽之中，故無墜溺之憂。

九三：无平不陂，无往不復。艱貞无咎，勿恤其孚，于食有福。

【釋讀】九三：沒有平地就沒有陡坡，沒有出去就沒有回來。艱難之兆，沒有過失，在俘獲上不必擔憂，食物有富餘。

《象》曰：“无往不復”，天地際也。

《象傳》説：“无往不復”，表明此時正在天地交合的邊沿。

无平不陂，无往不復：參看《道德經》“有無相生，難易相成，長短相形，高下相傾，音聲相和，前後相隨”。

艱貞：帛書《周易》作“根貞”。帛書“艱”皆作“根”。《説文解字》："艱，土難治也。"引申爲艱難之義。

【象解】兌爲澤平，艮爲山陂。震爲往，亦爲復，爲覆。乾爲天，爲道，見小畜初九"復自道"，天道往復也。震動而爲耕作，上遇重陰坤土，土難治之象，故稱"艱貞"。巽爲疑，震則"勿恤"。震爲簋，兌爲口，爲食；九三前臨重陰，陽遇陰則通，其於食也，則爲有福。坤爲福。

六四：翩翩，不富以其鄰，不戒以孚。

【釋讀】六四：往來巧言輕浮，不富裕累及其周圍的鄰人，自己失去戒備而成爲俘虜。

《象》曰："翩翩不富"，皆失實也。"不戒以孚"，中心願也。

《象傳》説："翩翩不富"，説明都失去了殷實富貴。"不戒以孚"，因爲其内心之狡詐盤算。

翩翩：《詩經·小雅·巷伯》："緝緝翩翩，謀欲譖人。"交頭接耳説好話，心裏盤算陷害人。"翩翩"通"諞諞"，花言巧語之義。

不富以其鄰：以，及也。不富累及其鄰。

願：通"愿"，狡詐。《論語·陽貨》："鄉愿，德之賊也。"

【象解】震爲飛，故"翩翩"；震言坤虛，巧言也。震爲鄰；巽爲利，震不富，六四不富，柔乘剛也。震爲警，艮爲戒；六四其意在初九，而爲九三所獲。以陰待陽，心之願也。

六五：帝乙歸妹，以祉元吉。

【釋讀】六五：商代帝王帝乙嫁出自己的女兒，因此得到了福澤，大吉大利。

《象》曰："以祉元吉"，中以行願也。

《象傳》説："以祉元吉"，是因爲實現了心中祈求的意願。

【象解】互卦爲歸妹卦。古稱嫁爲歸，"歸妹"爲嫁出少女，"帝乙歸妹"即爲公主出嫁。降尊嫁女，陰從陽也。《周易集解》引虞翻曰："震爲帝，坤爲乙。"溫少峰《周易八卦釋象》："坤爲水，爲川，故爲'乙'。""乙"字甲骨文、金文像"小水流"之形。震爲歸，兌爲少女，爲妹。茹敦和《周易象考》案："祉爲乾象。"震卦得陽亦爲祉。

上六：城復于隍，勿用師，自邑告命，貞吝。

【釋讀】上六：城牆倒塌在已乾涸的護城壕溝裏，不宜進行戰爭，從城邑傳來君王的命令，受阻礙不順利之兆。

《象》曰：城復于隍，其命亂也。

《象傳》說："城復于隍"，說明局勢已經向混亂的方面轉化。

城復于隍：城，本義爲都邑四周用作防禦之高牆。復，傾覆之義。《國語·魯語》："夕而習復。"韋昭注曰："復，覆也。"高亨《周易古經今注》："復疑當讀爲覆，傾也。"隍，帛書《周易》作"湟"。《經典釋文》："隍，音皇，城塹也。子夏作堭，姚作湟。"帛書本與姚本同。《周易集解》引虞翻曰："隍，城下溝，无水稱隍，有水稱池。"隍即爲防護城邑之塹壕。于鬯《香草校書·易二》曰："復當讀爲覆，覆者傾覆之義。如《小戴·王制》記'不覆巢'，《中庸》記'傾者覆之'之覆。'城覆于隍'者，不過謂城傾覆于隍池耳。"

【象解】艮爲城，坤爲隍，震爲覆，山崩則覆也。泰卦大象爲覆艮。"城復于隍"，應爻之象。震爲征伐，爲行師，"勿用師"謂上六難應於九三。坤爲邑，震爲言，"自邑告命"謂上六下應九三，而阻於二陰，故爲"貞吝"。謙卦上六"征邑國"、升卦九三"升虛邑"，皆以坤爲邑。爻辭言"彙"、言"馮河""得尚"、言"平陂""往復"、言"鄰"、言"歸妹"，皆取其相與，泰卦陰陽相濟，故其象如此。

【附】"帝乙歸妹"的故事

商代有幾位帝王稱"乙"，"帝乙歸妹"中的帝乙是指哪一位？《子夏傳》、京房、荀爽皆以爲此帝乙即商湯，虞翻以爲商紂王之父。顧頡剛先生在《周易卦爻辭中的故事》一文中考證，歸妹卦中的"帝乙歸妹"講的是紂王之父帝乙把女兒嫁給文王的故事。《左傳·哀公九年》："晉趙鞅卜救鄭……陽虎以《周易》筮之，遇泰之需，曰：'宋方吉，不可與也。微子啓，帝乙之元子也。宋、鄭，甥舅也。祉，禄也。若帝乙之元子歸妹，而有吉禄，我安得吉焉?'乃止。"《史記·殷本紀》："帝乙長子曰微子啓，啓母賤，不得嗣。少子辛，辛母正后，辛爲嗣。帝乙崩，子辛立，是爲帝辛，天下謂之紂。"

否

否之匪人，不利君子貞。大往小來。

上九：傾否，先否後喜。

九五：休否，大人吉。其亡其亡，繫于苞桑。

九四：有命，无咎，疇離祉。

六三：包羞。

六二：包承，小人吉，大人否亨。

初六：拔茅茹，以其彙，貞吉，亨。

《彖》曰："否之匪人，不利君子貞，大往小來"，則是天地不交而萬物不通也，上下不交而天下無邦也。內陰而外陽，內柔而外剛，內小人而外君子。小人道長，君子道消也。

【卦名釋義】天地不交，陰陽離決爲否。否，不通也。泰、否二卦於楊甲撰、毛邦翰補《六經圖》之序卦圖位六之後，六爲少陽之數，故乾、坤爲之一變。序卦圖本於邵雍《皇極經世》，起於孔穎達"非覆即變"之説。

【釋讀】同伴不是正人君子，不利君子之兆。大的去，小的來。

《象》口：天地不交，否。君子以儉德辟難，不可榮以禄。

《象傳》説：天地陰陽之氣不能互相交合，所以閉塞不通。這時君子應該持勤儉之美德，以避開危難，不能謀取厚禄尊榮。

【象解】否，帛書《周易》作"婦"，"婦""否"音通。"否"通"痞""匹"，有阻隔不通、匹配等義。坤爲婦，《繫辭上》曰"是故闔户謂之坤"，故坤亦爲閉。

初六：拔茅茹，以其彙，貞吉，亨。

【釋讀】初六：拔起了茅草，連同叢生的同類也帶起來，吉祥之兆，亨通。

《象》曰："拔茅貞吉"，志在君也。

《象傳》説："拔茅貞吉"，説明有爲君王效力的志向。

【象解】坤爲茅茹。應爻艮體覆震，故爲拔。泰卦初九"拔茅茹"，自下始動也；否卦初六之"拔"，根已拔也。

六二：包承，小人吉，大人否亨。

【釋讀】六二：阿諛奉承的很多，小人得利，大人所行不通，反而是吉利的。

《象》曰："大人否亨"，不亂群也。

《象傳》説："大人否亨"，因爲大人是不願與小人爲伍的。

包承：今本作"包"，唐石經及《經典釋文》作"苞"，帛本作"枹"。《爾雅》疏："物叢生曰苞，齊人名曰槙［diān］。又通包。""包""苞"古通用。苞爲叢生，故苞有茂盛、衆多之義。

《詩經·秦風·晨風》："山有苞櫟，隰［xí］有六駁。未見君子，憂心靡樂。""山有苞棣，隰有樹檖。未見君子，憂心如醉。"

《詩經·唐風·鴇羽》：“肅肅鴇羽，集于苞栩。”“肅肅鴇翼，集于苞棘。”“肅肅鴇行，集于苞桑。”

上《晨風》《鴇羽》兩首皆爲離亂之歌。

《詩經·召南·野有死麕》：“野有死麕，白茅包之。有女懷春，吉士誘之。”包亦爲承、受。《説文解字》：“承，奉也，受也。”順承之義。

【象解】坤爲衆，爲順，故爲苞，爲承。坤卦三爻皆承陽有應，六二獨居群陰中位，小人得志之象，故爲“小人吉”。中爻亦稱“包”。尚秉和《周易尚氏學》謂：“凡陰得陽應必吉，陽得陰應不皆吉；而否卦陽氣上騰，不能下降，故大人否亨。”六二應承九五，然九五陽升，且爲九四所阻隔，故雖“否”而其義亨也。

六三：包羞。

【釋讀】六三：承受衆人羞辱。

《象》曰：“包羞”，位不當也。

《象傳》説：“包羞”，説明所處的位置不當。

包羞：帛本作“憂”。羞，假借爲“丑”，恥也，辱也。《説文解字》：“羞，進獻也。”先承後羞，小人之行也。

【象解】坤爲閉，故爲羞。坤爲憂，爲疾，巽亦爲疾。六二爲奉承，六三則羞辱。三爻介於陰陽交接之際，亦爲羞。否卦陰長陽消之卦，群陰上進消陽。

九四：有命，无咎，疇離祉。

【釋讀】九四：君主發號施令，沒有過失，同伴一起獲得了福澤。

《象》曰：“有命无咎”，志行也。

《象傳》説：“有命无咎”，説明心願得以實現。

疇離祉：段玉裁《説文解字注》："注《易》、注《國策》《漢書》者曰：'疇，類也。'注《國語》者曰：'疇，匹也。'下逮六朝辭賦皆不作儔。玄應之書曰：'王逸云：二人爲匹，四人爲疇。疇亦類也。'"《周易集解》引《九家易》曰："疇者，類也。謂四應初據三，與二同功，故陰類皆離祉也。離，附；祉，福也。陰皆附之，故曰有福。"

【象解】巽口向下，故爲命，爲令。巽爲利，爲富。坤陰爲福，乾陽爲祉，衆陰同附於陽，爲"疇離祉"。

九五：休否，大人吉。其亡其亡，繫于苞桑。

【釋讀】九五：閉塞不通的局面暫停，大人可獲吉祥。將要逃亡，將要逃亡，因爲繫在了叢生的桑樹上。

《象》曰："大人之吉"，位正當也。

《象傳》説："大人之吉"，説明其居中當位。

休否：《説文解字》："休，息止也。"《詩經·周南·漢廣》："南有喬木，不可休思。"朱駿聲《六十四卦經解》："以作苞，植也，又叢生也，无主幹之名。言苞桑微弱，不堪重繫也。"桑木栽植於祭壇"社"之四周，則成了"社林"和"社木"，社台稱之"桑台"。《楚辭·天問》："禹之力獻功，降省下土四方。焉得彼嵞山女，而通之於台桑？"

苞桑："桑"諧音通"喪"，表示離亂喪亂之事。

【象解】巽爲繩，爲桑麻，爲繫；下坤爲包，爲柔弱。九五應於六二，居中正之位，故"大人吉"；然處於巽卦之上，下據重陰，其本虛不固，故有"其亡"之歎。

上九：傾否，先否後喜。

【釋讀】栝子傾倒過來，先悲後喜。

《象》曰：否終則傾，何可長也！

《象傳》說：否塞最終是要像栝子傾倒一樣變爲通暢，怎麽可能一直維持原樣呢？

傾否：否，通"栝"，俗作"盂"，通作"杯"。"栝"諧音通"悲"。《孟子》："告子曰：性，猶杞柳也；義，猶栝棬也。以人性爲仁義，猶以杞柳爲栝棬。"

【象解】上九應於六三，巽爲隕落，故爲傾，否卦大象爲艮，亦爲巽，故爲栝傾覆之象；處於六爻之極，否極泰來，上反初成震，爲喜樂，故"先否後喜"。

同　人

䷌ 同人于野，亨。利涉大川，利君子貞。

上九：同人于郊，无悔。

九五：同人先號咷而後笑，大師克相遇。

九四：乘其墉，弗克攻，吉。

九三：伏戎于莽，升其高陵，三歲不興。

六二：同人于宗，吝。

初九：同人于門，无咎。

《彖》曰：同人，柔得位得中而應乎乾曰同人。同人曰"同人于野，亨。利涉大川"，乾行也。文明以健，中正而應，君子正也。唯君子爲能通天下之志。

【卦名釋義】同人：《説文解字》："同，合會也。"同，統也；同人即與親比之人相聚、會合之義。泰否卦前後四卦皆相對，同人對師、大有對比、謙對履、豫對小畜。

【釋讀】衆人聚合在荒野，亨通。有利於渡過大河，有利於君子。

《象》曰：天與火，同人。君子以類族辨物。

《象傳》說：同人的卦象爲天下有火。君子要明白物以類聚，人以群分的道理，明辨事物。

初九：同人于門，无咎。

【釋讀】初九：衆人聚集在家門，不會有什麼災禍。

《象》曰：出門同人，又誰咎也！

《象傳》說：一出門便遇到自己同伴，又有誰敢來危害你呢？

【象解】離爲巷，睽卦九二"遇主于巷"；離又爲牖，爲門窗。坎卦六四"納約自牖"，伏離。初爻在下，推門見巷。

六二：同人于宗，吝。

【釋讀】六二：只與尊顯的族人聚會交往，招來麻煩。

《象》曰："同人于宗"，吝道也。

《象傳》說："同人于宗"，引來其他人的猜忌，這是導致麻煩的根源。

同人于宗：《説文解字》："宗，尊祖廟也。"段玉裁注曰："按當云尊也，祖廟也。"《白虎通》："宗者何？宗有尊也，爲先祖主也，宗人之所尊也。"《詩經·召南·采蘋》："于以奠之，宗室牖下。"

【象解】伏坎爲室，亦爲宗廟。六二上應九五，以卑應尊，必爲三四爻所妒。

九三：伏戎于莽，升其高陵，三歲不興。

【釋讀】九三：把軍隊埋伏在密林草莽之中，又登上高高的山頭，三年都不敢出兵打仗。

《象》曰："伏戎于莽"，敵剛也。"三歲不興"，安行也？

《象傳》說："伏戎于莽"，説明敵人力量强大，我方只能潛伏下來。"三年都不敢興兵打仗"，表明力量相差懸殊，怎麽敢冒險輕進呢？

伏戎于莽：戎，《説文解字》："兵也。"兵者，械也。其本義是兵器，引申義凡持兵械者亦爲兵，即兵士。

莽，《經典釋文》："鄭云叢木也。"《孟子》："在野曰草莽之臣。"趙岐注曰："莽亦草也。"莽，茫也，草木深廣之貌。

升其高陵：陵，段玉裁《説文解字注》："大阜曰陵。《釋名》曰：'陵，隆也。'體隆高也。按引申之爲乘也，上也，躐也，侵陵也，陵夷也。"

【象解】巽爲伏，爲草莽。伏坎爲寇盜，爲戎，且伏坎位於巽卦之下，故曰"伏戎于莽"。巽爲高，乾爲山陵，故曰"升其高陵"。九三无應，坎數三，伏而不見，故"三歲不興"。尚氏以離爲三，疑非。

九四：乘其墉，弗克攻，吉。

【釋讀】九四：加高了城牆，不能攻打進來，吉利。

《象》曰："乘其墉"，義弗克也。其"吉"，則困而反則也。

《象傳》說："乘其墉"，敵人按理應該是不能攻克進來的。這樣做能獲得吉祥，是因爲在困境中能醒悟過來。

乘其墉：乘，升也，登也。《廣韻》："乘，駕也，登也。"聞一多《周易義證類纂》說："加也，增也。"《詩經·豳風·七月》："亟其乘屋，其始播百穀。"墉，《説文解字》："城垣也。"

【象解】巽爲墉，四居巽卦上爻，故曰"乘其墉"。此爻承乘皆陽，不當位且无應，本不吉；今曰吉，蓋因高墉之上，以退爲進，據險固守，不可攻陷，故吉。

九五：同人先號咷而後笑，大師克相遇。

【釋讀】九五：衆人開始大聲痛哭，後來破涕爲笑，大軍作戰告捷，最後勝利會師在一起。

《象》曰：同人之先，以中直也。大師相遇，言相克也。

《象傳》說：衆人先哭後笑，因爲内心直接表露出來。大軍相會，是說終於獲得了戰爭的勝利。

【象解】九五欲下應六二，而爲三、四陽爻所阻，下互巽亦爲號，故“先號咷”；然五二其究爲正應，陰陽相吸，三、四終不敵九五之剛，無所阻擋，終必相合，故“後笑”，“克相遇”也。同人伏象爲師，九五君位，故言“大師”。“先號咷而後笑”與“大師克相遇”之始能克勝而後相遇，皆含先悲後喜之義。

上九：同人于郊，无悔。

【釋讀】上九：衆人失散在郊外，沒有大的災悔。

《象》曰：“同人于郊”，志未得也。

《象傳》說：“同人于郊”，說明統合衆人的願望沒有實現。

同人于郊：《爾雅·釋地》：“邑外謂之郊。”

【象解】乾爲郊，見需卦初九“需于郊”。坤爲野，坤卦上六之“龍戰于野”。上九位居上卦之外，乘剛无應，如遠處郊野，無人可同。故《象》曰“志未得”也。

大　有

☰ 大有：元亨。

上九：自天祐之，吉，无不利。

六五：厥孚交如，威如，吉。

九四：匪其彭，无咎。

九三：公用亨于天子，小人弗克。

九二：大車以載，有攸往，无咎。

初九：无交害，匪咎。艱則无咎。

《彖》曰：大有，柔得尊位，大中而上下應之曰大有。其德剛健而文明，應乎天而時行，是以元亨。

【卦名釋義】大有爲天上太陽光照萬物，乃豐年之卦。“有”字從月，爲以手持肉之義。又《玉篇》釋“有”曰：“果也，得也，取也，質也，宋也。”《左傳·桓公三年》“有年”，注曰“五穀皆熟書有年”。

【釋讀】大有：大亨通。

《象》曰：火在天上，大有。君子以遏惡揚善，順天休命。

《象傳》說：大有爲火在天上太陽照耀萬物之象。君子應遏止邪惡，發揚良善之行，順天命應時運，休養生息。

初九：无交害，匪咎。艱則无咎。

【釋讀】初九：不互相來往卻遭受損害，沒有人責備怪罪。處境艱難，忍耐則沒有過失。

《象》曰：大有初九，"无交害"也。

《象傳》說：大有卦初九爻，意思是說不互相往來卻遭受禍患。

无交害：无交而生害。參看无妄卦之"不耕獲""不菑畬"釋義。

匪咎："匪"通"非"。无交而害，非己之咎也。

艱：《説文解字》："艱，土難治也。"引申之義爲艱難。帛書《周易》"艱"均作"根"，根有不動義，根者艮也，與"限"相通，限定不動、隱忍之義。

【象解】初九上卦无應，進則遇陽失類，處境艱難，宜自隱忍，則无咎也。初之害在四，四不當位而欲隔六五獨陰於群陽，小人之行也。

九二：大車以載，有攸往，无咎。

【釋讀】九二：用大車裝載著財物，去了很遠的地方，沒有過失。

《象》曰："大車以載"，積中不敗也。

《象傳》說："大車以載"，説明把財物放於車中，不會造成損失。

【象解】九二以伏坤爲大車，爲載。《考工記》："大車，牛車也，凡載物皆用大車。馬車皆小車。"下乾爲輪，上離爲豐，上應六五，載物以行，若獨應六五，則僅得"无咎"。

九三：公用亨于天子，小人弗克。

【釋讀】九三：王公亨用天子賜宴，小人不能擔當重任，沒有資格享用。

《象》曰："公用亨于天子"，小人害也。

《象傳》説："公用亨于天子"，小人會心生嫉妒。

公用亨于天子：亨，同"享"，饗宴也。《經典釋文》："京云：獻也。干云：享，宴也。姚云：享，祀也。"《左傳·僖公二十五年》《易緯乾鑿度》均引作"享"。

小人弗克：克，能也，擔當之義。小人不能也，言小人沒有資格擔當享用。

【象解】乾爲公，震亦爲公，取其健動也。互兑爲享，兑卦陰爻居六五君位，故"用享于天子"。艮爲小人，爲克，艮伏，故"小人弗克"。

九四：匪其彭，无咎。

【釋讀】九四：所獲數量不多也不够健壯，沒有過失。

《象》曰："匪其彭，无咎"，明辯晢也。

《象傳》説："匪其彭，无咎"，應該行事明智，能分辨是非。

匪其彭：匪，離卦之上九"獲匪其醜"，帛本作"獲不醜"。"匪"同"非"，不也。彭，《玉篇》："多貌。"《詩經·齊風·載驅》："汶水湯湯，行人彭彭。"《集韻》："强盛貌。"《詩經·大雅·大明》："檀車煌煌，駟騵彭彭。"《詩經·魯頌·駉》："有驪有黄，以車彭彭。""彭彭"爲馬行走時强壯有力之貌，似鼓聲。"匪其彭"即不够健壯之義。

【象解】離爲鼓，故爲彭彭。九四失位无應，故獲"匪其彭"。六五獨陰，九四比之，可得"无咎"。

六五：厥孚交如，威如，吉。

【釋讀】六五：所獲女俘又白皙又豐滿順服，吉利。

《象》曰：“厥孚交如”，信以發志也。“威如之吉”，易而无備也。

《象傳》說：“厥孚交如”，說明以自己的誠信感動別人。“威如之吉”，說明平易近人，无所防備。

厥孚交如：厥，《爾雅·釋言》：“厥，其也。”交如，帛書《二三子》引作“絞”，“孔子曰：‘絞，白也。’”“交”當讀作“皎”。《詩經·陳風·月出》曰：“月出皎兮，佼人僚兮。”傳曰：“皎，月光也。”箋云：“喻婦人有美色之白皙。”

威如：帛書《周易》作“委如”，當即“委然”，順服的樣子。《荀子·仲尼》：“委然成文。”注曰：“委然，俯就之貌。”《說文解字》：“委，隨也。從女從禾。”徐鉉曰：“曲也，從禾垂穗，委曲之貌。”《說文解字》：“威，姑也。”引申爲有可畏之威。威、委古音皆在微部，音近而假。“威如”即“畏如”。《爾雅·釋言》：“威，畏也。”此爻“威如”有豐滿順服之貌。

【象解】互兌爲月，月白故稱“交如”。離中虛爲孚，又爲豐，爲滿，象禾垂穗，六五承陽，故稱“威如”，且得中有應，故曰“吉”。

上九：自天祐之，吉，无不利。

【釋讀】上九：上天幫助自己，吉祥，无往不利。

《象》曰：大有上吉，自天祐也。

《象傳》說：大有上九之吉，是來自上天所賜。

【象解】王弼《周易注》云：“餘爻皆乘剛，上獨履柔，故吉利也。”離爲日，爲天，離卦上九處天位，履陰故曰“自天祐之”。

謙

䷎ 謙：亨，君子有終。

上六：鳴謙，利用行師，征邑國。

六五：不富以其鄰，利用侵伐，无不利。

六四：无不利，撝謙。

九三：勞謙，君子有終，吉。

六二：鳴謙，貞吉。

初六：謙謙君子，用涉大川，吉。

《彖》曰：謙，亨，天道下濟而光明，地道卑而上行。天道虧盈而益謙，地道變盈而流謙，鬼神害盈而福謙，人道惡盈而好謙。謙尊而光，卑而不可逾，君子之終也。

【卦名釋義】"謙受益，滿招損。"元代胡一桂《周易本義附錄纂疏》曰："謙一卦六爻，下三爻皆吉而无凶，上三爻皆利而无害，《易》中吉利罕有若是純全者，謙之效如此也。"小過卦一陽變而成謙卦、豫卦。吳汝綸《易說》："小過二陽在中有飛鳥之象，謙、豫各得其一，或者皆有鳥象乎？"

【釋讀】謙卦：百事順利，君子有美好的結局。

《象》曰：地中有山，謙。君子以裒〔póu〕多益寡，稱物平施。

《象傳》說：謙卦的卦象爲山雖高猶自處地下，藏而不露，所以稱作謙。君子損多益少，平衡各種事物，取長補短。

有終：段玉裁《説文解字注》："《廣韻》云：終，極也，窮也，竟也，其義皆當作冬。冬者，四時盡也。"《詩經·大雅·蕩》："靡不有初，鮮克有終。"

初六：謙謙君子，用涉大川，吉。

【釋讀】初六：謙謙君子，可以渡過大河，吉祥。

《象》曰："謙謙君子"，卑以自牧也。

《象傳》說："謙謙君子"，謙卑而且自己有節制。

謙謙君子：謙，帛本《二三子》作"嗛"，《子夏傳》《漢書·藝文志》謙卦作"嗛"。《説文解字》："謙，敬也。""謙謙"與"君子終日乾乾"之"乾乾"義同，外恭敬而內警醒之貌。

【象解】坤上艮下，地中有山，以山之高而自下於地，內高外卑，居高不傲，其象自謙；艮坤相對，則艮卦陽在陰上，故爲君子，坤爲小人，初六居艮下，是謙而又謙。前臨坎，爲大川。

六二：鳴謙，貞吉。

【釋讀】六二：謙虛的美名遠揚四方，吉祥之兆。

《象》曰："鳴謙貞吉"，中心得也。

《象傳》說："鳴謙貞吉"，這是説應以心中純正美德贏得好名聲。

鳴謙：陳夢雷《周易淺述》："陰陽唱和爲鳴。卦以三爲主。三互四五爲震，善鳴者也。易凡與震相應者皆言鳴，豫初、中孚二是也。故此卦二上皆言鳴謙。"

【象解】震爲鳴，六二承陽得中，故吉。

九三：勞謙，君子有終，吉。

【釋讀】九三：勤勞而謙和，君子有好的結果，吉祥。

《象》曰："勞謙君子"，萬民服也。

《象傳》說："勞謙君子"，所以天下的百姓都跟從他。

【象解】坎爲勞。艮爲止，爲"有終"，終則有成。九三卦主，獨陽有應，艮爲君子，下據群陰，故曰"有終"。九三當位，乘陰吉。

六四：无不利，撝謙。

【釋讀】六四：沒有任何不吉利，要發揚光大謙虛的美德。

《象》曰："无不利，撝謙"，不違則也。

《象傳》說："无不利，撝謙"，說明中規中矩不犯過失。

撝：段玉裁《說文解字注》："裂也。《易》'撝謙'，馬曰：'撝猶離也。'按'撝謙'者，溥散其謙，無所往而不用謙。裂義之引申也。《曲禮》：'爲國君削瓜者華之。'注曰：華，中裂之也。華音如花。撝古音如呵，故知華即撝之假借也。""撝"與"揮"義通。揮，發也，散也。高亨《周易古經今注》謂"撝"當讀作"爲"，有施予之義。撝謙，有施於人而不自矜。

【象解】震爲動，爲發揮，爲施予。

六五：不富以其鄰。利用侵伐，无不利。

【釋讀】六五：富裕不惠及自己的近鄰。適合征伐，不會有任何不吉利。

《象》曰："利用侵伐"，征不服也。

《象傳》說："利用侵伐"，是指征伐那些反叛的人。

【象解】震爲不富，坤虛亦爲不富，震爲鄰，六五陰居君位，處震之終而近坎險，是其富不惠及其鄰也。震爲侵伐。

上六：鳴謙，利用行師，征邑國。

【釋讀】上六：謙虛的美德遠揚四方，有利於軍隊出征，征伐小國。

《象》曰："鳴謙"，志未得也。"可用行師"，征邑國也。

《象傳》說："鳴謙"，心願沒有得到滿足。"可用行師"，征討敵對的小國。

【象解】上六與九三正應，九三互震爲鳴，爲征伐，坤爲邑國。

豫

䷏ 豫：利建侯行師。

上六：冥豫，成有渝，无咎。

六五：貞疾，恒不死。

九四：由豫，大有得。勿疑，朋盍簪。

六三：盱豫，悔，遲有悔。

六二：介于石，不終日，貞吉。

初六：鳴豫，凶。

《彖》曰：豫，剛應而志行，順以動，豫。豫，順以動，故天地如之，而況建侯行師乎？天地以順動，故日月不過而四時不忒。聖人以順動，則刑罰清而民服。豫之時義大矣哉！

【卦名釋義】段玉裁《說文解字注》："引伸之，凡大皆稱豫。""大必寬裕，故先事而備謂之豫，寬裕之意也。寬大則樂，故《釋詁》曰：'豫，樂也。'《易》鄭注曰：'豫，喜豫、說樂之貌也。'亦借爲舒字。""亦借爲與字，如《儀禮》古文'與'作'豫'是也。""侍中說豫象雖大而不害於物，故寬大舒緩之義取此字。"豫爲傲慢得意、耽於享樂之卦，與謙卦相反。

【釋讀】豫卦：有利於建立堡壘分封諸侯，有利於出師征戰。

《象》曰：雷出地奮，豫。先王以作樂崇德，殷薦之上帝，以配祖考。

《象傳》說：豫卦爲雷在地上轟鳴使大地震動之象。上古聖明的君主，據此製作禮樂，並用其推廣崇尚偉大的功德。把隆盛典禮獻給天帝，並以此一起祭祀自己的祖先。

初六：鳴豫，凶。

【釋讀】初六：自鳴得意，凶險。

《象》曰：初六"鳴豫"，志窮凶也。

《象傳》說：初六"鳴豫"，說明它耽於享樂，沒有雄心壯志，所以凶險。

鳴豫：與謙卦六二、上六"鳴謙"之"鳴"義同。《廣雅·釋詁》："鳴者，聲名聞之謂也。"李道平《周易集解纂疏》："'鳴豫'則有自矜之意，故'凶'。"

【象解】此取應爻之象，初六上應九四，四震爲鳴，爲樂，爲豫，故曰"鳴豫"。初六爲六二、六三所阻，其志不遂，故《象》曰"志窮凶也"。

六二：介于石，不終日，貞吉。

【釋讀】六二：被小石頭硌到，不到一天就恢復了，吉祥之兆。

《象》曰："不終日，貞吉"，以中正也。

《象傳》說："不終日，貞吉"，是因爲能居中守正。

介：通"扴[jiá]"，《說文解字》："扴，刮也。"段玉裁注曰：

"馬本作扴,云觸小石聲。按扴于石,謂摩硪于石也。""介"即刮、觸。參看兌卦九五"介疾有喜"釋。"介于石",猶言被小石頭硌到。

【象解】艮爲介,爲石,六二爲艮之初,故"觸于石"。艮爲終日,二至上正覆艮,"不終日"也。《易林》大過之艮:"終日至暮,不離其鄉。"以艮爲終日。六二中正,故曰"貞吉"。

六三:盱豫,悔,遲有悔。

【釋讀】六三:目空一切,傲慢自大,有災悔之事。遲疑不決,又招致災悔之事。

《象》曰:"盱豫有悔",位不當也。

《象傳》說:"盱豫有悔",是由於六三爻所處位置不當。

盱豫:盱,"睢盱"之盱;"睢盱"爲莊矜傲慢、目空自大之貌。《說文解字》:"睢,仰目也。""盱,張目也。"《爾雅·釋詁》:"盱,憂也。"《六書故》:"盱,張目企望者,必猶豫不進也。""張目"猶言"大目",望也。朱熹《集傳》:"盱,望也。《字林》云:'盱,張目也。'《易》曰'盱豫悔',《三都賦》云'盱衡而語',是也。"《詩經·小雅·何人斯》:"壹者之來,云何其盱?"《詩經·小雅·都人士》:"我不見兮,云何盱矣。"《莊子·寓言》:"老子曰:'而睢睢盱盱,而誰與居?'"郭象注曰:"睢睢盱盱,跋扈之貌,人將畏難而疏遠。"成玄英疏云:"睢盱,躁急威權之貌也。"《集韻》:"睢盱,小人喜悅貌。"

【象解】恃寵而驕,獨承陽也。艮爲視,二至上正覆艮,仰目而視之象也;艮爲止,故爲遲。

九四:由豫,大有得。勿疑,朋盍簪。

【釋讀】九四:別人由於自己而得到快樂,大有收穫。無需疑慮,朋友們會像簪子括攏頭髮一樣，聚攏在自己周圍。

《象》曰："由豫，大有得"，志大行也。

《象傳》說："由豫，大有得"，表明九四的心願得以實現。

由豫：朱駿聲《六十四卦經解》卷三："由，自、從也……'由豫'，衆陰由之以豫。猶'由頤'，衆陰由之以養也。"或釋作"猶豫"，不可從。

朋盍簪：《周易集解》引侯果云："朋從大合，若以簪參之固括也。"尚秉和《周易尚氏學》："盍，合也。簪與笄同，所以括髮。'朋盍簪'言群陰歸四，有若簪之括髮也。臧庸云：象盍簪者，取一陽橫貫於五陰之中。可謂觀象獨深。又杜詩'盍簪喧櫪馬'，言群馬繫于一杠之上，故以盍簪爲喻。此語解易，可謂明白如畫矣。艮爲簪。《易林》恒之咸云：'簪短帶長。'以咸艮爲簪。復之節語同，亦以節之互艮爲簪。凡《易林》象，无不本於易。《子夏傳》爲韓嬰作，在漢易爲最古，即作簪。故焦氏亦讀爲簪，與《子夏傳》同。"

【象解】艮爲由。震爲動，爲解，爲"勿疑"。九四獨陽，五陰相附，"大有得"也；遇陰則通，故《象》曰"志大行也"。艮爲簪。

六五：貞疾，恒不死。

【釋讀】六五：占問疾病，病了很久但是能恢復過來，不會死掉。

《象》曰：六五"貞疾"，乘剛也。"恒不死"，中未亡也。

《象傳》說：六五"貞疾"，是因爲乘凌陽爻。"恒不死"，是因爲它居中位，不至於滅亡。

恒：往復不絕之義。段玉裁《說文解字注》："歷久不變，恒之意也。"

【象解】六五之疾，乘剛也。坎爲疾，巽亦爲疾，震爲針，爲藥，爲生。巽爲疑，震爲恒，一陽復生也。

上六：冥豫，成有渝，无咎。

【釋讀】上六：沉溺於尋歡作樂，已成之事有變化，沒有大的災禍。

《象》曰："冥豫"在上，何可長也！

《象傳》說："冥豫"，並且高高在上，這種狀況怎麼可能長久地保持呢！

冥豫：冥，《說文解字》："幽也。"段玉裁《說文解字注》："冥，夜也。引伸爲凡闇昧之稱。"《經典釋文》："馬云：冥，昧，耽於樂也。"

成有渝：成，帛書《周易》本、楚竹書《周易》本均作"成"。帛書《周易》本泰之上六"城復于隍"，或釋此爻之"成"爲"城"，不可從。《說文解字》："渝，變污也。"《爾雅·釋言》曰："渝，變也。"

【象解】《說卦》："成言乎艮"，故艮爲成，震爲覆艮，爲渝。參看隨卦初九"官有渝"。上六處於上卦之極，下无應爻，雖曰"无咎"，其樂不可久也。

隨

隨：元亨，利貞，无咎。

上六：拘係之，乃從維之。王用亨于西山。

九五：孚于嘉，吉。

九四：隨有獲，貞凶。有孚在道，以明，何咎？

六三：係丈夫，失小子。隨有求得，利居貞。

六二：係小子，失丈夫。

初九：官有渝，貞吉。出門交有功。

《彖》曰：隨，剛來而下柔，動而說，隨。大亨貞，无咎，而天下隨時，隨時之義大矣哉！

【卦名釋義】 隨卦上兌下震，悅而動，樂而相隨也。帛書《周易》作"隋"，楚竹書《周易》作"陸"。《說文解字》："陸，敗城自曰陸。"否爲大艮，陽至陰下，故隨卦亦有墜墮之義。隨、蠱二卦於序卦圖位九之後，九爲老陽之數，故泰、否爲之一變。大過、頤二卦相交則成隨卦與蠱卦。

【釋讀】隨卦：亨通，有利之徵兆，沒有任何危險。

《象》曰：澤中有雷，隨。君子以向晦入宴息。

《象傳》說：隨卦的卦象爲澤中有雷，大澤隨從雷聲而震動。君子日出而作，日落而息。

初九：官有渝，貞吉。出門交有功。

【釋讀】初九：執掌之職發生變化，吉祥之兆。出門交往，獲得好的結果。

《象》曰："官有渝"，從正吉也。"出門交有功"，不失也。

《象傳》說："官有渝"，說明遵從正道是吉利的。"出門交有功"，說明沒有放佚自己。

官有渝：渝，變也。孔穎達《周易正義》曰："官謂執掌之職。人心執掌與官同稱，故人心所主謂之官。"《孟子·告子上》："心之官則思，思則得之，不思則不得也。"

【象解】震爲大君，爲主，故爲官。乾爲心，上爻動而來初，則爲"官有渝"；震爲動變，亦爲渝。震又爲出，互艮爲門，一陽前遇重陰，陰陽相接故"交有功"。

六二：係小子，失丈夫。

【釋讀】六二：抓住了年輕的小子，跑掉了年長的男子。

《象》曰："係小子"，弗兼與也。

《象傳》說："係小子"，因爲二者不可兼得。

係小子，失丈夫：《說文解字》："係，絜束也。"于省吾《甲骨文字釋林》下卷三一九頁："甲骨文'係'字象用繩索以縛係人的頸部。"

【象解】尚秉和《周易尚氏學》："初震爲小子，四艮爲丈夫。二近初，故係小子；爲六三所隔，不能承四，故失丈夫。《易林》‘家人之巽’云：孩子貪餌。以伏震爲孩子也，孩子即小子。是焦氏以震爲小子，義即本此也。又‘復之剝’云：夫亡從軍。以剝上艮爲夫。是艮爲丈夫，焦氏仍本之易。蓋以二人言，初生者長，後生者少。故《説卦》以震爲長子，艮爲少子。而以一人言，則初少上老。故經以震爲小子，艮爲丈夫。”

六三：係丈夫，失小子。隨有求得，利居貞。

【釋讀】六三：抓住了年長的男子，跑掉了年輕的小子。隨從有求必得，有利於安居之兆。

《象》曰：“係丈夫”，志捨下也。

《象傳》説：“係丈夫”，説明其心願是捨棄下方的年輕小子。

隨有求得：王弼本、帛書《周易》本、阜陽漢簡本皆作“隨有求得”，楚竹書《周易》本“隨求有得”語意更順暢。

【象解】震爲小子，艮爲丈夫，艮爲隨，爲求。互巽爲利，故爲得。六三近艮遠震，係丈夫而失小子也。六三互艮，靜而承陽則吉。見咸卦六二“居吉”，頤卦六五“居貞吉”。

九四：隨有獲，貞凶。有孚在道，以明，何咎？

【釋讀】九四：順從而有收穫，凶險之兆。有孚獲在大道上，功勞顯明，那還有誰敢責怪呢？

《象》曰：“隨有獲”，其義凶也。“有孚在道”，明功也。

《象傳》説：“隨有獲”，道義上是有凶險的。“有孚在道”，説明功勞很顯著。

以：帛書《周易》作“已”，“已”“以”音近相假。

【象解】九四一陽下據二陰，爲“有獲”，巽亦爲獲。九五下應六二則遇九四之阻，雖"有獲"而"其義凶也"，蓋因九四有功高欺主之象。艮爲道，爲光。參看履卦九二"履道坦坦"，伏艮爲道。

九五：孚于嘉，吉。

【釋讀】九五：獲得了嘉賞，吉利。

《象》曰："孚于嘉，吉"，位正中也。

《象傳》說："孚于嘉，吉"，這是因爲九五爻得正居中。

孚于嘉：《説文解字》："嘉，美也。"《釋詁》："嘉，善也。"段玉裁《説文解字注》："羊者，祥也。故美从羊。此説从羊之意。美與善同意。"一説嘉即離卦上九"有嘉折首"之"有嘉"。

【象解】兑爲羊，爲嘉。九五以上六陰爻爲嘉。兑卦九五多取上陰爻之象。《易林》以震爲嘉。

上六：拘係之，乃從維之。王用亨于西山。

【釋讀】抓住它然後綁縛起來，亂動則綁上兩道繩索。文王在岐山舉行祭祀。

《象曰》："拘係之"，上窮也。

《象傳》說："拘係之"，是因爲處於最上盡頭的位置。

拘係之，乃從維之：楚竹書《周易》濮茅左釋文："係而敂之，從乃巂之，王用亯于西山。"《玉篇》："敂，或作扣。""巂"，同"畦"。《集韻》："畦，或作巂。"讀爲"纗〔zuī〕"，或讀爲"維"。《説文解字》："纗，維綱中繩也。"

《詩經·小雅·白駒》："皎皎白駒，食我場苗，縶之維之，以永今朝。"鄭玄箋曰："願此去者乘其白駒而來，使食我場中之苗，我則絆之係之，以永今朝。愛之欲留之。"因以"維縶"爲係縛。

係：通"繫"。《集韻》："係，縛也。"《説文解字》："拘，止也。”《廣韻·虞韻》：“拘，執也。”必先“係縛”而後“拘止”，楚竹書《周易》“係而敂之”較之“拘係之”於義爲勝。《文子·精誠》：“老子曰：‘不拘于世，不繫于俗。’”《淮南子·泰族訓》：“非循一跡之路，守一隅之指，拘繫牽連之物，而不與世推移也。”

從：“從”通“縱”，《爾雅·釋詁》：“縱，亂也。”

維：《周易集解》引虞翻曰：“兩係稱維。”

王用亨于西山：亨，通“享”。帛書《周易》“亨”作“亯”，“祭亯”之“亯”，獻也。“西山”，岐山在周西，文王所治之地。

【象解】伏艮爲執。兌爲脫，故爲“從”。巽爲繩，爲“係”，正反巽稱“維”。兌爲享。兌爲西，伏艮爲山，故爲西山。

蠱

☶ 蠱：元亨，利涉大川。先甲三日，後甲三日。

上九：不事王侯，高尚其事。

六五：幹父之蠱，用譽。

六四：裕父之蠱，往見吝。

九三：幹父之蠱，小有悔，无大咎。

九二：幹母之蠱，不可貞。

初六：幹父之蠱，有子考，无咎。厲，終吉。

《彖》曰：蠱，剛上而柔下，巽而止，蠱。"蠱，元亨"，而天下治也。"利涉大川"，往有事也。"先甲三日，後甲三日"，終則有始，天行也。

【卦名釋義】蠱，惑也，迷也，爲巫蠱之事。《爾雅·釋詁》："蠱，疑也。"《左傳》注曰："蠱，惑疾，心志惑亂之疾也。"《左傳·莊公二十八年》："楚令尹子元欲蠱文夫人，爲館於其宮側，而振萬焉。"《墨子·非儒》："孔丘盛容修飾以蠱世，弦歌鼓舞以聚徒。"《爾雅·釋詁》："蠱，疑也。"郭璞注曰："蠱惑有貳心者皆疑也。"

《玉篇·蟲部》："蠱，或（惑）也。"《山海經·南山經》："（青丘之山）有獸焉，其狀如狐而九尾，其音如嬰兒，能食人；食者不蠱。"蠱，又爲敗壞。《左傳·昭公元年》："女惑男，風落山，謂之蠱。"女惑男，男敗；風落山，山敗。亦以敗壞說蠱。一曰蠱者，故也，事也。物既惑亂，終致損壞，當須有事，故《序卦》云："蠱者，事也。"《周易集解》引伏曼容曰："蠱，惑亂也。萬事從惑而起，故以蠱爲事也。"又引荀爽曰："蠱者，巽也。巽歸合震，故元亨也。蠱者，事也。"孔穎達《周易正義》曰："謂物蠱必有事，非謂訓蠱爲事義當然也。"程頤《程氏易傳》曰："蠱，事也。蠱非訓事，蠱乃有事也。爲卦山下有風，風在山下遇山而回，則物亂是爲蠱象。蠱之義，壞亂也。"艮爲事，巽爲敗，事敗故爲蠱。泰卦之乾變而爲巽，一陽成陰，始有事也。

【釋讀】蠱卦：亨通，有利於涉過大河。做事以前，要考察分析事情的前因後果。

先甲三日，後甲三日：《程氏易傳》："甲，數之首，事之始也。"十天干由甲而始，至癸而終。《周易集解》引《子夏傳》曰："先甲三日者，辛、壬、癸也。後甲三日者，乙、丙、丁也。"先甲三日，是甲前三位：辛、壬、癸。後甲三日，指甲後三位：乙、丙、丁。若以"先甲三日"爲辛，"後甲三日"爲丁，則何不直指爲辛、丁日？

《象》曰：山下有風，蠱。君子以振民育德。

《象傳》說：蠱卦爲山下起風之象。君子應振奮民心，培育美德。

【象解】艮爲甲，爲胃，外剛也。巽爲進退，故曰"先"曰"後"。

初六：幹父之蠱，有子考，无咎。厲，終吉。

【釋讀】初六：承擔父輩事業，兒子很孝順，無危害。即使遇到危險，最終也是吉祥的。

《象》曰："幹父之蠱"，意承考也。

《象傳》說："幹父之蠱"，表明其繼承父輩的遺志。

幹父之蠱：幹，《廣韻·翰韻》："莖幹。"《字彙·幹部》："草木莖也。"幹爲草木之主幹，亦可代指支撐事物的主幹力量。幹父，繼承父業，成爲支撐家業的主要支柱。《廣雅·釋詁》："幹，正也。"《周易集解》引虞翻曰："幹，正也。"王弼《周易注》說此爻"處事之首""當事之首"，"幹父之蠱"之義爲"幹父之事，能承先軌，堪其任者也"。

考：聞一多《周易義證類纂》："初六曰：'幹父之蠱，有子考。'于省吾氏讀考爲孝（按：參見于氏《易經新證》），至確。"《易林》以震巽爲父母。詳見尚秉和《焦氏易詁》。朱震《漢上易傳》曰："乾坤爲大父母，故能生八卦。復姤爲小父母，故能生六十四卦。復姤仍震巽。初伏震，故曰父，曰子。"

【象解】初爻雖不當位，然上承重陽，如孝順之子，故吉。與升卦初六同。艮爲負，爲荷，故爲事，爲幹，克堪所任也。巽爲隕落，爲敗，爲壞，壞極亦有事。上九難返故爲"蠱"，成泰則"終吉"。

九二：幹母之蠱，不可貞。

【釋讀】九二：承擔母輩的瑣碎事情，不能勝任。

《象》曰："幹母之蠱"，得中道也。

《象傳》說："幹母之蠱"，因爲能得中而行。

不可貞：不可，不能也。節卦："亨，苦節，不可貞。"无妄卦九四："可貞，无咎。"《論語·微子》："虞仲、夷逸，隱居放言，身中清，廢中權。我則異於是，無可無不可。"

【象解】巽爲母。九二欲上應六五而阻於九三，三至上正覆艮，艮爲可，上應有阻則爲"不可"。

九三：幹父之蠱，小有悔，无大咎。

【釋讀】九三：承擔父輩的事業，發生小的憾惜，不會有大的過失。

《象》曰："幹父之蠱"，終无咎也。

《象傳》說："幹父之蠱"，最終不會有禍患。

【象解】九三互震，震爲父，故曰"幹父之蠱"。蠱卦父象皆取震卦。九三當位无應，前臨重陰，與大畜卦九三象同。大畜九三言"利往"，此云"小有悔，无大咎"者，因九三處於巽卦上爻，巽卦下斷，凡巽體上爻多不吉，其故在本弱。

六四：裕父之蠱，往見吝。

【釋讀】六四：開拓父輩的基業，往前發展，會遇到阻礙。

《象》曰："裕父之蠱"，往未得也。

《象傳》說："裕父之蠱"，往前發展，未能達到心願。

裕：《說文解字》："裕，衣物饒也。"段玉裁注曰："引伸爲凡寬足之稱。"這裏用爲發揚光大、開拓之義。《詩經·小雅·角弓》："此令兄弟，綽綽有裕。"《尚書·康誥》："康乃心，顧乃德，遠乃猷，裕乃以民寧。"《禮記·中庸》："寬裕溫柔，足以有容也。"只有寬宏大量，溫和柔順，纔能够包容天下。《法言·孝至》："天地裕於萬物乎！萬物裕於天地乎！"

【象解】六四下不應初，處艮卦之下，故"往見吝"。艮之初爲谷，故爲裕。

六五：幹父之蠱，用譽。

【釋讀】六五：承擔父輩的事業，受到人們的讚譽。

《象》曰："幹父用譽"，承以德也。

《象傳》説："幹父用譽"，因爲以美德繼承父輩的志願。

譽：《説文解字》："譽，稱也。"這裏用爲稱頌、讚美之義。參看坤卦六四："括囊，无咎，无譽。"大過九五："枯楊生花，老婦得其士夫，无咎，无譽。"

【象解】六五得中有應，上且承陽，故可致聲名之譽。艮爲名，詳見尚秉和《焦氏易林注》，故亦爲譽。

上九：不事王侯，高尚其事。

【釋讀】上九：不承擔王侯之事，品行高潔，超然物外。

《象》曰："不事王侯"，志可則也。

《象傳》説："不侍奉王侯"，這種志向可爲人們效仿學習。

【象解】艮卦爲臣，上九由泰卦初九上行而來，高居上位，有止而不止，臣而不臣，超然物外之貌，故曰"不事王侯"。艮爲高，爲事。爻象由初而上，曰子、母，曰父、王。"不事王侯，高尚其事"，以"事"而論。此亦可知蠱卦論事也。

臨

䷒ 臨：元亨，利貞。至于八月有凶。

上六：敦臨，吉，无咎。

六五：知臨，大君之宜，吉。

六四：至臨，无咎。

六三：甘臨，无攸利。既憂之，无咎。

九二：咸臨，吉，无不利。

初九：咸臨，貞吉。

《彖》曰：臨，剛浸而長。説而順，剛中而應，大亨以正，天之道也。"至于八月有凶"，消不久也。

【卦名釋義】臨，同"霖"。《説文解字》："霖，雨三日已往。"段玉裁《説文解字注》："謂雨三日又不止，不定其日數也。"《爾雅·釋天》："久雨謂之淫，淫謂之霖。"聞一多《周易義證類纂》認爲："臨讀爲瀶，瀶、霖古當同字，《西溪易説》引《歸藏》臨作林禍，即霖禍。《周易》省瀶爲臨，猶《歸藏》省霖爲林耳。"臨又爲到、來之義。臨爲大雨之卦。《周易略例》："此剛長之卦也。剛勝則柔危矣。

柔有其德，乃得免咎。故此一卦，陰爻雖美，莫過无咎也。"小畜卦序一九，臨卦卦序二九之後。臨、觀與小畜、履四卦爲乾坤與中孚卦相交而得。

【釋讀】臨卦：大亨通，有利之兆。到了八月會有凶險。

至于八月有凶：易卦以七日來復，至八則臨卦二陽全消，故爲"八月有凶"。尚秉和《周易尚氏學》曰："凡易言八月七日，皆言爻數。後儒往往以殷正周正爲説，皆夢囈語也。"

《象》曰：澤上有地，臨。君子以教思无窮，容保民无疆。

《象傳》説：臨卦的卦象爲堤岸高出大澤。君子受此啓發，應當盡心廣施教化，並容納保護廣大疆土上的民衆。

初九：咸臨，貞吉。

【釋讀】初九：感動上天而雨水降臨，預兆吉祥。

《象》曰："咸臨貞吉"，志行正也。

《象傳》説："咸臨貞吉"，説明其志向和行爲都很正當。

【象解】咸，感也。初二爻皆有應，故皆曰"咸臨"。兌爲祭祀，爲巫咸，爲咸。

九二：咸臨，吉，无不利。

【釋讀】九二：感動上天而雨水降臨，吉祥，沒有任何不利。

《象》曰："咸臨，吉，无不利"，未順命也。

《象傳》説："咸臨，吉，无不利"，這是由於不聽從命運擺佈的結果。

【象解】九二居中有應，遇陰則通，"吉，无不利"也。巽爲命，震則"未順命"。

六三：甘臨，无攸利。既憂之，无咎。

【釋讀】六三：雨停而天氣依然陰晦，無長久之利。憂懼改過之後，不會有過失。

《象》曰：“甘臨”，位不當也。“既憂之”，咎不長也。

《象傳》說：“甘臨”，這是由於六三爻位置不當造成的。“既憂之”，那麼過失就不會長久了。

甘臨：“甘”字釋義，見《詩經·衞風·伯兮》“願言思伯，甘心首疾”。傳曰：“甘，厭也。”疏云：“謂思之不已，乃厭足於心，用是生首疾也。凡人飲食口甘，遂至於厭足，故云‘甘，厭也’。”王充《論衡》曰：“雨霽而陰曀者，謂之甘雨。”《說文解字》：“霽，雨止也。”“曀，陰而風也。”雨霽而陰曀，則雲氣掩映日光，天氣陰晦，淫雨霏霏似梅雨季節。若以甘爲美，則“无攸利”之義勉強難通。

【象解】兌卦爲陰晦，重坤，其象爲甘雨。茹敦和《周易象考》案：“乾上爲甘。”六三失位，乘陽无應，故“无攸利”。下兌爲憂，互震爲“既憂之”，兌在前也；臨卦陽長陰消，故六三之咎不長也。

六四：至臨，无咎。

【釋讀】六四：大雨到來，沒有過失。

《象》曰：“至臨无咎”，位當也。

《象傳》說：“至臨无咎”，這是因爲六四爻當位的緣故。

至：《說文解字》：“鳥飛从高下至地也。从一，一猶地也。象形。”甲骨文“至”字像“矢”射到某一地而止。《周易集解》引虞翻曰：“至，下也。”

【象解】震爲矢，爲至。六四下應初九，臨卦爲大震卦，故稱“至臨”。

六五：知臨，大君之宜，吉。

【釋讀】六五：知曉恩澤百姓，這是君王纔能做到之事，吉祥。

《象》曰："大君之宜"，行中之謂也。

《象傳》說："大君之宜"，說明君王所行適宜。

宜：《禮記·中庸》："義者，宜也。"疏曰："宜，謂於事得宜，即是其義。""宜""義"古音近義通。《禮記·中庸》："唯天下至聖爲能聰明睿知，足以有臨也。"只有天下最崇高的聖人，纔是聰明睿智的，能够居上位而臨下民。

【象解】知，從矢從口。震爲矢，爲心，亦爲知，此取應爻之象。六五與九二陰陽相感，得中相應，故曰"知"。初與四，二與五陰陽相應，故曰"咸"、曰"至"、曰"知"。震卦爲大君，應爻九二之象。臨卦爲大震卦，亦爲大君。坤爲安，爲宜。

上六：敦臨，吉，无咎。

【釋讀】上六：雨水聚集起來，吉祥，沒有過失。

《象》曰："敦臨之吉"，志在内也。

《象傳》說："敦臨之吉"，說明其志向在於内部。

敦：敦，盛也，聚也，有屯聚義。《詩經·大雅·行葦》："敦彼行葦，牛羊勿踐履。"傳曰："敦，聚貌。"《詩經·大雅·常武》："鋪敦淮濆。"鄭玄箋曰："敦，當作屯。屯聚之義。"敦又作盤類解，爲黍稷器。《周禮·天官·玉府》："若合諸侯，則共珠槃玉敦。"注曰："敦，槃類，古者以槃盛血，以敦盛食。"參看艮卦上九所釋。

【象解】坤厚爲地，故爲屯聚，爲敦。尚秉和先生於此卦"甘、至、知、敦"俱未言象之所據。

觀

䷓ 觀：盥而不薦，有孚顒若。

上九：觀其生，君子无咎。

九五：觀我生，君子无咎。

六四：觀國之光，利用賓于王。

六三：觀我生，進退。

六二：窺觀，利女貞。

初六：童觀，小人无咎，君子吝。

《彖》曰：大觀在上，順而巽，中正以觀天下。"觀，盥而不薦，有孚顒若"，下觀而化也。觀天之神道，而四時不忒，聖人以神道設教，而天下服矣。

【卦名釋義】觀爲大艮卦。《周易集解》引鄭玄曰："艮爲鬼門，又爲宮闕。地上有木。而爲鬼門宮闕者，天子宗廟之象也。"觀爲宗廟祭祀之所，觀卦爲尚賢之卦。

【釋讀】觀卦：瞻仰了盛大的降神祭祀儀式，就可以不去看後面的獻饗之禮了，萬民有福，敬仰觀瞻。

盥而不薦：《周易集解》引馬融曰：“盥者，進爵灌地，以降神也。此是祭祀盛時，及神降薦牲，其禮簡略，不足允也。國之大事，唯祀與戎。王道可觀，在於祭祀。祭祀之盛，莫過初盥降神。故孔子曰：‘禘自既灌而往者，吾不欲觀之矣。’此言及薦簡略，則不足觀也。”王弼《周易注》曰：“王道之可觀者，莫盛乎宗廟。宗廟之可觀者，莫盛乎盥也。至薦簡略，不足復觀，故‘觀盥而不薦’也。”

顒若：顒，《說文解字》：“大頭也。”引申之，凡大皆有是稱。《詩經·小雅·六月》：“四牡修廣，其大有顒。”獸壯大者曰“顒”。敬爲引申義。《廣韻》：“顒，仰也。”《詩經·大雅·卷阿》：“顒顒卬卬，如圭如璋。”傳曰：“顒顒，溫貌。”箋曰：“體貌則顒顒然敬順。”

《象》曰：風行地上，觀。先王以省方，觀民設教。

《象傳》說：觀卦象爲風吹拂於地上。先代君王視察四方，留心民風民俗，用教育來感化民眾。

初六：童觀，小人无咎，君子吝。

【釋讀】初六：像幼稚的兒童一樣觀察，這對小人來說沒有害處，但對君子，則有所阻礙。

《象》曰：初六“童觀”，小人道也。

《象傳》說：初六“童觀”，這是淺薄的小人之道。

童觀：觀，《說文解字》：“諦視也。”《穀梁傳》曰：“常事曰視，非常曰觀。”段玉裁《說文解字注》：“觀，多也。此亦引伸之義。物多而後可觀。故曰觀，多也。猶灌木之爲藂木也。”

【象解】艮爲見，故大艮爲觀。艮爲童，初爻爲童。坤爲小人。童觀之行爲小人之道，君子效仿則爲有吝。

六二：窺觀，利女貞。

【釋讀】六二：從門縫中偷偷地觀看，適合於女人之兆。

《象》曰："闚觀女貞"，亦可醜也。

《象傳》說："闚觀女貞"，這樣的行爲還是令人感到有點丟醜。

闚觀：《說文解字》："闚，閃也。傾頭門中視也。"

【象解】六二應於九五。觀卦爲大艮，六二居下卦中爻，猶在門中，上窺九五。而坤爲闔，爲婦，如女人羞縮不敢正視而窺觀。尚秉和先生曰："窺觀乃妾婦之行，故利女占。若在丈夫，則可醜矣。"李光地《御纂周易折中》："以六二應九五，亦十六卦，則不能皆吉，而凶吝者有之。如否之'包承'也，同人之'于宗吝'也，隨之'係小子，失丈夫'也，觀之'窺觀可醜'也。"

六三：觀我生，進退。

【釋讀】觀照自己對象的反應，決定或進或退。

《象》曰："觀我生進退"，未失道也。

《象傳》說："觀我生進退"，這樣做總不失爲正確的應對方法。

觀我生：生，《說文解字》："進也。象艸木生出土上。"《周易尚氏學》："凡我生皆謂應與。《詩經·小雅》：'雖有兄弟，不如友生。'易以陰陽相遇爲朋友，故謂應與爲我生。"

【象解】艮爲山，爲鼻（荀爽《九家易逸象》）。尚秉和《周易尚氏學》云："鼻者，面之山。"《說文解字》："自，鼻也。象鼻形。凡自之屬皆從自。"故艮卦爲自，爲我。頤卦"自求口實"以艮爲自，蒙卦"匪我求童蒙，童蒙求我"以艮爲我。"觀我生"，觀應爻也；六三應爻居互巽卦，爲進退之象。

六四：觀國之光，利用賓于王。

【釋讀】六四：仰望一個國家的榮耀，利於成爲君王的賓客和輔佐。

《象》曰："觀國之光"，尚賓也。

《象傳》說："觀國之光"，説明此國崇尚賢士。

觀國之光：據《左傳·莊公二十二年》載，昔周史有以《周易》見陳侯者，陳侯使筮之，得"觀之否"，曰："是謂'觀國之光，利用賓于王'。此其代陳有國乎？不在此，其在異國。非此其身，在其子孫。光遠而自他有耀者也。坤，土也；巽，風也；乾，天也。風爲天，于土上，山也。有山之材，而照之以天光，居土上，故曰'觀國之光，利用賓于王'。庭實旅百，奉之以玉帛，天地之美具焉，故曰'利用賓于王'。"

賓：《説文解字》："賓，所敬也。"段玉裁《説文解字注》曰："又賓謂所敬之人，因之敬其人亦曰賓。又君爲主，臣爲賓。"

【象解】以艮爲觀，坤爲邑國，所謂"觀國之光"。艮亦爲光。震卦爲主人，巽卦爲賓客。六四陰爻順承九五陽爻，爲"利用賓于王"。

九五：觀我生，君子无咎。

【釋讀】九五：宜觀察民衆風俗，君子纔没有過失。

《象》曰："觀我生"，觀民也。

《象傳》說："觀我生"，便可知民衆風俗。

【象解】坤爲民，爲衆。三至五爻互艮，艮爲我，故皆曰"觀我生"。我爲五，我生謂二。觀卦爲大艮，艮卦之陽稱君子。"君子无咎"，陰不可消陽也。

上九：觀其生，君子无咎。

【釋讀】上九：觀照聖賢的德性行爲，君子不會有過失。

《象》曰："觀其生"，志未平也。

《象傳》説："觀其生"，因爲君子始終以天下爲己任，天下未安，其志難平。

觀其生：《漢書·五行志》引京房《易傳》曰："經稱'觀其生'，言大臣之義，當觀賢人，知其性行，推而貢之，否則爲聞善不與，兹謂不知。"

【象解】觀爲大艮，艮爲指，震爲其，"其"乃指代之詞。尚秉和《周易尚氏學》："按：其謂五，生指三。"

噬　嗑

噬嗑：亨，利用獄。

上九：何校滅耳，凶。

六五：噬乾肉，得黃金，貞厲，无咎。

九四：噬乾胏，得金矢，利艱貞，吉。

六三：噬腊肉，遇毒，小吝，无咎。

六二：噬膚滅鼻，无咎。

初九：屨校滅趾，无咎。

《彖》曰：頤中有物，曰噬嗑，噬嗑而亨。剛柔分，動而明，雷電合而章。柔得中而上行，雖不當位，利用獄也。

【卦名釋義】噬嗑爲“頤中有物”。《彖》：“頤中有物，曰噬嗑。”王弼《周易注》：“頤中有物，齧而合之，噬嗑之義也。”頤卦上下二陽爻，中間四陰爻，如人之口頤。噬嗑卦與頤卦餘爻皆同，唯第四爻爲陽爻，如口頤中有物梗在其中，必噬而嗑之，始能亨通，故卦名“噬嗑”，爻辭多取象於頤。噬嗑外卦爲大離卦，離爲獄，四爻不正故“利用獄”。

【釋讀】噬嗑：亨通，利於施用刑罰。

《象》曰：雷電噬嗑。先王以明罰敕法。

《象傳》說：噬嗑爲雷電交加之象。以前聖明的君主明賞罰正法度。

初九：屨校滅趾，无咎。

【釋讀】初九：足戴械具，斷掉了脚指頭，小懲大誡知過能改。

《象》曰："屨校滅趾"，不行也。

《象傳》說："屨校滅趾"，不能行走了。

屨校滅趾：屨，《説文解字》："履也。"《周禮·天官》："屨人掌王及后之服屨。"注曰："復下曰舄，禪下曰屨。"疏云："復下謂重底，禪下謂禪底也。"《釋名》："屨，拘也，所以拘足也。"校，《説文解字》："木囚也。"段玉裁注曰："囚，繫也。木囚者，以木羈之也。"

【象解】震爲趾。初至四正覆艮，艮爲止，故《象》曰"不行也"；坎爲囚，故爲校；坎在震上而止之，故曰"屨校"。離爲斷，故曰"滅趾"。初九前臨重陰，故曰"无咎"。

六二：噬膚滅鼻，无咎。

【釋讀】六二：因貪吃被肉掩住了鼻子，沒有大的過錯。

《象》曰："噬膚滅鼻"，乘剛也。

《象傳》說："噬膚滅鼻"，這是因爲陰爻乘凌陽爻。

噬膚：噬，《廣雅·釋詁》："噬，齧也。"噬謂口中咬物，吃也。

膚，一釋爲皮。《玉篇》："皮也。"《釋名》："膚，布也，布在表也。"《廣韻》："皮膚。"《詩經·衞風·碩人》："手如柔荑，膚如凝脂。"一釋爲肉。《廣雅·釋器》："膚，肉也。"豕肉爲膚。《儀禮·

聘禮》："膚鮮魚鮮腊。"注曰："膚，豕肉也；又切肉爲膚。"《禮記·內則》："脯羹，兔醢，麋膚。"注曰："膚，切肉也。"

【象解】噬嗑內互蹇卦，坎爲隱，艮爲鼻，坎水在上，鼻隱於下，故爲"噬膚滅鼻"。《周易集解》引侯果曰："乘剛，噬必深，噬過其分，故滅鼻也。"六二爻乘剛无應，前行遇阻，然居中當位，若能遇險而止，可得"无咎"。艮爲膚，其爻陰爲肉，陽爲皮。

六三：噬腊肉，遇毒，小吝，无咎。

【釋讀】六三：咬堅硬的腊肉並遇到毒物，有一點小的不順利，沒有更大的過失。

《象》曰："遇毒"，位不當也。

《象傳》說："遇毒"，這是因爲六三爻居位不正當的緣故。

腊肉：《說文解字》："乾肉也。从殘肉，日以晞之。"《周禮·天官》："腊人掌乾肉，凡田獸之脯腊膴胖之事。"鄭玄注曰："大物解肆乾之，謂之乾肉……薄析曰脯，棰之而施薑桂曰鍛脩。腊，小物全乾。"

遇毒：明清之際學者錢澄之《田間易學》云："《說文解字》：'毒，厚也。'惡其不早治以至於三，積久而毒生，故難噬也。"《御纂周易述義》卷二："肉久味變，故遇'毒'。"

【象解】《周易集解》引虞翻曰："三在膚裏，故稱肉。離日煤之，爲腊；坎爲毒，故'噬腊肉遇毒'。"坎卦陰爻爲肉，陽爻爲骨。六三爻上近離卦，故稱"腊"；坎卦一陽陷於二陰當中，爲險，故亦爲毒；承陽有應，故"无咎"。

九四：噬乾胏，得金矢，利艱貞，吉。

【釋讀】九四：咬到帶骨頭的肉脯，得到堅硬的箭頭，利於隱忍不動之徵兆，吉利。

《象》曰：“利艱貞，吉”，未光也。

《象傳》説：“利艱貞，吉”，説明還没有時機發揚光顯自己。

肺：《玉篇》：“脯有骨也。”

利艱貞：《説文解字》：“艱，土難治也。”引申之義爲艱難。“艱”字帛書《周易》均作“根”，根者艮也，根有不動義，與“限”相通，限定不動。“利艱貞”，利於隱忍不動之義。

【象解】坎爲矢，九四陽爻爲剛，故稱“金矢”。艮爲止，爲限，爲艱，九四无應，以一陽下據二陰，宜止而不動，故曰“利艱貞，吉”。

六五：噬乾肉，得黄金，貞厲，无咎。

【釋讀】六五：咬到乾硬的肉，得到黄色的金子，危險之兆，没有過錯。

《象》曰：“貞厲无咎”，得當也。

《象傳》説：“貞厲无咎”，這是因爲所處位置得當。

【象解】二、三、四、五爻皆曰“噬”，此四爻如口中之物也。九四曰“噬乾肺”，六五曰“噬乾肉”，以二爻居離卦，離爲日，故稱“乾”；乾者，燥也。六五君位而乘陽，故“得黄金”，九四爲金；居坎上无應，故爲“貞厲”，得中則“无咎”。噬嗑卦陽爻之象多剛，陰爻之象多柔也。

上九：何校滅耳，凶。

【釋讀】上九：肩負重枷，失掉耳朵，凶險。

《象》曰：“何校滅耳”，聰不明也。

《象傳》説：“肩負重枷，遭受嚴懲，失掉耳朵”，這是因爲不聽勸告，不能改惡從善，太不聰明了，結果受了這樣的重刑。

何校：段玉裁《說文解字注》："若今犯人帶枷也。"何，俗作"荷"，《說文解字》"儋也"。《詩經·曹風·候人》："彼候人兮，何戈與祋〔duì〕。"《詩經·商頌·長發》："何天之休，不競不絿，不剛不柔。"何，通"荷"，擔也，扛也。

【象解】坎卦爲耳，離卦則坎不見，滅耳。上爻爲負荷，初爻爲履。

賁

䷕ 賁：亨，小利有攸往。

上九：白賁，无咎。

六五：賁于丘園，束帛戔戔，吝，終吉。

六四：賁如皤如，白馬翰如，匪寇婚媾。

九三：賁如濡如，永貞吉。

六二：賁其須。

初九：賁其趾，舍車而徒。

《彖》曰："賁，亨"，柔來而文剛，故亨。分剛上而文柔，故"小利有攸往"。天文也。文明以止，人文也。觀乎天文，以察時變；觀乎人文，以化成天下。

【卦名釋義】 賁：帛書《周易》作"蘩"。《爾雅·釋草》："蘩，皤蒿。"疏云："凡艾白色爲皤蒿。又與番通。"段玉裁《説文解字注》："白蒿曰蘩。"《詩經·豳風·七月》："春日遲遲，采蘩祁祁，女心傷悲，殆及公子同歸。"

賁，通"斑"，色雜斑駁貌。《吕氏春秋》："孔子卜，得賁。孔子曰：‘不吉。’子貢曰：‘夫賁亦好矣，何謂不吉乎？’孔子曰：‘夫白而白，黑而黑，夫賁又何好乎？’”高誘注曰：“賁，色不純也。”《説文解字》：“賁，飾也。”“賁”亦有“文飾”“裝飾”之義。

賁，又通“奔”，奔走。《詩經·小雅·白駒》：“皎皎白駒，賁然來思。”《尚書》：“武王戎車三百兩，虎賁三百人，與商戰於牧野，作《牧誓》。”孔穎達疏云：“虎賁爲勇士稱也。若虎之奔走逐獸，言其猛也。”《孟子·盡心下》：“武王之伐殷也，革車三百兩，虎賁三千人。”虎賁取義如虎之奔走逐獸。“賁星”之“賁”，通“奔”，賁星即流星。《史記·天官書》載：“天狗狀如大奔星，有聲，其下止地類狗，所墮及，望之如火光，炎炎衝天。”《漢書·司馬相如傳》：“奔星更於閨闥，宛虹拖於楯軒。”顏師古注曰：“奔星，流星也。”《淮南子·天文訓》：“蠶珥絲而商弦絶，賁星墜而勃海決。”高誘注曰：“賁星，客星也，又作孛星。”《荊州占》曰：“奔星入日中，有臣欲謀其主，凡流星貫日不中者，臣謀主，事不成而戮死也。”是“賁”亦有如火噴發而出之義。

賁，又通“奮”，發、動之義。《廣雅》訓“奮”爲“動”，又訓爲“舒”。《史記集解》訓“奮”爲“發”。《荀子·堯問》：“忠誠盛於内，賁於外，形於四海。”則“賁於外”者，即發舒於外之義也。

【釋讀】賁卦：亨通，去遠方有小利。

《象》曰：山下有火，賁。君子以明庶政，无敢折獄。

《象傳》説：賁卦的卦象是山下有火，如火山噴發。君子應當使衆多的政務清明，不要輕易斷決獄訟。

初九：賁其趾，舍車而徒。

【釋讀】初九：雙腳奔跑，捨棄乘車而步行。

《象》曰："舍車而徒"，義弗乘也。

《象傳》説："捨棄乘車而步行"，這是因爲按道義不該乘坐車馬。

賁其趾：賁，奔也。

【象解】初曰趾。坎爲輪，爲車，震爲馬，初在車下，故不乘而徒也。初爻上應九四，其志不在二，亦爲不乘。

六二：賁其須。

【釋讀】六二：鬍鬚飄動。

《象》曰："賁其須"，與上興也。

《象傳》説："賁其須"，是説鬍鬚隨上而動。

賁其須：賁，飄動。須，唇上曰髭，唇下爲須。《説文解字》："須，面毛也。"《釋名》："頤下曰須。"須，其色斑白也。

興：《爾雅·釋言》："興，起也。"《詩經·衛風·氓》："夙興夜寐，靡有朝矣。"《周禮·夏官·大司馬》："進賢興功，以作邦國。"注曰："興，猶舉也。又動也。"

【象解】二附於三，隨其動也。下離爲口，上艮爲須（象失傳，詳《焦氏易詁》），"須"隨"口"而興動。上九爲艮卦主爻，下返於六二，則成泰卦。

九三：賁如濡如，永貞吉。

【釋讀】九三：奔跑得汗流浹背，長久保持現狀，吉祥。

《象》曰："永貞之吉"，終莫之陵也。

《象傳》説："永貞之吉"，是説它最終還是没有到達最高處。

濡：沾濕，潤澤。《詩經·曹風·候人》："維鵜在梁，不濡其翼。"《詩經·小雅·皇皇者華》："我馬維駒，六轡如濡。"

【象解】坎爲水，故爲濡；亦爲永，水流長也。三至上震艮相背，三不應上，故《象》曰"終莫之陵也"。

六四：賁如皤如，白馬翰如，匪寇婚媾。

【釋讀】素白色的馬輕捷地往前飛奔，不是敵寇，而是來求婚配。

《象》曰：六四當位，疑也。"匪寇婚媾"，終无尤也。

《象傳》說：六四爻當位，卻有疑慮。"匪寇婚媾"，說明最終結果是好的。

皤如："皤"通"番"，番音煩。《說文解字》："皤，老人白也。"段玉裁注曰："引伸爲凡白素之稱也。"

翰如：《禮記·檀弓》："殷人尚白，大事斂用日中，戎事乘翰，牲用白。"鄭玄注曰："翰，白色馬也。"

【象解】須之色斑白，艮爲須，故爲"皤如""翰如"。《周易尚氏學》："按震爲羽翰（翰象失傳，詳《焦氏易詁》）。翰如馬行貌，言疾如羽翰也。"坎爲心憂，故爲寇；一陽入於二陰，故又爲婚媾。六四雖爲坎所阻礙，終應於初九，故"匪寇婚媾"。

六五：賁于丘園，束帛戔戔，吝，終吉。

【釋讀】六五：走在聚居的村落，拿著一束束絲帛作聘禮，開始困難有阻礙，最終吉利。

《象》曰：六五之吉，有喜也。

《象傳》說：六五爻之吉，說明必有喜事臨門。

賁于丘園：《說文解字》："丘，土之高也，非人所爲也。"又："一曰四方高，中央下爲丘。"段玉裁注曰："古者九夫爲井。四井爲邑。四邑爲北（丘）。北（丘）謂之虛。虛本謂大丘。大則空曠。故引伸之爲空虛。如魯，少皞之虛。衛，顓頊之虛。陳，大皞之虛。鄭，祝融之虛。皆本帝都，故謂之虛。"又曰："升九三'升虛邑'，馬云

'虛，丘也'。虛猶聚也，居也。引伸爲虛落。今作墟。"《詩經·王風·丘中有麻》："丘中有麻，彼留子嗟。彼留子嗟，將其來施。丘中有麥，彼留子國。彼留子國，將其來食。丘中有李，彼留之子。彼留之子，貽我佩玖。"《詩經·陳風·宛丘》："子之湯兮，宛丘之上兮。洵有情兮，而無望兮！"

園，《詩經·鄭風·將仲子》："將仲子兮，無逾我園。"毛傳曰："園，所以樹木也。"

束帛戔戔：束帛，捆一束爲五匹的帛，用作聘禮、饋贈之物。《經典釋文》載《子夏傳》釋"束"曰："五匹爲束，三玄二纁，象陰陽。"《周禮·春官·大宗伯》："孤執皮帛。"鄭玄注曰："皮帛者，束帛而表以皮爲之。"賈公彥疏曰："束者十端，每端丈八尺，皆兩端合卷，總爲五匹，故云束帛也。"《詩經》有"束薪，束楚，束蒲"。《詩經·王風·揚之水》："揚之水，不流束蒲。"《詩經·鄭風·揚之水》"不流束楚"，"不流束薪"。束爲捆扎，楚爲荊條，薪爲薪柴，蒲爲蒲柳，均爲象徵男女婚配之辭。《詩經·衛風·氓》："氓之蚩蚩，抱布貿絲。匪來貿絲，來即我謀。送子涉淇，至于頓丘。""抱布貿絲"與"束帛戔戔"皆爲攜聘禮以往求婚配之意。戔戔，《周易集解》引馬融訓爲"委積"，虞翻解作"多"。尚秉和《周易尚氏學》認爲：俗解因"戔"通"殘"，便訓"戔戔"爲薄物，又或作殘落者，非也。

【象解】震卦爲丘。見頤卦六二"于丘頤"，渙卦六四"渙有丘"。艮爲園。艮爲執，爲拘，故爲束；震爲衣，三至六正反震，故曰"束帛戔戔"。五二不應，得敵於六四，故吝。六五承陽居中，故爲"終吉"。

上九：白賁，无咎。

【釋讀】上九：素白裝飾，沒有禍患。

《象》曰：“白賁无咎”，上得志也。

《象傳》説：“白賁无咎”，説明身居上位，心願得以滿足。

白賁：賁，文飾、裝飾。

【象解】艮爲須，故稱“白”。《周易尚氏學》：“下乘重陰，故曰‘得志’，言陽得陰而通也。大畜上九曰‘道大行也’，損上九曰‘大得志’，益九五曰‘大得志’，頤上九曰‘大有慶’，與此義皆同。乃二千年舊解，少能知其故者，真可喟也。”

剥

䷖ 剥：不利有攸往。

上九：碩果不食，君子得輿，小人剥廬。

六五：貫魚以宮人寵，无不利。

六四：剥牀以膚，凶。

六三：剥之，无咎。

六二：剥牀以辨，蔑，貞凶。

初六：剥牀以足，蔑，貞凶。

《彖》曰：剥，剥也，柔變剛也。“不利有攸往”，小人長也。順而止之，觀象也。君子尚消息盈虚，天行也。

【卦名釋義】剥：阜陽漢簡《周易》作“僕”。《詩經·豳風·七月》：“八月剥棗，十月穫稻。”毛傳：“剥，擊也。”阮元《校勘記》：“剥棗即今之撲棗也。”《經典釋文》：“邦角反。《彖》云：剥，剥也。馬云：落也。《説文解字》云：裂也。”《雜卦》：“剥，爛也。”剥爲陰進陽退，五陰剥一陽也。

【釋讀】剝卦：不利於前往遠方。

《象》曰：山附于地，剝。上以厚下安宅。

《象傳》説：剝卦卦象爲山依託於大地之上。處於上位的人應當加厚基礎，使之更加堅實，這樣纔能使所處之位更加鞏固安全。

初六：剝牀以足，蔑，貞凶。

【釋讀】初六：牀足爛掉脱落，眯著眼睛看不清，凶險之兆。

《象》曰："剝牀以足"，以滅下也。

《象傳》説："剝牀以足"，是説從下面的基礎開始損毀。

剝牀以足：牀，帛《易》作"臧"。《玉篇》："床，俗牀字。"《釋名》："人所坐卧曰牀。牀，裝也，所以自裝載也。"《詩經·小雅·斯干》："乃生男子，載寢之牀，載衣之裳，載弄之璋。"《廣博物志》傳説神農氏發明牀，少昊始作簀牀，吕望作榻。《説文解字》："安身之坐者。"徐鍇曰："《左傳》蘧子馮詐病，掘地下冰而牀焉。至於恭坐則席也。故從爿，爿則牆之省。象人褭身有所倚箸。至於牆、壯、戕、狀之屬，並當從牀省聲。"初六爻王注、孔疏均以爲牀具。以，猶"及"也。

蔑：《説文解字》："勞目無精也，人勞則蔑然。"段玉裁注謂"蔑"通作"眜"。《説文解字》："眜，目不明也。""蔑"引申之義爲細、小、無等。"蔑""滅"均從"戉"。戉，滅也。

【象解】初爻在下稱足。艮爲剝，下爛也。坤爲閉，艮爲眼，蔑視也。陰陽失衡，爲傷也。

六二：剝牀以辨，蔑，貞凶。

【釋讀】六二：牀板爛掉脱落，眯著眼睛看不清，凶險之兆。

《象》曰："剝牀以辨"，未有與也。

《象傳》説："剝牀以辨"，是因爲六二爻與六五陰爻不相應。

剝牀以辨：六二"剝牀以辨"之釋，古今異辭，各執一端。《周易集解》引鄭玄曰："足上稱辨，謂近膝之下。詘則相近，信則相遠，故謂之辨。辨，分也。"引虞翻曰："指間稱'辨'。"引崔憬曰："今以牀言之，則辨當在第足之間，是牀梐也。"《爾雅·釋器》："簀謂之第。革中絶謂之辨，革中辨謂之韏。"王引之《經義述聞》："今案'辨'，當讀作'蹁'。"《釋名》："膝頭曰膞。膞，圍也，因形圓圓而名之者。或曰蹁。蹁，扁也，亦因形而名之也。"《集韻》："蹁或作徧。又與偏通。"尚秉和《周易尚氏學》曰："是辨端音近通用。端，首也。剝牀以端，是剝及牀頭也。"高亨《周易古經今注》曰"辨讀爲牑，牀板也"，唐明邦、余敦康從之。劉大鈞《周易古經白話解》初從之，後在《周易概論》增補本中認爲"'辨'字，似當爲'徧'"。廖名春釋"牀"爲"壯"，釋"辨"通"半"，半義爲中。崔憬、高亨之説宜從。

【象解】 初爻爲足，六二足上；以牀言之，上下則近膝，左右則平而扁，此物當爲牀板，其象爲坤卦，坤爲扁，爲平。

六三：剝之，无咎。

【釋讀】 六三：剝離分開，没有過失。

《象》曰："剝之无咎"，失上下也。

《象傳》説："雖被剝落，卻没有什麼災禍"，是因爲六三脱離了上下陰爻，而獨與上九陽爻相應。

【象解】 六三獨應上艮，艮爲剝，故"无咎"。

六四：剝牀以膚，凶。

【釋讀】 六四：牀上的墊蓆爛了，凶險。

《象》曰："剝牀以膚"，切近災也。

《象傳》說："剝牀以膚"，是說凶災已經迫近，災禍就在眼前。

剝牀以膚：膚，從"虍""胃"。"虍"［hū］爲虎文或虎皮，"胃"乃消化五穀之臟。阜陽漢簡《周易》作"父"，漢熹平石經《周易》作"簠"。"父""簠"皆爲同音假借，"膚"爲本字。《周易集解》引崔憬曰："牀之膚謂薦席，若獸之有皮毛也。牀以剝盡，次及其膚，剝以大臣之象，言近身與君也。"

【象解】艮爲膚，爲薦席；艮又爲身，爲腹，故"剝牀以膚"，則"切近災也"。

六五：貫魚以宮人寵，无不利。

【釋讀】六五：魚貫而入，像內宮之人那樣得到寵愛，沒有任何不利。

《象》曰："以宮人寵"，終无尤也。

《象傳》說："以宮人寵"，最終是不會有什麼擔憂的。

貫魚以宮人寵：貫者，穿也。《詩經·齊風·猗嗟》："舞則選兮，射則貫兮。"以，似也。

【象解】坤爲魚，詳見《焦氏易詁》。剝卦重坤，魚之象也，附於上九，故曰"貫魚"；艮爲宮爲寵，陰寵於陽也，故似宮人寵者。

上九：碩果不食，君子得輿，小人剝廬。

【釋讀】上九：大的果實不曾被摘取吃掉，君子得坐車輿，小人房子被扒掉。

《象》曰："君子得輿"，民所載也。"小人剝廬"，終不可用也。

《象傳》說："君子得輿"，是由於百姓的擁戴。"小人剝廬"，是由於小人終究是不可以任用的。

　　【象解】《周易尚氏學》：“艮爲果瓜，碩大也。孤陽在上，故曰‘碩果’。”“艮爲君子，坤爲大輿爲載，艮在坤上，乘輿之象也，故曰‘得輿’。坤爲小人，艮爲廬，候卦陰終消陽，故曰‘剥廬’。君子得輿，由上視下取象。小人剥廬，由下視上取象。”

復

䷗ 復：亨，出入无疾，朋來无咎。反復其道，七日來復，利有攸往。

上六：迷復，凶，有災眚。用行師，終有大敗，以其國君，凶，至于十年不克征。

六五：敦復，无悔。

六四：中行獨復。

六三：頻復，厲无咎。

六二：休復，吉。

初九：不遠復，无祗悔，元吉。

《彖》曰：復亨，剛反動而以順行，是以“出入无疾，朋來无咎”。“反復其道，七日來復”，天行也。“利有攸往”，剛長也。復其見天地之心乎？

【卦名釋義】一陽來復，十二辟卦爲子。邵康節《伊川擊壤集》：“天心復處是無心，心到無時無處尋。”《羅近溪先生明道録》：“堯夫先生一生學問得之《易經》，而其學問根源則見之復姤，故曰：‘一動一静之間，天地之至妙者也。’”

【釋讀】復卦：亨通順利。在家外出往來都没有疾患，朋友前來无妨。返回自己的道路，經過七天就會回來，利於遠行。

《象》曰：雷在地中，復。先王以至日閉關，商旅不行，后不省方。

《象傳》説：復卦的卦象爲雷在地中。從前的君主在陽氣初生的冬至這一天關閉關口，停止經商、旅行活動，君主自己也不巡行視察四方。

初九：不遠復，无祗悔，元吉。

【釋讀】初九：走了不遠就回來了，不會有疾病災禍，大吉。

《象》曰：“不遠之復”，以修身也。

《象傳》説：“不遠之復”，防微杜漸知過能改，以此修養身心。

祗：《周易集解》“祗”作“祗”。《正字通》：“祗與祗通。”《詩經·小雅·何人斯》：“壹者之來，俾我祗也。”毛傳曰：“祗，病也。”《何人斯》蓋假借“祗”爲“痕”，故毛傳訓爲“病”。《爾雅·釋詁》：“痕，病也。”《詩經·小雅·無將大車》：“無思百憂，祗自痕兮。”《詩經·小雅·白華》：“之子之远，俾我痕兮。”毛傳曰：“痕，病也。”卦辭曰“出入无疾”，當指此爻言之，故宜訓“祗”爲“病”。

【象解】尚秉和《周易尚氏學》曰：“陽微，故宜修養以待。”震爲復，一陽來復也；爻之初，爲不遠也。震爲无疾。

六二：休復，吉。

【釋讀】六二：高興地回來了，吉利。

《象》曰："休復之吉"，以下仁也。

《象傳》說："休復之吉"，是因爲能够得到屬下的愛戴。

休：《詩經·商頌·長發》："何天之休，不競不絿，不剛不柔。"鄭玄箋："休，美也。"人依木則休，安閒也。休美爲引申之義。

【象解】震爲笑，六二居中，獨近陽而待之，故爲休。

六三：頻復，厲，无咎。

【釋讀】六三：皺著眉頭回來了，危險，没有太大的過失。

《象》曰："頻復之厲"，義无咎也。

《象傳》說："吃了苦頭皺眉而返回"，畢竟能够改過從善，復歸正道，所以不會有大的災禍。

頻：《周易集解》引虞翻曰："頻，蹙也。""頻"同古文"顰"字。顰蹙，皺著眉頭。

【象解】震卦爲笑，六三處震之終，物極必反，故爲"顰復"；六三失位，承乘皆陰，又无應與，故有危厲。

六四：中行獨復。

【釋讀】六四：路上行走，中途獨自一人返回來。

《象》曰："中行獨復"，以從道也。

《象傳》說："中行獨復"，這是爲了追隨正道啊。

【象解】《周易集解》引虞翻曰："俗說以四位在五陰之中而獨應復，非也。"朱震《漢上易傳》引鄭康成曰："度中而行，四獨應初。"鄭玄以爻處五陰之中釋"中行"之義，虞翻指其非。鄭說近理宜從。六四獨與初應，故稱"獨復"。

六五：敦復，无悔。

【釋讀】六五：急匆匆地趕回來，纔不會有遺憾之事。

《象》曰："敦復，无悔"，中以自考也。

《象傳》説："敦復，无悔"，居中不偏，能够反思省察自己的言行。

敦：敦，促，急迫之義。《説文解字》："怒也，詆也。"怒，暴也，烈也。段玉裁《説文解字注》曰："皆責問之意。"《詩經·邶風·北門》："王事敦我。"《經典釋文》："韓詩云：敦，迫也。"

【象解】震卦爲怒。六五視震如艮，反身之謂也。

上六：迷復，凶，有災眚。用行師，終有大敗，以其國君，凶，至于十年不克征。

【釋讀】上六：歸途上迷路了，凶險，有災禍。如此行軍打仗，最終有大敗，殃及其國家君王，凶，到了十年仍然不能出兵打仗。

《象》曰："迷复之凶"，反君道也。

《象傳》説："执迷不悟，不知改過自新，所以凶险"，是由於违背君王之道的緣故。

災眚：《經典釋文》："《子夏傳》曰：'傷害曰災，妖祥曰眚。'鄭云：災自内生曰眚，自外曰祥，害物曰災。"段玉裁《説文解字注》："眚，引伸爲過誤。"

以其國君：以，及也。

克征：克，能；"征"謂征伐、戰争。

【象解】坤卦爲迷，爲亂，爲死喪，上六遠陽，故"凶，有災眚"。震爲征，坤迷，應爻震爲覆艮，艮爲克，上六不應六三，故曰"十年不克征"。凡上六多不吉，巽卦上九貞凶，其象曰"上窮也"；隨卦上六不吉，象曰"上窮也"。尚秉和認爲，他爻皆可承陽，獨上六不能，故比卦上六"後夫凶"，師卦上六"小人勿用"，皆以其不承陽也。

无 妄

无妄：元亨，利貞。其匪正有眚，不利有攸往。

上九：无妄，行有眚，无攸利。

九五：无妄之疾，勿藥有喜。

九四：可貞，无咎。

六三：无妄之災，或繫之牛，行人之得，邑人之災。

六二：不耕穫，不菑畬，則利有攸往。

初九：无妄，往吉。

《彖》曰：无妄，剛自外來，而爲主於内。動而健，剛中而應，大亨以正，天之命也。"其匪正有眚，不利有攸往"，无妄之往，何之矣？天命不祐，行矣哉！

【卦名釋義】 剛健而妄動，災也。天雷无妄，雷天大壯，妄動則傷也。无妄卦爻辭多事之偶然，非所期望之象，无望也。无妄之災，戒不虞也。

【釋讀】 无妄：極爲亨通，有利之兆。不走正道就會發生禍殃，不利遠行。

《象》曰：天下雷行，物與无妄。先王以茂對時，育萬物。

《象傳》說：无妄的卦象是天的下面有雷聲震懼，萬物皆相隨而不妄動。從前的君主順應遵循天時，以利萬物的養育生長。

初九：无妄，往吉。

【釋讀】初九：不要妄動，前行吉利。

《象》曰："无妄之往"，得志也。

《象傳》說："无妄之往"，是因爲能實現自己的志願。

【象解】震爲行，前遇重陰，故"往吉"。

六二：不耕穫，不菑畬，則利有攸往。

【釋讀】六二：不耕作就能得到收成，不開荒地就能變成良田，因而利於遠行。

《象》曰："不耕穫"，未富也。

《象傳》說："不耕穫"，最終還是不會變得富有。

不耕穫：帛書《昭力》："不耕而穫，戎夫之義也。"此爲戎夫征伐而有所獲之義。

不菑畬：即爲"不菑而畬"。《詩經·周頌·臣工》："亦又何求？如何新畬？"周代稱初墾之田爲菑，次年、第三年者爲新、畬。《爾雅·釋地》："田一歲曰菑，二歲曰新田，三歲曰畬。"毛詩、魯詩及馬融的說法與此相同。《說文解字》釋"畬"曰"二歲治田也"。

【象解】震爲起，爲始，爲耕，故亦爲菑；六二處正反震，反震故爲不耕；艮爲成，爲終，爲穫，爲畬，故有"不耕而穫""不菑而畬"之象。二五相應，六二得中，故曰"利有攸往"。

六三：无妄之災，或繫之牛，行人之得，邑人之災。

【釋讀】六三：無緣無故而遭受災禍，有人把一頭牛拴起來，路過的人順手把牛牽走，本鄉的人卻蒙受不白之冤。

《象》曰：行人得牛，邑人災也。

《象傳》說：路過的人順手把牛牽走，本鄉的人卻被懷疑爲偷牛的人而蒙受不白之冤。

邑人：大曰都，小曰邑，後泛指一般城鎮。《史記·五帝本紀》："一年而所居成聚，二年成邑，三年成都。"《説文解字》："邑，國也。"段玉裁注曰："《左傳》凡稱人曰大國，凡自稱曰敝邑。古國、邑通稱。"夏、商、周、春秋、戰國時期，古代國君封賜給卿、大夫的世襲封地亦稱爲邑。作爲世禄的田邑，也叫"采地""封地""食邑"。

无妄之災：猶不虞之災也。

【象解】艮爲牛（象失傳，詳《焦氏易詁》補遺），巽爲繫，又爲或。六三陰伏於陽下，"或繫之牛"也，上、五二爻隔陽，求之不得；初九遇陰則通，則六三爲"行人之得"。巽爲疾，艮爲災，六三失位，"邑人之災也"。震爲行，艮爲邑。

九四：可貞，无咎。

【釋讀】九四：能勝任之徵兆，沒有過失。

《象》曰："可貞无咎"，固有之也。

《象傳》說："可貞无咎"，是因爲能夠牢牢掌控得住。

可貞："可"字原形見於甲骨文"河"字中，爲人徒肩挑之形，服勞役擔土挑石之屬。"可"字基本含義均與服勞役有關，引申爲有能力承擔勞役，及被許可、同意或適合等義。《詩經·小雅·何人斯》："始者不如今，云不我可。"《莊子·天運》："其味相反，百皆可於口。”這裏用爲相稱、適合之義。

【象解】艮爲荷，爲能，爲可。

九五：无妄之疾，勿藥有喜。

【釋讀】九五：得了无望痊癒的疾病，不用吃藥自己就好了。

《象》曰：“无妄之藥”，不可試也。

《象傳》說：“无妄之藥”，這種藥是不能輕易嘗用的。

【象解】巽爲疾，震爲藥。九五爻應在六二，震爲笑，爲樂，故“有喜”也；初至四正覆震卦，震覆則藥不可輕試也。尚秉和《周易尚氏學》：“不可試。言此爲事之偶然，非所期望，不可嘗試。蓋五雖當位有應，然承乘皆陽，未爲全吉。”

上九：无妄，行有眚，无攸利。

【釋讀】上九：不要輕舉妄動，動則有災禍，得不到一點好處。

《象》曰：“无妄之行”，窮之災也。

《象傳》說：“无妄之行”，這是由於處於困境所帶來的災禍。

无妄，行有眚：爲“无妄行，行有眚”之省文。類同益卦六四“告公從”。

【象解】上九處六爻之極，上窮也；雖應在三爻，然六三爲九四所據，且四五遇敵，不宜妄動，故“行有眚”而无所利也。

大　畜

䷙　大畜：利貞。不家食，吉。利涉大川。

上九：何天之衢，亨。

六五：豶豕之牙，吉。

六四：童牛之牿，元吉。

九三：良馬逐，利艱貞。曰閑輿衛，利有攸往。

九二：輿說輹。

初九：有厲，利巳。

《彖》曰：大畜，剛健篤實輝光，日新其德，剛上而尚賢。能止健，大正也。"不家食，吉"，養賢也。"利涉大川"，應乎天也。

【卦名釋義】大畜二陰可畜二陽，大有積蓄也。小畜爲農事，大畜爲畜牧、車輿之卦。大畜卦外畜止而內健動，其畜止於未壯盛之时，故爻辭取象多動而有阻。剝、復、无妄與大畜，四卦爲乾坤與頤卦相交而成。

【釋讀】大畜：有利之兆。不種莊稼也能吃上飯，吉利。利於涉過大河。

不家食：家，通“稼”，稼穡。

《象》曰：天在山中，大畜。君子以多識前言往行，以畜其德。

《象傳》說：大畜卦的卦象爲太陽落到了山裏。君子效法這一精神，應當努力更多地學習領會歷代聖賢的言行，以此培育自己的德行。

初九：有厲，利巳。

【釋讀】初九：有危險，適宜祭祀之用。

《象》曰：“有厲利巳”，不犯災也。

《象傳》說：“有厲利巳”，不要輕易冒犯，否則會有災禍。

有厲：厲，危險。

利巳：利，用也。今本《周易正義》作“利巳”，帛書《周易》、楚竹書《周易》同。王弼《周易注》曰：“四乃畜巳，未可犯也。故進則有厲，巳則利也。”“巳”爲祭祀之義，故六四之陰不可犯也。《周易音義》則讀“巳，夷止反”，是讀“巳”如“已”。已，止也。“已”與“進”相對，訓“已”爲止，於義可通，於象未協。

【象解】初爻與六四爻有應，似利往，然二三皆陽，前行遇敵，若強行前往，則有災也，是爲“有厲”；互兑爲祭祀，故曰“利巳”。

九二：輿説輹。

【釋讀】九二：車子的輪輻脱落掉了。

《象》曰：“輿説輹”，中无尤也。

《象傳》說：“輿説輹”，雖不能前行，但是九二爻居於中位，所以沒有貿然前往的過失。

輿説輹：《周易集解》“輹”作“腹”。《集解》引虞翻曰：“腹或作輹也。”李鼎祚案：“輹，車之鉤心。夾軸之物。”參看小畜卦九三

"輿説輻，夫妻反目"。

【象解】乾爲圓，爲輪，震爲輹，爲輻。九三陽不附於上，兑爲脱，震卦在九二之外，故曰"輿脱輹"。九二承乘皆陽，陽遇陽則窒塞不通，有應得中故"无尤也"。

九三：良馬逐，利艱貞。曰閑輿衛，利有攸往。

【釋讀】九三：駿馬互相追逐奔跑，利於限定範圍防止走失。在本地駕車和禦衛本領既已習熟，利於前往遠行。

《象》曰："利有攸往"，上合志也。

《象傳》説："利有攸往"，是因爲前行遇到志同道合的夥伴。

良馬逐：逐，奔跑追逐，一曰交配，《集韻》"逐，牝牡合也"。二説貌異而實同，是良馬奔逐亦有交合之意也。

利艱貞：釋見噬嗑卦九四爻。

曰閑輿衛：曰，《周易集解》作"日"，虞翻即以"離爲日"釋之。聞一多《周易義證類纂》："《釋文》引鄭玄本'曰'作'日'，注曰：'日習車徒。'於義爲長。""日習車徒"即爲每天學習熟練掌握駕車和防衛本領。馬融、鄭玄釋"閑"爲"習"，"習"有習熟之義。《爾雅·釋詁》："閑，習也。"《詩經·秦風·駟驖》："遊於北園，四馬即閑。"一釋"閑"爲"閡"。王弼《周易注》："閑，闌也；衛，護也。"孔穎達疏同此義。闌，《説文解字》："外閉也。""曰閑輿衛"，帛書《周易》作"日闌車衛"。《説文解字》："閑，闌也。"帛書《昭力》："《易》曰：'闌輿之衛，利有攸往。'若'輿'且可以'闌'然'衛'之，況以德乎？可不恭之有？""闌輿"非爲兵車閑置之義，而是以退爲進、以守爲攻，其意在偃武修文，以德服人。閑，楚竹書《周易》作"班"，"班"有盤旋、徘徊不進義，與"閑""闌"音近義通。"曰閑輿衛"者，言習熟車駕及衛禦之事，而不輕進。

【象解】乾爲良馬，爲日，震爲逐。上卦艮爲止，三至上正反艮，无應故"利艱貞"。震爲習，爲輿衛，艮爲止，爲閑，爲置；九三一陽遇二陰，故"利有攸往"。

六四：童牛之牿，元吉。

【釋讀】六四：給頭角初生的小牛裝上一塊橫木，以防止它亂頂人，大吉大利。

《象》曰：六四"元吉"，有喜也。

《象傳》說：六四"元吉"，是因爲有喜慶的事情。

童牛之牿：《經典釋文》："劉云：牿之言角也。陸云：牿當作角。九家作告，《說文》同，云：牛觸角著橫木，所以告人。"《說文解字》："告，牛觸人，角箸橫木，所以告人也。從口從牛。《易》曰：'僮牛之告。'"《說文解字》："牿，牛馬牢。"段玉裁注曰："《周易》'僮牛之牿'，許及九家作'告'，鄭作'梏'。劉、陸作'角'。不訓牢也。"

【象解】艮爲牛，爲角。四居艮之初爻，有若小牛初生之角也。

六五：豶豕之牙，吉。

【釋讀】六五：被閹割的豬的牙齒，吉利。

《象》曰：六五之吉，有慶也。

《象傳》說：六五之吉，是因爲有可慶賀的事情。

豶豕之牙：《說文解字》："豶，羠豕也。"豶豕，即爲未發情或被閹割過的豬。

【象解】《說卦》："艮爲黔喙之屬。"故艮爲豕，爲齒，齒從止也，爲牙，陰爻故稱"豶"。六五得中，承陽有應，故"吉"。

上九：何天之衢，亨。

【釋讀】上九：承受上天的佑護，亨通。

《象》曰："何天之衢"，道大行也。

《象傳》說："何天之衢"，是說道路已經非常通暢了。

何天之衢：俗解作"四通八達，多麼暢通无阻的天街大道"，虞翻、王弼注、孔穎達疏、朱熹等從此說。高亨另立新說，其於《周易古經今注》曰："衢疑當讀作休，古字通用。"《爾雅·釋言》曰："庥，蔭也。"《詩經·商頌·長發》有"何天之休""何天之寵"。"休"即"庥"字，謂受天之庇蔭也，"衢"字與古"庥"字形近而訛。高亨之說宜從。

【象解】艮爲庇護。參看損卦六五象"六五元吉，自上祐也"。

頤

䷚ 頤：貞吉。觀頤，自求口實。

上九：由頤，厲吉，利涉大川。

六五：拂經，居貞吉，不可涉大川。

六四：顛頤，吉。虎視眈眈，其欲逐逐，无咎。

六三：拂頤，貞凶。十年勿用，无攸利。

六二：顛頤，拂經于丘頤，征凶。

初九：舍爾靈龜，觀我朵頤，凶。

《彖》曰："頤，貞吉"，養正則吉也。"觀頤"，觀其所養也。"自求口實"，觀其自養也。天地養萬物，聖人養賢以及萬民。頤之時大矣哉！

【卦名釋義】 頤，本義下巴。《釋名》："或曰輔車，或曰牙車，或曰頰車。"頤卦上下兩爻爲陽，中間四爻爲陰，有口之象，其音亦如張口所發之聲。頤卦論言語飲食之道。

【釋讀】 頤卦：吉祥之兆。觀察牙齒，自己謀取填滿口中之物。

《象》曰：山下有雷，頤。君子以慎言語，節飲食。

《象傳》説：頤卦爲雷在山下震動之象，君子應當言語謹慎，節制飲食。

初九：舍爾靈龜，觀我朵頤，凶。

【釋讀】初九：捨棄你自己的財寶，卻盯著我嚼動下巴進食，凶險。

《象》曰：“觀我朵頤”，亦不足貴也。

《象傳》説：“觀我朵頤”，是説初九爻自我輕賤，不值得尊崇。

舍爾靈龜：舍，棄止也。

朵頤：王弼《周易注》：“朵頤者，嚼也。”鄭玄注：“朵，動也。”

【象解】艮爲止，故爲舍。震爲出，故爲棄。艮爲貝，爲朋，爲龜。損卦六五、益卦六二“或益之十朋之龜”，皆以艮爲龜，剛在外也。艮爲視，爲觀。觀卦爲大艮，觀卦九五來初則成頤卦。震爲動，爲牙車，故爲“朵頤”。外卦艮止，初爻戒之在動。

六二：顛頤，拂經于丘頤，征凶。

【釋讀】六二：長出了壯齒，沒有壽至老年，征伐有凶險。

《象》曰：六二“征凶”，行失類也。

《象傳》説：六二爻“征凶”，是因爲前行途中没有相照應的同伴。

顛頤：顛，通“齻”。《儀禮》疏：“右齻左齻，謂牙兩畔最長者，象生時齒堅也。”

丘頤：段玉裁《説文解字注》：“一曰四方高中央下爲丘。《淮南·墜形訓》注曰：‘四方而高曰丘。’”《禮記·曲禮》：“百年曰期頤。”聞一多《周易義證類纂》謂“丘頤”蓋即“期頤”，老人齒圩下中空，故呼百年曰丘颐也。《易》记名老寿为丘颐，犹《诗》言"儿齿""黄发""台背"，皆据生理现象言之也。

拂经于丘颐，征凶：《子夏传》"拂"作"弗"。《释名》："经，径也。如径路无所不通，可常用也。""径，经也，人所经由也。"经，历也。《文选·西京赋》薛综注："弗经于丘颐"，犹言历年弗至于老寿，故曰"贞凶"。

【象解】震卦为丘，为虚；以爻言之，初爻为生，二爻为壮，三爻处震之终为衰，为虚。"颠颐"之谓六二，尚未经于"丘颐"也。经凡言丘皆谓三爻。六二乘阳无应，故为"征凶"。于省吾《周易尚氏学序言》指出：《易林》以震为丘，于《周易》中之言丘者无一不合。贲卦六五："贲于丘园"，丘园指"上互"为震言之；颐卦六二："拂经于丘颐"，丘指内卦为震言之；涣卦六四："涣有丘"，丘指涣"下互"为震言之。

六三：拂颐，贞凶。十年勿用，无攸利。

【释读】六三：没有长出牙齿，凶险之兆。被弃置十年得不到使用，没有长远之利。

《象》曰："十年勿用"，道大悖也。

《象传》说："十年勿用"，是因为它与正常道理大相径庭。

拂：违也，戾也。《诗经·大雅·皇矣》："四方以无拂。"郑玄笺云："拂，犹佹也。言无复佹戾文王者。"

十年勿用：《说文解字》："用，可施行也。"勿用者，无所施行也。

【象解】震为虚，六三处震卦之终，虚则"拂颐"；以阴居阳，失位故"凶"。六三与四、五相敌，应上甚难，故"无攸利"，然终必相合，勿用十年也。又艮为小径，震为大涂，乃艮震上下，动止反背，故《象》曰"道大悖也"。

六四：顛頤，吉。虎視眈眈，其欲逐逐，无咎。

【釋讀】六四：長出了利齒，吉利。像老虎撲食那樣虎視眈眈，欲望強烈，沒有什麼過失。

《象》曰："顛頤之吉"，上施光也。

《象傳》說："顛頤之吉"，是因爲能够向下給予恩惠光明。

虎視眈眈：《說文解字》："眈，視近而志遠。"宋翔鳳《周易考異》引顏師古注曰："眈眈，威視之貌。"

其欲逐逐：《周易集解》引虞翻曰："逐逐，心煩貌。"逐，本義爲求；逐逐，求之不得。

【象解】艮爲齒，爲顀。艮爲虎，爲視，爲求故亦爲逐，六四其應在初，遇陰有阻，求之不得，故曰"其欲逐逐"，有應則爲"无咎"。六四當位，四五俱承陽，故其吉凶與六三迥異。聞一多《周易義證類纂》："六二顛頤凶而六四顛頤吉者，顛頤對丘頤言，謂但及壯齡，不登大壽，故凶，若單言顛頤，則壯盛之年，血氣充盈，如日方中，故仍爲吉，二四兩爻，吉凶異占，義各有當也。"

六五：拂經，居貞吉，不可涉大川。

【釋讀】六五：沒有壽至老年，安居不動則有吉祥之兆，不能徒步趟過大河。

《象》曰："居貞之吉"，順以從上也。

《象傳》說："居貞之吉"，是因爲自己溫順而且服從上九陽爻。

拂經：六五爻與六二爻相應，疑拂經即"拂經于丘頤"之省文。

【象解】艮爲止。六五承陽得中，居則貞吉。二五不應，重陰易迷，川不可涉也。

上九：由頤，厲吉，利涉大川。

【釋讀】上九：屬下依靠自己而得到養育，轉危爲安，有利於徒步趟過大河。

《象》曰：“由頤厲吉”，大有慶也。

《象傳》説：“由頤厲吉”，是因爲能得到下屬的擁戴。

由頤：王弼《周易注》：“以陽處上，而履四陰，陰不能獨爲主，必宗於陽也。故莫不由之以得其養，故曰‘由頤’。”《周易集解》引虞翻曰：“由，自、從也。”

【象解】艮爲鼻，故爲自，爲由。艮爲臣，爲從。上九危高故“厲”，群陰應從則“吉”。坤爲水，上九往應六三，遇陰則通，故曰“利涉大川”。

大　過

大過：棟橈。利有攸往，亨。

上六：過涉滅頂，凶，无咎。

九五：枯楊生華，老婦得其士夫，无咎，无譽。

九四：棟隆，吉，有它吝。

九三：棟橈，凶。

九二：枯楊生稊，老夫得其女妻，无不利。

初六：藉用白茅，无咎。

《彖》曰：大過，大者過也。"棟橈"，本末弱也。剛過而中，巽而説行，"利有攸往"，乃亨。大過之時大矣哉！

【卦名釋義】大者，陽也。陽盛而過乎陰，是爲大過；二陰包四陽，亦爲過。過猶不及，凡不得中道而行，皆過也。漢時人説易，皆謂大過爲死卦。大過爲陰陽失衡之卦，故其取象皆陰陽失配。《論語·述而》孔子云："加我數年，五十以學易，可以無大過矣。"

【釋讀】大過：房屋的棟梁彎曲。利於前往遠方，亨通。

《象》曰：澤滅木，大過。君子以獨立不懼，遯世无悶。

《象傳》說：大過的卦象爲大澤淹沒了樹木。君子應當特立獨行，無所畏懼，隱遁於世間而沒有煩惱苦悶。

初六：藉用白茅，无咎。

【釋讀】初六：用白色的茅草襯墊在下面，沒有過失。

《象》曰："藉用白茅"，柔在下也。

《象傳》說："藉用白茅"，是說處於下位應該柔順謹慎，這樣纔沒有過失。

藉用白茅：藉，襯墊。凡以物承物曰藉。《説文解字》："藉，祭藉也。"

白茅，亦作"白茆"，植物名。多年生草本，花穗上密生白色柔毛，故名。古代常用以包裹祭品及分封諸侯。《詩經·召南·野有死麕》："野有死麕，白茅包之。"

【象解】巽爲伏，初在下，故曰"藉"。巽爲白，初陰柔，故爲"茅"。

九二：枯楊生稊，老夫得其女妻，无不利。

【釋讀】九二：枯萎的楊樹重新又長出新的枝芽，老年男子娶了位年輕的妻子，沒有什麼不利的。

《象》曰："老夫女妻"，過以相與也。

《象傳》說："老夫女妻"，不相配卻在一起。

枯楊生稊：稊，楊柳新長出的嫩芽。《周易集解》引虞翻曰："稊，穉也。楊葉未舒稱稊。"《經典釋文》："鄭作荑，荑木更生也。"王弼《周易注》："楊之秀也。"九二與九五爻之女妻、士夫與老夫、老婦相對，女、士有少、幼之義。

【象解】巽爲木，故爲楊，爲棟；爲隕落，故爲枯。震爲一陽初生，爲嫩芽，故爲稊。九二初六陰陽比合，故曰"生稊"，曰"老夫得其女妻"。尚秉和《周易尚氏學》："伏震爲老夫，巽爲女妻，女妻者，少妻。二下孚於陰，故無不利，巽爲利也。《易林》遇震即曰老夫。遇巽即曰少妻，曰少姬，本此也（詳《焦氏易詁》）。"

九三：棟橈，凶。

【釋讀】九三：棟梁彎曲，凶險。

《象》曰："棟橈之凶"，不可以有輔也。

《象傳》說："棟橈之凶"，說明不能再有支撐輔助的作用。

【象解】《易林》以坎爲棟，爲屋脊。大過本大坎也，坎以中爻爲棟，故大過以三、四爲棟。巽卦初陰爻，本弱，故曰"棟橈"。上雖有應，然四五皆陽，九三得敵，不能應上，故《象》曰"不可以有輔也"。

九四：棟隆，吉，有它吝。

【釋讀】九四：棟梁隆起，吉祥，再增加承重就會出麻煩。

《象》曰："棟隆之吉"，不橈乎下也。

《象傳》說："棟隆之吉"，是由於不能再向下彎曲。

有它：它，同"佗"。《說文解字》："佗，負荷也。"《詩經·小雅·小弁》："舍彼有罪，予之佗矣。"傳曰："佗，加也。"《莊子·德充符》："衛有惡人哀駘它。"注曰："它與駝同，言背僂也。又凡以畜負物曰'駝'，或作'佗'。"

【象解】九四處兌卦初爻，兌上爻陰柔，勢固向上，故稱"棟隆"；惟不宜應初，遇剛則爲有吝。李光地《御纂周易折中》："若九四應初六，則反以下交小人爲累。"巽爲伏，兌爲見；巽爲橈，兌爲隆。

九五：枯楊生華，老婦得其士夫，无咎，无譽。

【釋讀】九五：枯萎的楊樹重新又盛開鮮豔的花朵，衰老的婦人嫁給了壯男，沒有過錯，也沒有值得稱譽的。

《象》曰："枯楊生華"，何可久也？"老婦士夫"，亦可醜也。

《象傳》說："枯楊生華"，又怎麼可能長久呢？"老婦士夫"，非爲正配，還是令人感到丟醜的。

【象解】兌爲覆巽，仍取枯楊之象。兌爲華。《易林》以兌爲老妾，艮爲士夫。九五陽遇陰相比合，故爻辭曰"生華"，曰"老婦得其士夫"。得中遇陰故"无咎"，艮伏故"无譽"。"无咎"者，乘陽而有應也。

上六：過涉滅頂，凶，无咎。

【釋讀】上六：涉過大澤時淹沒了頭頂，凶險，但沒有過錯。

《象》曰："過涉之凶"，不可咎也。

《象傳》說："過涉之凶"，這種結果不是自己的過錯造成的，所以無需責備。

【象解】大過爲大坎卦，兌爲澤，上六居坎澤之上，"過涉"之象。乾爲首，故爲頂，上六亦爲頂。澤水在上，故"滅頂"，與"比之无首"義同也，滅頂則凶。

坎

䷜ 習坎：有孚，維心亨，行有尚。

上六：係用徽纆，寘于叢棘，三歲不得，凶。

九五：坎不盈，祇既平，无咎。

六四：樽酒，簋貳，用缶，納約自牖，終无咎。

六三：來之坎坎，險且枕，入于坎窞，勿用。

九二：坎有險，求小得。

初六：習坎，入于坎窞，凶。

《彖》曰："習坎"，重險也。水流而不盈，行險而不失其信。"維心亨"，乃以剛中也。"行有尚"，往有功也。天險不可升也，地險山川丘陵也。王公設險以守其國。坎之時用大矣哉！

【卦名釋義】坎卦爲刑獄幽囚之卦。上經重天地水火，故始自乾坤而終於坎離。

【釋讀】坎卦：陷阱連著陷阱，有俘獲，心與心相連，亨通，出行能獲得幫助。

維心亨：維，帛書《周易》作"雟"，從"纗〔zuī〕"省。《說文解字》："纗，維綱，中繩。从糸雟聲。讀若畫，或讀若維。"段玉裁注曰："維綱中繩也。綱者，網之紘也。又用繩維之。左右皆有繩，而中繩居要，是曰纗。《思玄賦》舊注云：纗，系也。蓋引伸之爲凡系之稱。"

行有尚：尚，佑、助也。

《象》曰：水洊至，習坎。君子以常德行，習教事。

《象傳》說：流水相繼而至、潮涌而來，象徵重重的艱險困難。君子應當堅持不懈地努力，熟習教育之事。

初六：習坎，入于坎窞，凶。

【釋讀】初六：重重的陷阱，落入到陷坑的最深處，凶險。

《象》曰："習坎入坎"，失道凶也。

《象傳》說："習坎入坎"，是因爲不能走正道，所以纔遭遇凶險。

習：《說文解字》："習，數飛也。"引申之義爲習熟，是習有重複義。《經典釋文》："習，重也。"

窞〔dàn〕：《說文解字》："窞，坎中小坎也。"《周易集解》引干寶曰："窞，坎之深者也。"

【象解】坎有飛鳥之象，故稱"習"。坎爲入，爲陷阱。李道平《周易集解纂疏》："初在坎底，故云'窞，坎之深者也'。"

九二：坎有險，求小得。

【釋讀】九二：陷坑之中存在危險，所求僅有很少的收穫。

《象》曰："求小得"，未出中也。

《象傳》說："求小得"，說明仍未脫離險境。

【象解】《周易集解》引虞翻曰："陽陷陰中，故'有險'。據陰有實，故‘求小得’也。”坎爲險。九二爻前遇重陰，而與五爻不應，故僅有小得。艮爲求。

六三：來之坎坎，險且枕，入于坎窞，勿用。

【釋讀】六三：往來進退都是重重陷坑，危險而且陷阱很深，落入陷坑的最深處，不可輕舉妄動。

《象》曰：“來之坎坎”，終无功也。

《象傳》説：“來之坎坎”，是説最終沒有成效。

來之坎坎：王弼《周易注》曰：“既履非其位，而又處兩‘坎’之間，出則之‘坎’，居則亦‘坎’，故曰‘來之坎坎’也。”

險且枕：俞樾《群經平議》：“枕當爲沈。《釋文》謂‘古文作沈’，是也。《莊子·外物》篇：‘慰暋沈屯。’《釋文》引司馬注曰：‘沈，深也。’險且沈者，險且深也。”段玉裁《説文解字注》：“古書浮‘沈’字多作‘湛’。‘湛’‘沈’古今字。‘沉’又‘沈’之俗也。”“湛，没也。”

【象解】六三不正不中，乘凌九二，陷於上下兩坎之間，進退皆有險難。

六四：樽酒，簋貳，用缶，納約自牖，終无咎。

【釋讀】六四：祭祀之時置上樽酒，副配以簋，用瓦缶進獻，從窗子用勺子盛裝，最終不會發生災禍。

《象》曰：“樽酒簋貳”，剛柔際也。

《象傳》説：“樽酒簋貳”，是説剛柔相濟，所以最終免遭災禍。

樽、簋、缶：《説文解字》“樽”作“尊”，云“尊，酒器也”，“缶，瓦器，所以盛酒漿”。簋爲圓形，缶是沒有文飾樸素的瓦器。《玉篇》：“樽，酒器也。”《正韻》：“從木者後人所加。”《周易集解》

引虞翻曰："震主祭器，故有'樽簋'。坎爲酒。簋，黍稷器。"又曰："貳，副也。坤爲缶，禮有副樽，故貳用缶耳。"《周禮·春官》："司尊彝，掌六尊六彝之位。六尊，謂犧尊、象尊、著尊、壺尊、太尊、山尊，以待祭祀賓客。"

納約自牖：納，《廣雅·釋詁》："納，入也。"《儀禮·少牢饋食禮》"納諸內"注："納猶入也。"約，聞一多訓"約"爲"取"。《説文解字》："勺，挹取也。象形，中有實，與包同意。凡勺之屬皆从勺。"《考工記》"勺一升"，注曰："勺，尊斗也。""牖"，謂窗也。又指殷獄、牢房，通"羑"。

《詩經·召南·采蘋》："于以奠之？宗室牖下。誰其尸之？有齊季女。"毛傳曰："宗室，大宗之廟也。大夫士祭於宗廟，奠於牖下。"鄭玄箋云："牖下，户牖間之前。"

【象解】《周易尚氏學》："坎爲酒，震爲尊，故曰'尊酒'。震爲簋，簋祭器，以盛黍稷。中爻正覆震，故曰'簋貳'。貳二同。"坎爲酒，震爲斗尊，亦爲勺；艮爲户，伏離爲牖，六四處正覆艮之間，其象爲自户牖間以勺挹酒，置於斗尊。六四承陽故"終无咎"。

九五：坎不盈，祇既平，无咎。

【釋讀】九五：陷坑没有被填滿，而小山包卻已鏟平了，没有過失。

《象》曰："坎不盈"，中未大也。

《象傳》説："坎不盈"，説明居中而不自滿自大，所以不會發生災害。

祇既平："祇［zhī］"，通"坻［chí］"，水中土丘。《周易集解》"祇"作"禔"。《釋文》引鄭玄注："祇當爲坻，小丘也。"《爾雅》曰："小洲曰陼，小陼曰沚，小沚曰坻。"段玉裁《説文解字注》："坻者，水中可居之最小者也。"

《詩經·秦風·蒹葭》："蒹葭蒼蒼，白露爲霜。所謂伊人，在水一方。""溯游從之，宛在水中坻。"《詩經·小雅·黍苗》："原隰既平，泉流既清。""坎不盈"與"衹既平"爲對文。

【象解】九五爻一陽陷於群陰，故曰"坎不盈"；五爲艮主爻，艮爲山，故爲坻；艮没於水中隱而不見，故曰"衹既平"。

上六：係用徽纆，寘于叢棘，三歲不得，凶。

【釋讀】上六：用繩索重重捆綁，囚放在荊棘叢生的牢獄中，三年之久亦不能解脱，凶險。

《象》曰：上六失道，凶三歲也。

《象傳》説：上六不走正道，所以遭受三年的凶險。

係用徽纆 [mò]：係，捆縛；徽纆，繩索，皆用以拘係罪人。《周易集解》引虞翻曰"徽纆，黑索也"，引馬融曰"徽纆，索也"。《經典釋文》引劉表曰："三股曰徽，兩股曰纆，皆索名。"

寘于叢棘：寘，《説文解字》："置也。""寘"猶"放"也。放置，投置之義。叢棘，叢生的棘刺，這裏指牢獄。《周易集解》引虞翻曰："獄外種九棘，故稱叢棘。"

【象解】重坎爲索，爲徽纆。坎爲棘，上坎下坎，故曰"叢棘"。上六下履重坎，乃置於叢棘之象。

離

離：利貞，亨，畜牝牛，吉。

上九：王用出征，有嘉折首，獲匪其醜，无咎。

六五：出涕沱若，戚嗟若，吉。

九四：突如其來如，焚如，死如，棄如。

九三：日昃之離，不鼓缶而歌，則大耋之嗟，凶。

六二：黃離，元吉。

初九：履錯然，敬之，无咎。

《彖》曰：離，麗也，日月麗乎天，百谷草木麗乎土，重明以麗乎正，乃化成天下。柔麗乎中正，故亨，是以"畜牝牛吉"也。

【卦名釋義】 離卦有離亂、征伐之象。《玉篇》："離，散也。"《廣韻》："近曰離，遠曰別。"揚子《方言》："羅謂之離。"《玉篇》："離，遇也。"小過卦"飛鳥離之"，"離"通"罹"。芍藥，又稱離草。古時將離，相贈以芍藥。《詩經·鄭風·溱洧》："維士與女，伊其將謔，贈之以芍藥。"上經終於坎離，頤與大過二卦亦坎離也。

【釋讀】離卦：有利之兆，亨通，畜養母牛，可獲吉祥。

《象》曰：明兩作，離。大人以繼明照于四方。

《象傳》說：離卦的卦象爲日月相互輝映。偉大的人物應當像日月普照一樣把美德傳播於四方。

初九：履錯然，敬之，无咎。

【釋讀】初九：鞋子畫著花紋，恭敬慎重，纔不會發生災禍。

《象》曰："履錯之敬"，以辟咎也。

《象傳》說："履錯之敬"，主要是爲了避免災禍的發生。

履錯然：《説文解字》："錯，金涂也。"《詩經·小雅·采芑》："約軧錯衡，八鸞瑲瑲。"《詩經·大雅·韓奕》："淑旂綏章，簟茀錯衡。""錯衡"爲車轅前端橫木畫上花紋或塗上金色。王弼《周易注》：" '錯然' 者，敬慎之貌也。"其義同《象傳》。《詩經·小雅·楚茨》："執爨 ［cuàn］ 踖踖，爲俎孔碩。"《説文解字》："踖，一曰踧踖。"段玉裁注曰："踧踖，行而謹敬。""錯然"於履則有紋飾，於人則爲其貌敬慎。

【象解】離爲雉，爲紋飾；兑爲履，履口盛足也。正覆兑而重離，"履錯然" 之象也。

六二：黃離，元吉。

【釋讀】六二：黃鸝鳥鳴聲清脆，大吉大利。

《象》曰："黃離元吉"，得中道也。

《象傳》說："黃離元吉"，是因爲中規中矩。

黃離："離"是"鸝"的本字，即黃鸝，也稱倉庚，鳴聲清脆動聽。《説文解字》："離，黃倉庚也。鳴則蠶生。從隹离聲。"《玉篇》亦作"鸝"。《廣韻》"今用鸝爲鸝黃，借離爲離別。"《集韻》或作

"鷺"。

【象解】《説卦》："離爲雉。"《九家易》離爲鳥，爲飛，爲鶴，爲黃。五方五色，黃居其中。六二得中，故爲"元吉"。

九三：日昃之離，不鼓缶而歌，則大耋之嗟，凶。

【釋讀】九三：夕陽西下的光景，年輕時如果不能擊鼓敲著瓦器快樂放歌，年老時難免後悔哀歎，凶險。

《象》曰："日昃之離"，何可久也！

《象傳》説："日昃之離"，太陽偏西即將落下，猶如人之老年，怎麼能長久呢！

【象解】九三處下離之終，其明將没，故云"日昃之離"也。尚秉和《周易尚氏學》曰："此爻全用伏象，伏震爲鼓爲缶爲歌。伏艮爲堅，故《易林》常以艮爲壽爲老，釋言耋老也。""震爲樂，震反爲艮則嗟矣。此與中孚六三之或鼓或罷，或泣或歌，皆正覆象並用。與離卦震起艮止，兑見巽伏之義同也。而能識此旨者，在古則《左傳》，在西漢則《易林》，後則無知者。"尚氏用象殆誤。離爲鼓，爲缶，巽爲歌，兑爲嗟。

九四：突如其來如，焚如，死如，棄如。

【釋讀】九四：突然爆發萬道光芒，燃燒，消散，然後被丢棄。

《象》曰："突如其來如"，无所容也。

《象傳》説："突如其來如"，没有可以容忍的地方。

突如其來如：突，《説文解字》："犬從穴中暫出也。"

焚如：帛書《周易》作"紛如"。

棄如：棄，《説文解字》："捐也。從廾推華棄之，從云。云，逆子也。弃，古文棄。"段玉裁注曰："唐人諱世，故開成石經及凡碑板皆作弃，近人乃謂經典多用古文矣。”

【象解】兑爲穴，九四遇六五則欲出，爲“突如其來如”。離火，故爲焚；兑毀離斷，故爲死；巽隕，故爲棄。李光地《御纂周易折中》：“以九四承六五，亦十六卦，則不能皆吉，而凶者多。如離之‘焚如，死如，棄如’。”《周易尚氏學》：“離二至四巽，巽順。三至五巽覆，即不順矣。”此爻用覆象。

六五：出涕沱若，戚嗟若，吉。

【釋讀】六五：眼淚像溢出的江水一樣流淌出來，憂愁歎息的樣子，吉利。

《象》曰：六五之吉，離王公也。

《象傳》說：六五爻之所以吉利，是由於它依附於王公貴族的庇佑。

涕、沱、戚：涕，哭泣也，自目出曰涕。沱，段玉裁《說文解字注》：“江別流也。《召南》曰‘江有沱’。《釋水》曰‘水自江出爲沱’。”“戚”即“慽”之假借字。《說文解字》：“慽，憂也。”

【象解】離爲目，兑爲澤，亦爲水爲雨，參看夬卦九三“往遇雨”。六五爲陰，水出自目，故曰“涕沱”，言涕被面而支溢也。兑爲口，爲嗟，爲慽。六五承陽得中故爲吉。

上九：王用出征，有嘉折首，獲匪其醜，无咎。

【釋讀】上九：君王出兵征伐，獲得嘉賞因爲殺敵有戰功，捕獲敵方不僅僅是普通的俘虜，這樣做不會發生災禍。

《象》曰：“王用出征”，以正邦也。

《象傳》說：“王用出征”，是爲了整治自己的邦國。

有嘉：有喜也，可賀也，即有戰功。《虢季子白盤》：“折首五百，執訊五十。"　"王孔加子白義。"折首，斬殺；執訊，生擒訊問。加，同"嘉"，誇獎、贊許。一曰爲"有嘉"國。古代於國前多加"有"字，如"有夏""有殷"。

獲匪其醜：《周易集解》引虞翻曰："醜，類也。"《詩經·小雅·出車》："執訊獲醜，薄言還歸。"高亨《周易古經今注》曰："獲匪其醜，謂敵類之外更有所獲也。"說是。

【象解】《易林》以坎爲大頭。離斷坎伏，故曰"折首"，爻例上亦曰首。以陽履陰則爲"无咎"。

咸

咸：亨，利貞。取女吉。

上六：咸其輔頰舌。

九五：咸其脢，无悔。

九四：貞吉，悔亡。憧憧往來，朋從爾思。

九三：咸其股，執其隨，往吝。

六二：咸其腓，凶，居吉。

初六：咸其拇。

《彖》曰：咸，感也。柔上而剛下，二氣感應以相與，止而説，男下女，是以"亨，利貞。取女吉"也。天地感而萬物化生，聖人感人心而天下和平。觀其所感，而天地萬物之情可見矣！

【卦名釋義】咸，无心之感也；史有巫咸，以通天人。《周易集解》引鄭玄曰："咸，感也。艮爲山，兑爲澤。山氣下，澤氣上，二氣通而相應，以生萬物，故曰咸也。"艮爲阻爲塞，兑爲通爲速。帛書《周易》作"欽"。《詩經·秦風·晨風》："鴥彼晨風，郁彼北林。未見君子，憂心欽欽。"尚秉和《周易尚氏學》曰："蓋以少男仰求少女，有欽慕之情。是欽亦有感意，與咸義同。"咸，音同"銜"，《説文解字》："銜，馬勒口中。"口中含物曰銜，亦爲親也，吻也。朱駿聲《説文通訓定聲》曰："咸者，鹹字之古文，齧也。從口從戌，會意。戌，傷也。"本卦各爻辭"咸"均作此解。兑卦爲毁折而上缺，於象爲傷，爲咸。咸卦卦辭吉，爻辭多凶；卦辭爲"取女吉"，爻辭皆從人身取象。

【釋讀】咸卦：亨通順利，有利之兆。娶妻可獲吉祥。

《象》曰：山上有澤，咸。君子以虚受人。

《象傳》説：咸卦卦象爲山上有水潤澤。君子應該以虚懷若谷的精神包容他人。

初六：咸其拇。

【釋讀】初六：大腳趾受了傷。

《象》曰："咸其拇"，志在外也。

《象傳》説："咸其拇"，雖然大腳趾受了傷，心裏還是想去外面走走。

拇：《周易集解》引虞翻曰："拇，足大指也。"段玉裁《説文解字注》："手以中指爲將指爲拇。足以大指爲將指爲拇。此手足不同稱也。"

【象解】艮爲止。帛書《周易》"艮"爲"根"，《易傳》皆訓艮爲止，"止"原爲"趾"，腳趾也，與"根"義相通。初爻爲趾，腳趾處人身最下，上應九四，故象曰"志在外也"。

六二：咸其腓，凶，居吉。

【釋讀】六二：傷在小腿肚上，凶險，安居静處則吉利。

《象》曰：雖凶居吉，順不害也。

《象傳》說：雖然凶險，但安居靜處就會吉利，是因爲六二爻順承九三所以纔避免了更大災禍。

腓：脛骨後的肉，即腿肚子。《説文解字》：“脛腨［shuàn］也。”段玉裁《説文解字注》：“鄭曰‘腓’，膊［zhuǎn］腸也。按諸書或言膊腸，或言腓腸。謂脛骨後之肉也。腓之言肥，似中有腸者然，故曰腓腸。”

【象解】六二順承九三，巽伏艮止，宜乎安然不動，故曰“居吉”；二五正應，往應九五則爲三、四所忌，故凶。

九三：咸其股，執其隨，往吝。

【釋讀】九三：臀部受了傷，還要帶領屬下隨從，如此前往，則事有阻礙。

《象》曰：“咸其股”，亦不處也。“志在隨人”，所執下也。

《象傳》說：“咸其股”，說明不能安靜自處。“志在隨人”，下面二爻要跟著自己。

股：《説文解字》：“髀也。”大腿靠近臀部之位。

隨：俞樾《群經平議》：“竊疑隨乃骽之假字。古无骽字，故以隨爲之。”骽即腿也。

【象解】巽爲股。艮爲隨，艮爲執，執則止也。九三下履重陰，止則可也，不必前往；若上應上六，則爲四、五爻所阻，往而生吝。

九四：貞吉，悔亡。憧憧往來，朋從爾思。

【釋讀】九四：吉利之兆，悔吝消除。反反復復猶豫不決心神不定，只有朋友纔順從你的心願。

《象》曰：“貞吉悔亡”，未感害也。“憧憧往來”，未光大也。

《象傳》説："貞吉悔亡"，説明九四爻並没有遭受傷害。"憧憧往來"，不能擴大傳揚自己的想法。

憧憧：《説文解字》："憧，意不定也。"

爾思：思，念也。《詩經·邶風·終風》："莫往莫來，悠悠我思。"《詩經·王風·大車》："豈不爾思？畏子不敢"，"豈不爾思？畏子不奔"。《詩經·鄭風·東門之墠》："東門之栗，有踐家室。豈不爾思？子不我即！"

【象解】巽爲惑，爲憂疑；九四近五，處巽之終，心存憂疑，故曰"憧憧往來"。巽爲心志，爻居心位，故曰"思"；二至上正覆兑卦，《繫辭上》"悔吝者，憂虞之象也"，巽卦上爻危高遠陰，故爲有悔，兑則悔亡；伏艮爲朋，下卦爲艮，上又伏艮，九四與初爻陰陽相應，巽爲順，艮爲朋爲從，則爲有朋相從助也。九四承乘皆陽而曰"貞吉"，以心相感也。巽爲心，疑也；坎爲心，中也；震爲心，動也。朱熹《周易本義》："九四居股之上，脢之下；又當三陽之中，心之象，咸之主也。"

九五：咸其脢，无悔。

【釋讀】九五：傷害在脊背的肉上，没有什麽懊悔的。

《象》曰："咸其脢"，志末也。

《象傳》説："咸其脢"，説明九五之志在上爻。

脢：《周易集解》引虞翻曰："脢，夾脊肉也。"

【象解】伏象爲艮，艮爲背，其象爲脢。九五"无悔"，陽遇陰也。

上六：咸其輔頰舌。

【釋讀】上六：傷害到了牙牀、面頰、舌頭。

《象》曰："咸其輔頰舌"，滕口説也。

《象傳》説："咸其輔頰舌"，是因爲其憑三寸不爛之舌搬弄是非。

滕口説：滕，水向上騰涌。引申之義爲張口放言。《爾雅·釋詁》："滕，虛也。又張口騁辭貌。"

輔頰：《周易集解》引虞翻曰："耳目之間稱輔頰。"釋見艮卦六五"艮其輔"。

【象解】兑爲口爲舌，艮爲輔爲頰。兑爲傷，上六乘陽，宜其傷也。

恒

䷟ 恒：亨，无咎，利貞，利有攸往。

上六：振恒，凶。

六五：恒其德，貞婦人吉，夫子凶。

九四：田无禽。

九三：不恒其德，或承之羞，貞吝。

九二：悔亡。

初六：浚恒，貞凶，无攸利。

《彖》曰：恒，久也。剛上而柔下，雷風相與，巽而動，剛柔皆應，恒。“恒，亨，无咎，利貞”，久於其道也，天地之道，恒久而不已也。“利有攸往”，終則有始也。日月得天而能久照，四時變化而能久成，聖人久於其道而天下化成。觀其所恒，而天地萬物之情可見矣！

【卦名釋義】《説文解字》：“恒，常也。从心从舟，在二之間上下。心以舟施，恒也。”段玉裁《説文解字注》：“上下猶往復也。心舟施，恒也。謂往復遙遠，而心以舟運旋；歷久不變，恒之意也。”恒，弦也。月上弦而就盈。亦作“絚”。《詩經·小雅·天保》：“如月之恒，如日之升。如南山之壽，不騫不崩。如松柏之茂，無不爾或承。”恒卦爲循環往復往來不絕之卦，不絕則爲常，爲久。恒卦下巽，繼之以互乾、互兑及上震，象月之自圓而缺，待坤臨則陰極盛，婦人吉而君子凶。恒卦六爻皆非吉辭。

【釋讀】恒卦：亨通順利，没有災禍，有利之兆，利於前往遠方。

《象》曰：雷風，恒。君子以立不易方。

《象傳》説：恒卦爲風雷交加之象。君子應當堅守常久不變的道理。

初六：浚恒，貞凶，无攸利。

【釋讀】初六：越挖越深掘進不止，凶險徵兆，没有長遠之利。

《象》曰：“浚恒之凶”，始求深也。

《象傳》説：“浚恒之凶”，是由於剛開始所追求的目標就過於深遠的緣故。

浚恒：即恒浚。《周易集解》引侯果及虞翻曰：“浚，深也。”《説文解字》：“浚，杼也。”段玉裁《説文解字注》：“浚之則深。”疏浚之則益深也。

【象解】巽爲淵，初處下，故曰“浚”，伏震爲恒。初爻伏於陽下，若往應九四，則爲二三所忌，故“貞凶”而“无攸利”。

九二：悔亡。

【釋讀】九二：消除懊悔之事。

《象》曰：九二“悔亡”，能久中也。

《象傳》説：九二“悔亡”，是由於它能够常久地守持中道的緣故。

悔亡：亡，通"无"。

【象解】二五相應，前行則遇二陽所阻，故爲有悔。乘陰得中則"悔亡"。

九三：不恒其德，或承之羞，貞吝。

【釋讀】九三：得到恩惠不能久常，有時還蒙受他人的羞辱，辱恨之兆。

《象》曰："不恒其德"，无所容也。

《象傳》說："不恒其德"，已經到了無處容身的地步。

不恒其德：德，得也。《玉篇》："德，惠也。"

【象解】巽爲隕落，又爲利，九三處巽卦之終，故曰"不恒其德"。震爲笑，巽爲伏，爲閉，故亦爲羞。羞有"閉"之義。參看否卦六三"包羞"。九三上應上六，承乘皆陽，欲動而有阻，故爲"貞吝"。

九四：田无禽。

【釋讀】九四：田間狩獵，卻沒有捕獲任何禽獸。

《象》曰：久非其位，安得禽也？

《象傳》說：長久地處在不屬於自己應該所處的位置之上，又怎麼能夠有所收穫呢？

田无禽："田"同"畋"。《廣韻》："畋，取禽獸也。"

【象解】震爲田獵。初爻爲陰，雖相應而無禽。

六五：恒其德，貞婦人吉，夫子凶。

【釋讀】六五：常久地得到恩寵，女人吉利，男人凶險。

《象》曰：婦人貞吉，從一而終也。夫子制義，從婦凶也。

《象傳》説：女人吉利，她能一直跟著一個丈夫生活。男人應當因地制宜靈活處理，像女人那樣只知順從的話，就會遭遇凶險。

【象解】震爲恒，一陽來復也。震爲夫子，巽爲婦人。六五以喻婦人，得中有應故“婦人貞吉”；九二喻夫子，若强應六五，必爲三、四爻所忌，故“夫子凶”。

上六：振恒，凶。

【釋讀】上六：搖擺不定，凶險。

《象》曰：“振恒”在上，大无功也。

《象傳》説：高高在上搖擺不定，不能堅守，終將一無所成，不會有所成就。

振恒：“恒振”之倒裝。王應麟《周易鄭康成注》：“振，搖落也。”

【象解】震爲振，爲動。上六恒卦之極，巽下不穩，故有此象。

遯

遯：亨，小利貞。

上九：肥遯，无不利。

九五：嘉遯，貞吉。

九四：好遯，君子吉，小人否。

九三：係遯，有疾，厲。畜臣妾，吉。

六二：執之用黃牛之革，莫之勝説。

初六：遯尾，厲，勿用有攸往。

《彖》曰："遯亨"，遯而亨也。剛當位而應，與時行也。"小利貞"，浸而長也。遯之時義大矣哉！

【卦名釋義】《説文解字》曰："遯，逃也。""遯"有逃遁、隱退、遜順之義。巽爲隱伏，遯爲大巽，故有此義。遯卦陰長陽消，君子宜遠遁避之。

【釋讀】遯卦：亨通，適合小事之兆。

《象》曰：天下有山，遯。君子以遠小人，不惡而嚴。

《象傳》說：遯卦之象爲天高踞在山之上，山高高不過天。君子應同小人保持一定的距離，以不可侵犯的態度顯示出震懾小人的威嚴。

初六：遯尾，厲，勿用有攸往。

【釋讀】初六：把尾巴隱藏起來，有危險，不宜有所遠行。

《象》曰："遯尾之厲"，不往何災也？

《象傳》說："遯尾之厲"，不冒然行動就不會有什麼災禍。

【象解】初爻居艮卦之初，其象爲尾，艮卦亦爲尾；若往應四爻則爲二爻所阻，故有危厲，戒之勿往則可免害。

六二：執之用黃牛之革，莫之勝說。

【釋讀】六二：抓捕罪犯用黃牛革繩緊緊捆綁，這樣就不可能逃脫掉了。

執之用黃牛之革：執，《說文解字》："捕罪人也。"革，爲革製繩索。用黃牛皮做的革繩捆綁，堅固而難以逃脫。

莫之勝說：勝，能也。說同"脫"。帛書《周易》作"敓"，《廣韻》："敓，强取也，古奪字。"

《象》曰："執用黃牛"，固志也。

《象傳》說："執用黃牛"，是說要堅定自己的意志不動搖。

【象解】《易林》皆以艮爲牛；爲牛故亦爲皮革，二爻居中，故爲"黃牛"。執，持也，止也，艮手爲執。巽爲繩，爲繫，兌爲脫。類象參看无妄卦六三"或繫之牛"。六二承陽，故其象如此。

九三：係遯，有疾，厲。畜臣妾，吉。

【釋讀】九三：由於被牽累而難以脫身，像疾病纏身一樣，危險。畜養僕人和侍妾吉利。

《象》曰："係遯之厲"，有疾憊也。"畜臣妾吉"，不可大事也。

《象傳》說："係遯之厲"，就像疾病纏身那樣使人疲憊不堪。"畜臣妾吉"，是說在這種情況下是不可能有什麼大作爲的。

【象解】震爲君，艮爲臣。《易林》亦以艮爲臣。參看蹇卦六二"王臣蹇蹇"，小過卦六二"遇其臣"。艮又爲僮僕，爲臣妾，臣與僕古不分。巽爲疾，爲畜。當遯之時，九三下據群陰則吉，前行無應，遇陽有阻，故有疾厲。

九四：好遯，君子吉，小人否。

【釋讀】九四：從容隱退避讓，君子可獲吉祥，小人則不能。

《象》曰：君子好遯，小人否也。

《象傳》說：君子能够從容自如退隱，而小人卻做不到。

好遯：好，美也，善也。《詩經·鄭風·女曰雞鳴》："琴瑟在御，莫不靜好。"《詩經·唐風·羔裘》："豈無他人，維子之好!"一讀如"號"，愛而不釋也。《詩經·唐風·有杕之杜》："彼君子兮，噬肯來遊？中心好之，曷飲食之？"爻辭非此義。

【象解】乾艮相對，乾爲君子，艮爲童僕，爲小人。九四陽爻爲君子，以初六陰爻爲小人。遯之時，九四出艮則"君子吉"；若遠應初六則如小人係戀不去，故曰"小人否也"。九四處巽卦上爻本多不吉，當遯之時避之則吉，義同上九。

九五：嘉遯，貞吉。

【釋讀】九五：退隱獲得嘉許讚譽，吉利之兆。

《象》曰："嘉遯貞吉"，以正志也。

《象傳》說："嘉遯貞吉"，是因爲存心正直，品德高尚。

嘉遯：嘉，讚美、稱頌。《爾雅·釋詁》："嘉，美也。"

【象解】《易林》以震爲嘉。兌爲口，爲羊，亦爲嘉。參看隨卦九五"孚于嘉"。

上九：肥遯，无不利。

【釋讀】上九：遠走高飛無所牽累之隱退，沒有任何不利。

《象》曰："肥遯，无不利"，无所疑也。

《象傳》說："肥遯，无不利"，因爲沒有任何可憂慮疑惑的事情了。

肥遯：《焦氏易詁》之"遯上九肥遯解"："凡漢人說之，皆作飛遯。《淮南九師》云'飛而能遯，吉孰大焉'。肥即蜚，蜚即飛也。"

【象解】遯爲大巽卦，巽爲飛鴻；上九居極上，躍而不伏，高飛遠引，無有阻隔，故"无不利"。當遯之時，上卦三陽爻不爲下艮所止絆，故皆吉。

大　壯

䷡大壯：利貞。

上六：羝羊觸藩，不能退，不能遂，无攸利，艱則吉。

六五：喪羊于易，无悔。

九四：貞吉，悔亡。藩決不羸，壯于大輿之輹。

九三：小人用壯，君子用罔，貞厲。羝羊觸藩，羸其角。

九二：貞吉。

初九：壯于趾，征凶，有孚。

《彖》曰："大壯"，大者壯也。剛以動，故壯。"大壯利貞"，大者正也。正大而天地之情可見矣！

【卦名釋義】大壯，陽爻浸長，陰爻退縮，陽盛而陰衰；陽，大也，大者盛壯，故曰"大壯"。大壯爲大兌卦。《經典釋文》："大壯，威盛強猛之名。鄭云：氣力浸強之名。王肅云：壯，盛也。《廣雅》云：健也。馬云：傷也。郭璞云：今淮南人呼壯爲傷。"《廣雅·釋詁》："壯，創、傷也。"壯，戕，從爿。《易》卦言"大"多與乾卦有關，如火天大有卦、山天大畜卦；地天泰，"泰"通"太"，大也。

《周易略例》："未有違謙越禮能全其壯者也，故陽爻皆以處陰位爲美。"

【釋讀】大壯：非常有利之徵兆。

《象》曰：雷在天上，大壯。君子以非禮弗履。

《象傳》說：大壯的卦象爲震雷響徹天空，非常強盛。君子不要去做不合乎禮法的非分之事。

初九：壯于趾，征凶，有孚。

【釋讀】初九：傷害在腳趾上，出兵征討則有凶災，有俘獲。

《象》曰："壯于趾"，孚窮也。

《象傳》說："壯于趾"，有俘獲也很少啊。

【象解】初爻有趾足之象。如噬嗑卦初九"屨校滅趾"，賁卦初九"賁其趾"，夬卦初九"壯于前趾"，鼎卦初六"鼎顛趾"，艮卦初六"艮其趾"，皆以初爻爲"趾"。往无應，前行遇剛，故"征凶"；四陽爻在內，二陰爻在外，故曰"有孚"，與復卦之"來復"、臨卦之"來"、泰卦之"小往大來"義同。

九二：貞吉。

【釋讀】九二：吉祥之兆。

《象》曰：九二"貞吉"，以中也。

《象傳》說：九二之所以"貞吉"，是因爲它居中位而不偏。

【象解】九二之吉，中爻之位也；往應六五，遇剛而貞吉，蓋因大壯盛長之時，群陽並進，故不言阻吝也。

九三：小人用壯，君子用罔，貞厲。羝羊觸藩，羸其角。

【釋讀】九三：小人恃強則有傷害，君子雖然沒有，仍有危險之兆。強壯的大羊去頂觸籬笆，結果把角卡在籬笆中而難以擺脫。

《象》曰：小人用壯，君子罔也。

《象傳》說：小人恃強受傷，君子卻不這樣。

罔：《經典釋文》："取獸曰罔，取魚曰罟。"今文易作"網"，又"羅"也。一爲"沒有"之義。《爾雅·釋言》："罔，無也。"《書·康王之誥》："雖爾身在外，乃心罔不在王室。"《詩經·衛風·氓》："士也罔極，二三其德。"又通"惘"，迷惑、蒙蔽之義。《論語·爲政》："學而不思則罔，思而不學則殆。"《論語·雍也》："君子可逝也，不可陷也；可欺也，不可罔也。"小人君子相違，"小人用壯"與"君子用罔"爲對文，知其義相背也。

羝羊觸藩：羝羊，《說文解字》："牡羊也。"《廣雅》："吳羊牡三歲曰羝。"藩，藩籬也。

羸其角：羸，孔穎達《周易正義》疏曰："拘縲纏繞也。"若以"儡"通"羸"，角折落爲敗壞釋之，則與九四"藩決不羸"義相背，不可從。

【象解】九二爻位於上互卦兌，兌爲羊，伏艮，則角不見；外卦震爲藩。《易林》以震爲藩。《說卦》："震爲蕃"，"藩"與"蕃"通，即《易林》所本也。爻辭曰小人曰君子，義皆相反，故小人恃強而行則傷，君子否也。乾爲君子，取其剛健也。

九四：貞吉，悔亡。藩決不羸，壯于大輿之輹。

【釋讀】九四：吉祥之兆，災悔解除。籬笆被撞破潰掉了，羊角從籬笆的纏繞中解脫出來，可是又因頂撞堅固大車的車輪而受傷。

《象》曰："藩決不羸"，尚往也。

《象傳》說："藩決不羸"，是鼓勵君子有所作爲，積極向前進取。

【象解】陰阻乘宜有悔，陽壯盛則悔亡。兌卦爲附決，又震爲出，故曰"藩決不羸"；兌爲毀折，震爲興，爲輹，故曰"壯于大輿之輹"。《周易集解》引虞翻曰："體夬象，故藩決。"於義亦通。九四前遇重陰，故《象》曰"尚往也"。

六五：喪羊于易，无悔。

【釋讀】六五：在田邊地頭丟失了羊，卻並沒有什麼可遺憾的。

《象》曰："喪羊于易"，位不當也。

《象傳》說："喪羊于易"，是由於其陰爻而居陽位，位置不合適的緣故。

喪羊于易：易，同"場"，田畔。《詩經·小雅·信南山》："疆場翼翼，黍稷彧彧。""中田有廬，疆場有瓜。"毛傳曰："場，畔也。"又邊境也。《說文解字》："場，疆也。"大界曰疆，小界曰場。《漢書·食貨志》："瓜瓠 [hù] 果蓏 [luǒ]，殖於疆場。"《左傳·成公十三年》："鄭人怒君之疆場。"場從易，與場別。參看旅卦上九"喪牛于易"。

【象解】兌爲羊，震爲出，爲喪；艮爲止，故爲界，爲場。《易林》又以艮爲田。地之有界爲田，阡陌之制也。六五咎在乘陽，得中而待之則"无悔"。

上六：羝羊觸藩，不能退，不能遂，无攸利，艱則吉。

【釋讀】上六：强壯的羊因頂觸籬笆而被卡住了角，既不能退後，也不能前進，長遠看沒有任何好處，忍耐不動則吉利。

《象》曰："不能退，不能遂"，不詳也。"艱則吉"，咎不長也。

《象傳》說："不能退，不能遂"，陷入被動的困境。"艱則吉"，只要堅持忍耐，就會渡過難關。

不能退，不能遂：孔穎達《周易正義》疏：“‘退’謂退避，‘遂’謂進往。”

艱：帛書《周易》作“根”，同“艮”，限定不動，忍耐之義。此作“艱難”解，不確。

【象解】大壯爲兌，爲羊。震進爲遂，坎入亦爲遂，參看震卦九四“震遂泥”。《周易尚氏學》：“三之藩在四，上之藩在五，故退欲來三，爲藩所阻。進欲前往，而道已窮，故‘不能退’‘不能遂’。”艮爲克，爲能，震爲不能。

晉

䷢ 晉：康侯用錫馬蕃庶，晝日三接。

上九：晉其角，維用伐邑，厲吉，无咎，貞吝。

六五：悔亡，失得勿恤，往吉，无不利。

九四：晉如鼫鼠，貞厲。

六三：眾允，悔亡。

六二：晉如，愁如，貞吉。受茲介福，于其王母。

初六：晉如，摧如，貞吉。罔孚，裕无咎。

《象》曰：晉，進也。明出地上，順而麗乎大明，柔進而上行。是以"康侯用錫馬蕃庶，晝日三接"也。

【卦名釋義】楊樹達《積微居小學金石論叢·釋晉》："晉字上象二矢，下爲插矢之器。""二矢插器，其義爲箭。""自小篆變二矢之形爲䂂，變器形爲日，形與義略不相關，於是説字者遂不得其正解。"吳汝綸《易説》："晉，古讀箭，戩古讀剪。"

《周禮·夏官·田僕》："凡田，王提馬而走，諸侯晉，大夫馳。"注曰："提猶舉也。晉猶抑也。"俞樾《古書疑義舉例》卷一："知

'明夷'之爲誅，則晉之爲'賞'可知矣。'康侯用錫馬蕃庶'，非賞而何？自來言《易》者，未見及此也。"

闻一多釋晉爲揖、敬。其说曰："晉，敬也。鄭玄注《尚書大傳》：'晉，肅也。'敬肅而揖曰晉。"《廣韻》："肅，恭也，敬也，戒也，進也，疾也。"晉爲朝觀接受賞賜之卦。

【釋讀】晉卦：康侯用武王賜給的良馬作爲種馬，通過交配繁殖擴大馬群，享受天子三接諸侯之禮的隆重禮遇。

錫馬蕃庶：《爾雅·釋詁》："錫，賜也。"蕃，盛也。《左傳·僖公二十三年》："男女同姓，其生不蕃。"《經典釋文》："庶，如字，衆也。"蕃庶，繁衍也。《國語·周語》："夫民之大事在農，上帝之粢盛於是乎出，民之蕃庶於是乎生。"

晝日三接：《周易集解》引侯果："《大行人職》曰：'諸公：三饗，三問，三勞；諸侯：三饗，再問，再勞；子男：三饗，一問，一勞'，即天子三接諸侯之禮也。"武王之弟康侯以武王所賜良馬作爲種馬，繁衍擴大種群，武王對其大加封賞，并以"晝日三接"隆重之禮待之。

《象》曰：明出地上，晉。君子以自昭明德。

《象傳》说：晉卦卦象爲陽光從地面上升起。君子應該自我昭耀其才華和美德。

初六：晉如，摧如，貞吉。罔孚，裕无咎。

【釋讀】初六：觀見接受賞賜，俯身作揖畢恭畢敬，吉利之兆。憂慮之事解除，收穫很多，沒有過失。

《象》曰："晉如摧如"，獨行正也。"裕无咎"，未受命也。

《象傳》说："晉如摧如"，單獨行事也能恪守正道。"裕无咎"，還沒有被賦予權力。

摧如：摧如，誠敬之貌。摧，音同"崔"。《詩經·齊風·南山》："南山崔崔，雄狐綏綏。"毛傳："崔崔，高大也。"崔崔，高大深峻之貌。帛書《周易》作"浚如"，浚，深也，浚之則深。揚子《方言》："稟浚，敬也。秦晉間曰稟，齊曰浚。"摧，折、彎也，有俯身恭敬之義。李白《夢遊天姥吟留別》："安能摧眉折腰事權貴，使我不得開心顏。"

罔孚，裕：帛書《周易》作"悔亡，復浴"。可知今本"罔孚裕"當作"悔罔，孚裕"。

【象解】初爻處艮卦之下，形艮而長故爲深，爲浚，爲谷故爲裕，爲"摧如"；謙恭自處，敬則"貞吉"。初爻上應九四，陰陽相濟，故有"孚裕"。

六二：晉如，愁如，貞吉。受茲介福，于其王母。

【釋讀】六二：觀見領受賞賜，心裏憂慮忐忑不安，吉利之兆。獲得極大的恩惠和福澤，這都是威嚴慈愛的女性尊長所垂愛賜予。

《象》曰："受茲介福"，以中正也。

《象傳》說：之所以"受茲介福"，是因爲能居中得正。

愁如：愁，帛書《周易》、帛書《衷》引作"秋"，"秋"讀"愁"，憂也，慮也。《經典釋文》："愁，變色貌。"《康熙字典》引《儀禮·鄉飲酒義》："秋心爲言愁也。"《春秋繁露》："秋之言猶湫也。湫者，憂悲狀也。"

受茲介福：介，《經典釋文》："音戒，大也。""介""界"古今字。《爾雅》曰："疆，界，垂也。"段玉裁《說文解字注》曰："界之言介也。""介"有自上而下垂降、佑助之義。《詩經·小雅·楚茨》："以妥以侑，以介景福"，"報以介福，萬壽無疆。"《說文解字》："祉，福也。"是福亦祉也，二字互訓。高亨《周易古經今注》曰："蓋謂王母嘉其功勞，錫之爵祿，爵祿即大福也。"

于其王母：《爾雅·釋親》："父之考爲王父，父之妣爲王母。"郭璞注曰："加王者，尊之也。"王母乃爲尊上之稱。

【象解】二爻居艮之初无應，上行爲六三所阻遇坎，坎爲心憂，故"愁如"。艮爲介。坤爲母，爲福，二爻居中得位，故尊稱"王母"。

六三：衆允，悔亡。

【釋讀】六三：衆人推舉首肯，沒有可憂慮擔心的事情。

《象》曰："衆允"之，志上行也。

《象傳》説：得到衆人的一致認可和贊同，其志向是向上攀升。

衆允：《説文解字》："允，信也。"《玉篇》："允，當也。"又《增韻》："肯也。"《詩經·小雅·湛露》："顯允君子，莫不令德。"《詩經·鄘風·定之方中》："卜云其吉，終然允臧。"毛傳曰："允，信；臧，善也。"《書·周官》："以公滅私，民其允懷。"左思《魏都賦》："謀龜謀筮，小旣允臧。"

【象解】坤爲衆，六三承陽有應，陰居陽位，故有"悔亡"。

九四：晉如鼫鼠，貞厲。

【釋讀】九四：領受封賞時像一隻老鼠一樣猥瑣拱手作揖，危險之兆。

《象》曰："鼫鼠貞厲"，位不當也。

《象傳》説：之所以"鼫鼠貞厲"，是因爲它所處的位置不恰當。

鼫鼠：《説文解字》："五技鼠也。能飛，不能過屋；能緣，不能窮木；能游，不能渡谷；能穴，不能掩身；能走，不能先人。"《經典釋文》引《子夏傳》作"碩鼠"。《埤雅》："鼫鼠，兔首似鼠而大，能人立，交前兩足而舞，害稼者，一名雀鼠，一名碩鼠。"即現代的"跳鼠"。《詩經·相鼠》曰："相鼠有禮"，蓋謂此鼠居坐人立之時雙前爪拱於胸前如人之行禮也。然其狀身直手高，人如其狀，則爲雖有禮而不肅敬，必遭怪罪斥責，故曰"晉如鼫鼠，貞厲"也。

《周易集解》引《九家易》曰："鼫鼠，喻貪，謂四也。體離欲升，體坎欲降。游不度瀆，不出坎也。飛不上屋，不至上也。緣不極木，不出離也。穴不掩身，五坤薄也。走不先足，外震在下也。五伎皆劣，四爻當之。故曰晉如鼫鼠也。"

聞一多《周易義證類纂》曰："鼫鼠，《釋文》引《子夏傳》，《周易集解》引九家、翟、虞並作碩鼠，正義曰：'鄭引《詩》碩鼠碩鼠，勿食我黍，謂大鼠也。'《詩·碩鼠》正義引陸機疏曰：'今河東有大鼠，能人立，交兩前腳於頸上，跳舞善鳴。'案：《詩·相鼠》序曰：'相鼠，刺無禮也'，韓愈《城南聯句》曰：'禮鼠拱而立'，並即此鼠。'晉如鼫鼠'蓋謂拜時如鼫鼠拱立而手不至地。《賈子新書·容經篇》曰：'微磬曰共立，磬折曰肅立……微俯曰共坐，俯首曰肅坐'，共與拱同，是拜儀之差，肅下於拱。凡拜以下爲敬，故拱慢而肅敬。'晉如鼫鼠'猶言拱而不肅，斯乃不敬之甚，故曰：'貞厲。'"

【象解】下坤爲地；艮爲鼠，爲山，亦爲石。九四陽居陰位，下應初六而曰"貞厲"，蓋因晉之離以上升爲義，其義不應初也。

六五：悔亡，失得勿恤，往吉，无不利。

【釋讀】六五：災悔消除，重新找回箭矢，不需要憂慮，前行吉祥，沒有任何不利。

《象》曰："失得勿恤"，往有慶也。

《象傳》說："失得勿恤"，是說前行有吉祥福慶。

失得勿恤：失得，帛書《周易》作"矢得"，《周易集解》引荀爽、虞翻等亦作"矢得"。《經典釋文》："孟、馬、鄭、虞、王肅本作矢。""矢"王弼作"失"，隸書之"失"與"矢"形音俱近而易混，然小篆之"失"與"矢"異甚，王弼從隸書誤"矢"爲"失"，故確知"矢"正而"失"誤也。《周易集解》引荀爽以離爲"射出"釋"矢得"尤不合情理，"射出"則矢失，胡云乎得矢哉？《説文解字》："恤，憂也"，《康熙字典》："恤，湣也，災危相憂也。"帛書《周易》作"血"。"勿恤"者，無憂也。

【象解】承陽得中故"悔亡"。坎爲心憂，故爲恤，六五居離卦中爻，伏坎，故有失矢之憂，上互卦坎爲矢，五坎體，是得矢也，得矢則"勿恤"。上承陽故"往吉"。坎矢象，參看噬嗑卦九四"得金矢"。《易林》以坎爲矢。《周易集解》引荀爽曰："離者，射出。"故知其亦以坎爲矢。

上九：晉其角，維用伐邑，厲吉，无咎，貞吝。

【釋讀】上九：像獸角尖一樣向上昂起，用以征討邑國，有危險但是結果吉利，沒有過失，有阻礙之兆。

《象》曰："維用伐邑"，道未光也。

《象傳》說："維用伐邑"，說明君王的王道霸業還沒有完全被推廣光大。

維用伐邑：維，以、因爲。《詩經·鄭風·狡童》："彼狡童兮，不與我言兮。維子之故，使我不能餐兮。"

【象解】上爲角。坎卦爲首，離爲斷，爲折首，離爲甲胄，爲戈兵，有征伐象。下坤爲邑。上九履坎居極，故爲"厲"，有應爲吉，乘陰无咎。下應六三遇坎，則爲"貞吝"。

【附】《周易卦爻辭中的故事》

　　顧頡剛《周易卦爻辭中的故事》考定康侯是衛康叔封，于省吾《雙劍誃易經新證》也說"金文康叔均作康侯"，康侯爲周武王（姬發）之弟姬封，又被稱爲康叔封，是周武王的同母弟，周公輔政成王時，分封畿内之康國。周成王時周公姬旦平定三監之亂後，於公元前1042 年在黄河和淇水之間的商朝故墟朝歌建立衛國，封康叔於衛。赴任時，周公旦作《康誥》《酒誥》《梓材》三篇誡之。

帛書《二三子問》

　　《易》曰："康侯用錫馬、番庶（蕃庶）、晝日三接。"孔子曰：此言聖王之安世者也。聖人之正（政），牛參弗服，馬恒弗駕，不憂（擾）乘牝馬，□□□□□□□□□粟時至，芻稾不重，故曰"錫馬"。聖人之立正（政）也，必尊天而敬衆，理順五行，天地犇藟（无困），民□不傷，甘露時雨聚降，剽風苦雨不至，民亦相醹（通"觴"）以壽，故曰"番庶"（蕃庶）。聖王各有三公三卿，"晝日三[接"者]，□□□□□者也。

明　夷

䷧ 明夷：利艱貞。

上六：不明晦，初登于天，後入于地。

六五：箕子之明夷，利貞。

六四：入于左腹，獲明夷之心，于出門庭。

九三：明夷于南狩，得其大首，不可疾貞。

六二：明夷，夷于左股，用拯馬壯，吉。

初九：明夷于飛，垂其翼。君子于行，三日不食，有攸往，主人有言。

《彖》曰：明入地中，明夷。內文明而外柔順，以蒙大難，文王以之。"利艱貞"，晦其明也，內難而能正其志，箕子以之。

【卦名釋義】明夷，日入地中，以明入晦，猶光明殞傷，故名"明夷"。《序卦》："夷者，傷也。"《雜卦》："明夷，誅也。"《周易正義》云："此卦日入地中，'明夷'之象；施之於人事，暗主在上，明臣在下，不敢顯其明智，亦'明夷'之義也。"明夷有目傷之義。"明夷"爻辭取鳥傷之象。小過變而成明夷卦。

【釋讀】明夷：利於隱忍之兆。

《象》曰：明入地中，明夷。君子以莅衆，用晦而明。

《象傳》説：明夷卦的卦象爲光明入地下，象徵著"光明被阻"。君子以此處理與民衆的關係，即韜光養晦不表現個人，反而能使自己充分得以展示才智。

初九：明夷于飛，垂其翼。君子于行，三日不食，有攸往，主人有言。

【釋讀】初九：鳴叫的鳥在飛翔之時，垂下了翅膀。君子在路上行走，三天没有吃東西，有所往，主人有埋怨之言。

《象》曰："君子于行"，義不食也。

《象傳》説："君子于行"，是由於堅持道義而不食。

明夷于飛：《詩經·豳風·東山》："倉庚于飛，熠耀其羽。之子于歸，皇駁其馬。"倉庚，鳥名。《説文解字》："離，黄倉庚也。鳴則蠶生。從佳离聲。"李鏡池《周易探源》認爲："'明夷'在這一條爻辭裏應該是'鳴鵜'的通假。鵜，亦作鵜，夷、弟形近音通。鵜，在《詩·曹風·候人》有'維鵜在梁，不濡其羽'之句，鵜在《爾雅·釋鳥》叫作'鴮鸅'，郭璞注：'今之鵜鶘也。好群飛；沉水食魚，故名洿澤，俗呼之爲淘河。'"高亨則以爲"明夷即鳴雉"，一説爲鳴鳶。

【象解】離爲鳥。震爲動，爲飛，爲羽翼。小過卦有飛鳥之象，飛鳥傷則爲明夷；小過卦九四動往初六，則爲明夷卦，正合明夷"垂其翼"之象。經以中爻爲主，六二居中爲初九之主，初九往應六四，前行遇坎且必爲六二所妒，震爲往，爲主人，爲言，故曰"主人有言"，尚秉和以此爻用象全在應爻。又震爲君子。頤爲大離卦，有口象，頤卦上九動往六三則成明夷；坤爲閉，離爲口，坎爲口實，口閉而無實則爲不食。《易林》以震爲口，爲食，言其動而食。驗之於經，多以坎爲酒食，兌爲享爲食。

六二：明夷，夷于左股，用拯馬壯，吉。

【釋讀】六二：眼睛受傷視力差，箭又射傷了左側大腿，宜於借助健壯之馬的力量而得濟助，吉利。

《象》曰：六二之吉，順以則也。

《象傳》說：六二爻之吉，是因爲它順於九三又秉承中正之道義準則。

明夷：《洪範》："視曰明。"李鏡池《周易校釋》"疑明夷有目傷之義"。

夷于左股：據聞一多《周易義證類纂》考證："案《詩·車攻》毛傳曰：'一曰乾豆，二曰賓客，三曰充君之庖。故自左膘而射之，達於右腢，爲上殺；射右耳本次之；射左髀，達於右膘爲下殺。'正義曰：'凡射獸，皆逐從左厢而射之。'《公羊傳·桓四年》何注曰：'一者第一之殺也，自左膘射之，達於右腢，中心死疾，鮮潔，故乾而豆之，以薦於宗廟；二者第二之殺也，自左膘射之，達於右脾，遠心死難，故以爲賓客；三者第三之殺也，自左脾射之，達於右膘，中腸胃污泡，死遲，故以充君之庖厨。'毛傳髀，《釋文》作牌，云'謂股外也'，《説文解字》云'髀，股也'，《文選·七命》注引作'股外也'，蓋對文内曰髀，外曰股，散文髀股通也。六二'明夷，夷于左股'，即毛傳所謂'射左髀，達於右膘，爲下殺'者。《九家》及《正義》並訓下夷字爲傷，案讀爲痍。（《左傳·成公十三年》：'芟痍我農功。'《釋文》：'痍本作夷。'）《公羊傳·成十六年》曰：'王痍者何？傷乎矢也。'矢傷謂之痍，是'夷于左股'即射於左股甚明。"

用拯：拯，《説文解字》作"抍"，上舉也。《集韻》："抍、承、撜、拯、丞五形同字。出溺爲拯。""拯"有被提舉而得濟助之義。

【象解】坤爲閉，離爲目，互坎爲矢在離之上，矢傷謂之夷，夷於目也。小過卦九四動往初六，巽不見而變坎震，故"夷于左股"；震爲左，後天八卦方位。震爲馬，六二承陽，故"用拯馬壯"則吉，拯馬即承陽也。參看渙卦初六。《説卦》"坎，其於馬也，爲美脊"，脊有"承"之義。

九三：明夷于南狩，得其大首，不可疾貞。

【釋讀】九三：傍晚天色昏暗，在南方冬獵，捕獲一隻頭很大的獵物，預兆病情不會加重。

《象》曰：南狩之志，乃大得也。

《象傳》説：到南方冬獵的心願，會得到極大的滿足。

明夷于南狩：明夷，傍晚天色昏昧之時。《釋天》："冬獵爲狩。"《周易集解》引《九家易》曰："歲終田獵，名曰狩也。"

不可疾：《説文解字》："疾，病也。"段玉裁注曰："析言之則病爲疾加，渾言之則疾亦病也。按經傳多訓爲急也，速也，此引伸之義。如病之來多無期無迹也。"又曰："矢能傷人，矢之去甚速。故从矢會意。"聞一多《周易義證類纂》謂"筮辭凡九言疾，皆謂疾病"。

【象解】九三離終，前遇坤夜，自明入暗，日入地中之象。離南坎北，坎爲冬，震爲狩，故曰"明夷于南狩"；坎又爲首，陽稱"大首"。巽爲疾，震爲鍼砭，故爲"不可疾"。

六四：入于左腹，獲明夷之心，于出門庭。

【釋讀】六四：從左側腹部射入，傷到了飛鳥的心臟，讚美聲享譽門庭。

《象》曰："入于左腹"，獲心意也。

《象傳》説："入于左腹"，獵獲的獵物滿足了自己意願。

明夷之心：明夷，音同“鳴鶼”，飛鳥之謂也。

【象解】震爲左，爲出，爲入；坤爲腹，故“入于左腹”。坎爲心，六四應於初九陽爻，故獲於明夷之心。艮爲止，爲門庭，則震爲“于出門庭”。

六五：箕子之明夷，利貞。

【釋讀】六五：箕子韜光養晦，有利之兆。

《象》曰：箕子之貞，明不可息也。

《象傳》說：箕子之貞，說明光明是不會熄滅的，只是暫時受阻罷了。

箕子之明夷：《周易集解》引馬融曰：“箕子，紂之諸父，明於天道、《洪範》之九疇。德可以王，故以當五，知紂之惡，無可奈何。同姓恩深，不忍棄去，被髮佯狂，以明爲暗。故曰‘箕子之明夷’。卒以全身，爲武王師，名傳無窮，故曰‘利貞’矣。”

《經典釋文》：“箕子之明夷，蜀才‘箕’作‘其’”，“劉向云：今易‘箕子’作‘荄滋’，鄒湛云：訓‘箕’爲‘荄’，詁‘子’爲‘滋’。”《漢書·儒林傳》：“箕子明夷，陰陽氣亡箕子。箕子者，萬物方荄茲也。”惠棟《周易述》曰：“今《易》，箕子作荄茲”，又曰“劉向《別録》猶循孟學，故馬融俗説，荀爽獨知其非，復賓古義，讀箕子爲荄茲”。《詩經·小雅·大東》：“維南有箕，不可簸揚；維北有斗，不可以挹酒漿。”箕宿不能用來簸揚糠秕，斗宿不能用來舀取酒漿。

子，《説文解字》：“十一月，陽氣動，萬物滋，人以爲稱。象形。”《爾雅》：“子，孳也。”《釋名》：“子，孳也，相生蕃孳也。”《白虎通義》：“子、孳、茲、滋音義通。”高田忠周《古籀篇四十》：“三代用‘孳’，秦漢以後以‘子’代‘孳’也”，“孳爲正字，子爲假借也。”“箕子”之爲“荄兹”“荄滋”“其子”“其兹”“孩子”等，皆因假借故。

尚秉和《周易尚氏學》卷首總論：“至明夷六五之箕子，與《象傳》之箕子，絕對不同。《象傳》之箕子，紂臣也。六五之箕子，則趙賓讀爲荄兹，劉向、荀爽讀爲荄滋，王弼讀爲其兹，蜀才讀爲其子，而《焦氏易林》則讀爲孩子。孩子指紂，與《論衡》讀微子之刻子爲孩子同也。古亥音皆音喜，皆與箕音通。且以六五之君位，而使紂臣居之可乎？馬融知其不可，以箕子演疇，有帝王之德爲解。然何以解於箕子之明夷，《象傳》謂箕子晦其明，今謂箕子明夷，則竟不明矣。其謬二也。”

【象解】震爲箕，爲子，故曰“箕子”。《周易尚氏學》：“易凡於人名地名，无不從象生，除焦延壽外，无知此者。震箕象形，《易林》屢用。”坤卦群陰，爲暗昧，故“箕子之明夷”乃自晦其明也。

上六：不明晦，初登于天，後入于地。

【釋讀】上六：沒有光明，晦暗，剛開始時升至天空，而後來卻墜入地下。

《象》曰：“初登于天”，照四國也。“後入于地”，失則也。

《象傳》說：“初登于天”，開始時光明普照，君子之德輝耀四方各國。“後入于地”，最後太陽隱沒，賢明之德不顯，民無可效法之楷模。

【象解】尚秉和《周易尚氏學》：“明夷之初爲晉，晉日在地上而爲晝，故曰‘初登于天’；乃晉覆成明夷，日在地下而爲夜，故曰‘後入于地’，入地故晦而不明。卦正如彼，覆則如此，此文王示序卦之義也。”上六坤卦，坤爲晦暗，爲“不明”。坤又爲地，上六居六爻之極，物極必反，故“後入于地”。

【附】箕子之明夷

《史記·朝鮮列傳》："自始全燕時，嘗略屬真番、朝鮮，爲置吏，築障塞，秦滅燕，屬遼東外徼。"燕奪取朝鮮，朝鮮侯逃到朝鮮半島，纔有"入海"之説。張華《博物志》："箕子居朝鮮，其後燕伐之，朝鮮亡，入海爲鮮國師。"《博物志》多取自傳説而非信史。

李鏡池《周易探源》中認爲"六五'箕子之明夷'，當是箕子往明夷的意思"。李鏡池在《周易通義》中的解釋是："箕子，殷紂王的哥哥。之，往。明夷，東方之國，日出處。這説的是殷亡後的故事：紂王的哥哥到明夷國去。"認爲"箕子之明夷"就是殷亡後箕子奔朝鮮的故事。《路史·後記》稱："夏之世有箕伯、直柄……箕伯之後，箕子事紂。"箕子名胥餘，後人説他封子爵，國於箕。箕子以商朝大臣事紂王，屢見於先秦史籍，《史記》説箕子因諫阻商紂王不聽，"乃詳狂爲奴"，並遭到紂王的囚禁。武王克商後，將箕子釋放，而箕子"不忍商之亡，走之朝鮮。武王聞之，因以朝鮮封之"。

家　人

䷤家人：利女貞。

上九：有孚威如，終吉。

九五：王假有家，勿恤吉。

六四：富家，大吉。

九三：家人嗃嗃，悔厲吉。婦子嘻嘻，終吝。

六二：无攸遂，在中饋，貞吉。

初九：閑有家，悔亡。

《彖》曰：家人，女正位乎內，男正位乎外，男女正，天地之大義也。家人有嚴君焉，父母之謂也。父父，子子，兄兄，弟弟，夫夫，婦婦，而家道正。正家而天下定矣。

【卦名釋義】火風爲鼎，風火家人。《説卦》以坎爲豕，爲豕故爲家。家人卦二陰爻，中正柔順，皆吉。茹敦和《周易二閭記》："中孚之兩口合其象爲議，變而家人則兩口分，天下有兩口分而不爭者乎?!"中孚之兑變自內則爲家人卦，外則爲睽卦。

【釋讀】家人：利於女人之兆。

《象》曰：風自火出，家人。君子以言有物，而行有恒。

《象傳》說：家人卦的卦象爲風來自於自身之火。君子説話要言之有據，行爲要遵守綱常倫理。

初九：閑有家，悔亡。

【釋讀】初九：在家外設置栅欄，可以消除憂患。

《象》曰："閑有家"，志未變也。

《象傳》説："閑有家"，説明治家規矩不要輕易改變。

閑有家：閑，《説文解字》："闌也。"引申爲防閑。

【象解】艮爲防，外剛也；離中空外剛，亦爲防，爲閑。坎阻爲有悔，有應遇陰爲"悔亡"。

六二：无攸遂，在中饋，貞吉。

【釋讀】六二：不用去很遠的地方，在家中就能烹製進獻的飲食，吉祥徵兆。

《象》曰：六二之吉，順以巽也。

《象傳》説：六二爻之所以吉祥如意，是因爲它温柔順從。

无攸遂：遂，進也。參看大壯上六之"不能退，不能遂"。

在中饋：饋，《周禮·天官·膳夫》："凡王之饋，食用六穀，膳用六牲。"注曰："進食於尊者曰饋。"饋本義爲以食物送人。

【象解】六二爻得中承陽爲"中饋"，二五陰陽相應，故爲"貞吉"；若往見九五，前行遇坎且必見妒於九三，故"无攸遂"。茹敦和《周易象考》謂"遂爲坎象"。

九三：家人嗃嗃，悔厲吉。婦子嘻嘻，終吝。

【釋讀】九三：對待家人疾言厲色，有過則改，有怨言但是吉祥。婦人和孩子們嬉皮笑臉，最終結果不會好。

《象》曰："家人嗃嗃"，未失也。"婦子嘻嘻"，失家節也。

《象傳》說："家人嗃嗃"，不敢放逸違背治家原則。"婦子嘻嘻"，這樣則沒有了治家的規矩。

家人嗃嗃：《說文解字》："嗃嗃，嚴酷貌。"《玉篇》："嗃嗃，嚴大之聲也。"《經典釋文》："荀作確確，劉作熇熇。"段玉裁《說文解字注》："是嗃即熇字也。"《詩經·大雅·板》："多將熇熇，不可救藥。"毛傳曰："熇熇然，熾盛也。"

【象解】離爲火，九三爻上下皆離，故爲"嗃嗃"。坎爲中男，九三處坎卦中爻，坎一陽入於陰中，爲失，亦爲佚；離、巽、反巽爲兌，三女一男之象。

六四：富家，大吉。

【釋讀】六四：使家中的財富增加，大吉大利。

《象》曰："富家大吉"，順在位也。

《象傳》說："富家大吉"，是由於它處於順承九五的位置。

【象解】巽卦爲富，巽又爲順。六四順承九五君爻，故吉。

九五：王假有家，勿恤吉。

【釋讀】九五：君王回到家中，不需要恐懼害怕，吉利。

《象》曰："王假有家"，交相愛也。

《象傳》說："王假有家"，一家人相處融洽，相親相愛。

王假有家：假，《集韻》《正韻》："與格同，至也。"有，於也。

【象解】五爻爲君位故稱王，陽乘陰得中有應故吉，下應六二雖有坎相隔而無需憂慮。

上九：有孚威如，終吉。

【釋讀】上九：抓獲的女俘很溫順的樣子，最終是吉利的。

《象》曰：威如之吉，反身之謂也。

《象傳》說：威如之吉，是因爲能放下架子。

威如：帛書《周易》作“委如”，即“委然”之義，委然有順服之貌。《爾雅·釋言》：“威，畏也。”“威如”有豐滿順服之貌。參看大有卦六五：“厥孚交如，威如，終吉。”

反身：反，《説文解字》：“覆也。”巽爲覆，爲反。《象》所釋義正與“委如”同。

【象解】中孚卦爲大離，離中虛，虛則爲孚；巽爲伏，艮爲獲，均有孚義。巽爲伏爲隕落，故爲畏如。《周易尚氏學》：“離爲威如，兑毀折，故曰威天下。”似不通。

睽

䷥ 睽：小事吉。

上九：睽孤，見豕負塗，載鬼一車，先張之弧，後説之弧，匪寇婚媾。往遇雨則吉。

六五：悔亡，厥宗噬膚，往何咎。

九四：睽孤，遇元夫，交孚，厲，无咎。

六三：見輿曳，其牛掣，其人天且劓，无初有終。

九二：遇主于巷，无咎。

初九：悔亡，喪馬勿逐，自復。見惡人无咎。

《彖》曰：睽，火動而上，澤動而下，二女同居，其志不同行。説而麗乎明，柔進而上行，得中而應乎剛，是以“小事吉”。天地睽，而其事同也，男女睽，而其志通也，萬物睽，而其事類也。睽之時用大矣哉！

【卦名釋義】睽爲乖違、相背之義。《彖》曰：“睽，二女同居，其志不同行。”離爲光，爲明，爲目，故爲見；兑爲現，亦爲見，離兑二目一視此一視彼，二目不相得，睽也。睽卦爻辭所見多怪異之象。

錢鍾書《管錐編》："'噬'當與'睽'參觀，睽者間隔也，噬者破間隔而通之也。"睽卦自中孚卦變而來，與大畜卦形近義通。

【釋讀】睽卦：小事吉利。

《象》曰：上火下澤，睽。君子以同而異。

《象傳》說：睽卦爲火澤相互對立之象。君子應該求大同，存小異。

初九：悔亡，喪馬勿逐，自復。見惡人无咎。

【釋讀】初九：災悔消除，跑掉的馬不要去攆它，它自己就會回來。見到形殘貌醜之人，不會有什麼禍患。

《象》曰："見惡人"，以辟咎也。

《象傳》說："見惡人"，以對方爲鏡鑒警醒自己，這樣纔能避免類似的災禍。

惡人：聞一多《周易義證類纂》："《莊子·德充符》篇曰'衛有惡人焉，曰哀駘它'，《孟子·離婁下》篇曰：'雖有惡人，齋戒沐浴，則可以祀上帝'，惡人皆謂形殘貌醜之人，睽初九'見惡人，无咎'義當同。"謂看見形殘貌醜之人心中恐懼，自我警醒則可无咎。

【象解】《御纂周易折中》案："此爻悔亡，乃因無應。"茹敦和《周易證籤》："蓋大畜之三曰'良馬逐'，今大畜之三與四易，得毋'喪馬'乎？"然互卦坎離相交，三四易位則"勿逐自復"，家人卦九三則曰"終吝"。兌爲見，應爻九四居坎，爲惡人。

九二：遇主于巷，无咎。

【釋讀】九二：在巷子中和主人不期而遇，沒有什麼危害。

《象》曰："遇主于巷"，未失道也。

《象傳》說：“遇主于巷”，意外相遇，不算有失禮節。

遇主于巷：遇，《玉篇》：“見也，道路相逢也。”《廣韻》：“不期而會也。”《春秋·隱公八年》：“宋公、衛侯遇於垂。”《穀梁傳》：“不期而會曰遇。”《禮記·曲禮》：“諸侯未及期相見曰遇。”注曰：“未及期，在期日之前也。”《周禮·春官·大宗伯》：“諸侯冬見曰遇。”注曰：“偶也，欲其若不期而偶至也。”

巷，《說文解字》：“𨠺，里中道。从𨛜从共。皆在邑中所共也。”“𨠺”同“巷”。《廣韻》：“街巷也。”《增韻》：“直曰街，曲曰巷。”《詩經·鄭風·叔于田》：“叔于田，巷無居人。”毛傳曰：“里塗也”。

【象解】離爲巷。《易林》以離爲枯，爲里，爲街巷。經以中爻稱主，位中也；九二所遇者六三，陽遇陰也。豐卦初九、九四爻所遇皆中爻，故稱“配主”“夷主”。

六三：見輿曳，其牛掣，其人天且劓，无初有終。

【釋讀】六三：看見牛牽引著大車，拉車的牛兩隻角一俯一仰，趕車的人遭受額頭刺字、割掉鼻子的刑罰，開始艱難，最終達到目的。

《象》曰：“見輿曳”，位不當也。“无初有終”，遇剛也。

《象傳》說：“見輿曳”，是因爲六三爻所處的位置不恰當。“无初有終”，在於能和九四陽爻相遇。

見輿曳：曳，《經典釋文》：“曳作抴。”段玉裁《說文解字注》曰：“猶牽引也。”“抴也。象抴引之形。”抴，拖也。或作拽。

其牛掣：掣，《集韻》：“掣、觢〔shì〕通。或作挈。”《說文解字》引作“其牛觢”。《說文解字》：“觭，角一俛一仰也。”段玉裁注曰：“荀易：其牛觭。按《子夏傳》作契，云一角仰也。虞作掣，云牛角一低一仰。是子夏、虞皆作觭也。觭者，奇也。奇者，異也。”

天且劓：天，《經典釋文》：“天，剠也。馬云：剠鑿其額曰天。”

《周易集解》引虞翻曰："黥額爲天,割鼻爲劓。"即古代的墨刑,刺鑿其額而施以墨者。俞樾《群經平義·周易》:"天,疑兀字之誤。刖足曰兀。"馬王堆漢墓帛書《周易》殘缺,阜陽漢簡《周易》、楚竹書《周易》及通行本《周易》均作"天"。故形訛之說尚存疑。"劓"字,帛書本、阜陽漢簡本同,王肅本作"archived"。《説文解字》:"劓,刑鼻也。"《周禮·秋官·司寇》:"墨者使守門,劓者使守關,宮者使守内,刖者使守囿,髡者使守積。"

【象解】坎爲輪,爲車,六三居坎後,故曰"見輿曳"。兑爲毁折,爲缺,艮爲鼻,伏而不見;六三失位,互離爲斷,故曰"天且劓"。六三失位乘陽爲"无初",承陽有應則"有終"。

九四:睽孤,遇元夫,交孚,厲,无咎。

【釋讀】九四:乖違對立,孤獨無援,遇到了一位遭受刖刑斷足的人,相互護佑,危險,卻沒有過失。

《象》曰:"交孚无咎",志行也。

《象傳》説:"交孚无咎",就在於他們擁有共同的想法行動。

睽孤:《説文解字》:"孤,庾也。"《玉篇》:"孤,庾也,睽也,邪也,背也,差也,離也。今作乖。"《集韻·麻韻》:"孤,邪,離絶之貌。""孤"與"乖"義同。

遇元夫:聞一多《周易義證類纂》:"元讀爲兀。《説文解字》髡重文作髨,又'轅,車轅端持衡者',經傳皆作軏,是元兀古同字。《莊子·德充符》篇曰:'魯有兀者王駘',又曰:'申徒嘉,兀者也',又曰:'魯有兀者叔孫無趾。'李注曰:'刖足曰兀',《説文解字》曰:'刖,斷足也',重文作跀,兀與跀同。兀夫猶兀者,斷足之人也。六三'其人天且劓',俞樾云天爲兀之訛,兀即字,其説殆塙。今案九四之'兀夫'即六三'兀且劓'之人,亦即初九之'惡人'。

正義曰'元夫謂初九也。處於卦始，故云元也'，殊乖經旨。"

交孚：交，《説文解字》："交脛也。"引申之義爲"友"。

【象解】坎卦一陽稱元。元，首也。參看比卦、萃卦"元永貞"。坎爲孤爲夫，《左傳·襄公二十五年》："武子筮之，遇困三之大過三，史皆曰吉。示陳文子，文子曰：'坎變巽，曰夫從風，風隕，妻不可娶也。'"即以坎爲夫。坎爲入，《焦氏易林》以坎爲交，爲合。四爻上下皆陰，故曰"交孚"，坎險故曰"厲"，陰陽相濟則"无咎"。

六五：悔亡，厥宗噬膚，往何咎。

【釋讀】六五：災悔消除，登其祖廟，宴饗於祖廟，去了能有什麼危害呢？

《象》曰："厥宗噬膚"，往有慶也。

《象傳》説："厥宗噬膚"，表明前往則有值得慶賀的事情。

厥宗噬膚："厥"，帛書《周易》作"登"，楚竹書《周易》作"陞"，登、陞音近義同。《爾雅·釋詁》："登，陞也"，"登"與"陞"古音同屬蒸部舌音，義同而可互訓。今本《周易》"陞"字，帛書本皆作"登"，阜陽漢簡本同。《廣韻》："乑，古文厥字。"今本作"厥"，因古文"厥"字形與"陞"似而致誤，"厥宗"應作"登宗""陞宗"，厥宗則義不可通。茹敦和《周易二閭記》釋"厥宗噬膚"曰："此餕禮也。祭畢而食曰餕。"《禮記·文王世子》："其登餕、獻、受爵，則以上嗣。"宗，尊祖廟也，見同人卦六二"同人于宗"釋。膚，楚竹書《周易》作"肤"。膚，肉也，釋見噬嗑卦六二"噬膚滅鼻"。噬膚即吃肉，此肉乃用於宗廟祭祀之祭肉。高亨《周易古經今注》云："厥宗噬膚，疑指宴饗之事而言。古人宴饗之禮在宗廟行之。宴饗於宗廟，往有何咎哉！"

【象解】《周易尚氏學》：“艮爲膚，以剛在外也。故離亦爲膚。二兑體，兑口逼近離膚，故曰‘厥宗噬膚’。然二爲正應，二五相上下，各得位，故‘往无咎’。”《易林》師之井云“範子妙材，戮辱傷膚”，是《易林》以離爲膚也。離爲宗，參看同人卦六二。六五得中承陽，亦无咎。

上九：睽孤，見豕負塗，載鬼一車，先張之弧，後説之弧，匪寇婚媾。往遇雨則吉。

【釋讀】上九：乖違孤立之時，看到一隻背上沾滿污泥的豬和裝滿了鬼的車子，先拉開了弧弓，後來放置的是投壺，不是強盜，而是來求婚配的。前往遇到雨則吉利。

《象》曰：“遇雨之吉”，群疑亡也。

《象傳》説：“遇雨之吉”，種種疑惑都消散了。

見豕負塗：塗，泥巴。《廣雅》：“塗，泥也。”《詩經·小雅·角弓》：“如塗塗附。”

先張之弧：《説文解字》：“張，施弓弦也。”《説文解字》：“弧，木弓也。”《考工記》將弓分爲王弓、弧弓、夾弓、庾弓、唐弓和大弓。《周禮·夏官·司弓矢》：“王弓、弧弓以授射甲革椹質者。”弧弓其力強，可以遠射甲革堅硬之物。

後説之弧：説，同“脱”，《説文解字》：“解挩也。”今人多用脱，古則用挩。脱、挩古今字。《周易集解》引虞翻曰：“説，猶置也。”帛書《周易》作“壺”，《周易集解》作“壺”，今本作“弧”。《經典釋文》：“本亦作壺。京、馬、鄭、王肅、翟子玄作壺。”“説之弧”猶“置之壺”，當爲“投壺之禮”，《禮記·投壺》所載。《左傳·昭公十二年》：“晉侯以齊侯宴，中行穆子相，投壺。”投壺乃射禮之變。

【象解】中孚卦一陰入於兩陽之間，九四、上九心生罅隙，故稱"睽孤"。坎爲豕，爲泥塗。坎爲心疑，故爲鬼；坎又爲輪，亦爲車。《周易集解》引虞翻曰："兌爲口，離爲大腹，坤爲器。大腹有口。坎，酒在中，壺之象也。"坎爲矢，兌爲月缺，形如張弓，"先張之弧"；坎爲酒，離爲壺，兌爲脱，"後説之壺"。坎爲寇，亦爲婚媾，有應則"匪寇婚媾"。尚秉和《周易尚氏學》曰："坎爲疑，疑之故全在坎。"坎疑亡散，上九始應六三，得遇兌雨，故"往遇雨則吉"，知其非以坎爲雨也。

蹇

䷦ 蹇：利西南，不利東北。利見大人，貞吉。

上六：往蹇來碩，吉，利見大人。

九五：大蹇朋來。

六四：往蹇來連。

九三：往蹇來反。

六二：王臣蹇蹇，匪躬之故。

初六：往蹇，來譽。

《彖》曰：蹇，難也，險在前也。見險而能止，知矣哉！"蹇，利西南"，往得中也，"不利東北"，其道窮也。"利見大人"，往有功也。當位"貞吉"，以正邦也。蹇之時用大矣哉！

【卦名釋義】 蹇，止於險，難也。行難謂之蹇，言難亦謂之蹇。楚竹書《周易》作"訐"。《說文解字》："面相斥罪，相告訐也。"《玉篇》："攻人之陰私也。"《廣韻》："面斥人以言也。"《論語》："惡訐以爲直者。"

【釋讀】蹇卦：利於西南方，不利於東北方。此時利於大人出現，占祥徵兆。

《象》曰：山上有水，蹇。君子以反身修德。

《象傳》說：蹇卦的卦象爲高山上積水，艱難險阻。君子應該反省自己，提高品德修養。

初六：往蹇，來譽。

【釋讀】初六：出去很艱難，回來很舒適。

《象》曰："往蹇來譽"，宜待也。

《象傳》說："往蹇來譽"，適合等待時機，不要輕舉妄動。

譽：名美稱"譽"。譽，又通作"豫"。《詩經·小雅·蓼蕭》："燕笑語兮，是以有譽處兮。"毛傳："譽，善聲也。處，安樂也。"蘇轍《詩集傳》曰："譽、豫通。凡詩之譽，皆言樂也。"又《韻會小補》："'譽'通作'與'。"《禮記·射義》："則燕則譽。"鄭注云："譽，或爲與。"

【象解】坎爲蹇難。《易林》以艮爲名，爲名故爲譽。參看蠱卦六五："幹父之蠱，用譽。"初曰"往蹇"，前臨重坎；初六處艮卦之下，往无應，故宜待時而動也。

六二：王臣蹇蹇，匪躬之故。

【釋讀】六二：臣子爲了君王之事努力奔走在危難之中，不是爲了自己的事情。

《象》曰："王臣蹇蹇"，終无尤也。

《象傳》說："王臣蹇蹇"，最終是不會有人責怪的。

王臣蹇蹇：《說文解字》："蹇，跛也。""蹇蹇"猶言犯難、履險。匪，當讀爲"非"。《說苑·正諫》："《易》曰：'王臣蹇蹇，匪躬之故。'人臣之所以蹇蹇爲難，而諫其君者非爲身也，將欲以匡君之過，矯君之失也。"

匪躬之故：故，事也。

【象解】艮爲臣僕，六二居中，故曰"王臣"；二臨重坎，故曰"王臣蹇蹇"。艮爲躬，六二承陽應五，"匪躬之故"也。

九三：往蹇來反。

【釋讀】九三：去時艱難，只好返回來。

《象》曰："往蹇來反"，内喜之也。

《象傳》説："往蹇來反"，因爲内裏更喜歡它。

往蹇來反：《莊子·秋水》："以道觀之，何貴何賤，是謂反衍；无拘而志，與道大蹇。"

【象解】尚秉和《周易尚氏學》："往遇險，反據下二陰則利也。故曰'往蹇來反'。"九三往應上六遇坎，故曰"往蹇"。

六四：往蹇來連。

【釋讀】六四：出去的時候艱難，回來又拉著車行走。

《象》曰："往蹇來連"，位當實也。

《象傳》説："往蹇來連"，是指六四爻位置處於兩個陽爻之間。

連："連""輦"爲古今字。《廣韻》："輦，人步輓車也。"段玉裁《説文解字注》曰："連即古文輦也。"又"負車者，人輓車而行。車在後如負也。"《詩經·小雅·黍苗》："我任我輦，我車我牛。"鄭箋云：輦，輓輦者。

【象解】坎爲蹇難，六四居兩坎陽爻之間，往來皆難。互坎爲輪，下艮爲負，六四視下如負車而行，故爲"來連"。

九五：大蹇朋來。

【釋讀】九五：處境極爲艱難，有朋友來相助。

《象》曰：“大蹇朋來”，以中節也。

《象傳》說：“大蹇朋來”，表明能够堅守中道節義，所以有人前來相助度過危難。

朋：朋，友也，同類。《詩經·小雅·常棣》：“每有良朋，烝也無戎。”“朋”又通“崩”，《説文解字》：“崩，山壞也。”《詩經·小雅·天保》：“如月之恒，如日之升，如南山之壽，不騫不崩。”“不騫不崩”謂之不損壞不崩塌，擬壽之高如山也。“崩”通“逬”，《説文解字》：“逬，走散也。”《正韻》：“逬，逸走也，涌也。”《詩經·小雅·無羊》：“矜矜兢兢，不騫不崩。”“不騫不崩”爲不零星走失，不散群。

【象解】坎爲蹇，九五陽爻，故爲“大蹇”。内卦爲艮，艮爲朋，九五視之如震，震爲崩，五二陰陽相應，故爲“朋來”。

上六：往蹇來碩，吉，利見大人。

【釋讀】上六：去時艱難，回來卻大有收穫，吉利，有利於出現大人。

《象》曰：“往蹇來碩”，志在内也。“利見大人”，以從貴也。

《象傳》說：“往蹇來碩”，要和内部的人同心合力。“利見大人”，所追隨的是貴人。

碩：《説文解字》：“頭大也。”《釋詁》、毛傳皆曰“碩，大也”。又《增韻》：“充實也。”《詩經·衛風·考槃》及《詩經·衛風·碩人》之碩人有賢、美之義。

【象解】上六往應九三則見妒於九五，前行遇坎，故曰“往蹇”；九三陽爻來應，則爲“來碩”，艮卦一陽稱“碩”。參看剥卦上六“碩果不食”。

解

䷧ 解：利西南，无所往，其來復吉。有攸往，夙吉。

上六：公用射隼于高墉之上，獲之，无不利。

六五：君子維有解，吉，有孚于小人。

九四：解而拇，朋至斯孚。

六三：負且乘，致寇至，貞吝。

九二：田獲三狐，得黃矢，貞吉。

初六：无咎。

《彖》曰：解，險以動，動而免乎險，解。"解，利西南"，往得衆也。"其來復吉"，乃得中也。"有攸往，夙吉"，往有功也。天地解而雷雨作，雷雨作而百果草木皆甲坼。解之時大矣哉！

【卦名釋義】動而出乎險爲解。決爲斷，解爲出，出乎險也。困則有悔，解則悔亡。《説文解字》："解，判也。从刀判牛角。一曰解廌，獸也。"《康熙字典》："《集韻》：'獬豸，獸名。'《淮南子·主術訓》：'楚文王好服獬冠。'《廣韻》：'字林字樣俱作解廌。'"《史記·司馬相如列傳》："弄解豸。"司馬貞注："解豸，似鹿，一角，一名神羊。古者決訟，令觸不直者。唐御史法冠，一名解廌冠，取其能觸邪也。”“解”“繲”“懈”“獬”古音一而得通假。

【釋讀】解卦：利於西南方，不要去別的地方，返回來纔吉利。去遠的地方，早去早回纔吉利。

《象》曰：雷雨作，解。君子以赦過宥罪。

《象傳》說：解卦的卦象是坎下震上，雷雨交加，萬物舒展生長。君子應赦免饒恕有過錯和罪行的人，使他們在寬鬆的環境下，得到解脫和新生。

初六：无咎。

【釋讀】初六：没有過失。

《象》曰：剛柔之際，義无咎也。

《象傳》說：處在剛柔相濟的位置，道義上應該是不會有什麼過失的。

【象解】初六遠有應近承陽，故雖遇坎而无咎。

九二：田獲三狐，得黃矢，貞吉。

【釋讀】九二：打獵時捕獲許多隻狐狸，又得到了黃色箭矢，非常吉祥。

《象》曰：九二貞吉，得中道也。

《象傳》說：九二之所以得吉，是因爲它能够遵循中正之道。

田獲三狐：田，通“畋”。《説文解字》：“畋，平田也。从攴、田。《周書》曰：‘畋尔田。’”《廣韻》：“取禽獸也。”師卦之六五爻云：“田有禽”，《周易集解》引虞翻曰：“田，獵也”，即打獵。

獲，《説文解字》：“獲，獵所獲也。从犬蒦聲。”

得：《説文解字》：“行有所得也。”《玉篇》：“獲也。”《韻會》：“凡有求而獲皆曰得。”

【象解】坎爲心，爲狐，坎一陽入於二陰，故爲刺，爲棘，亦爲矢。中爻故稱“黄矢”。

六三：負且乘，致寇至，貞吝。

【釋讀】六三：有人肩扛著東西，同時還有人乘坐大車，招來强盗，困難重重之兆。

《象》曰：“負且乘”，亦可醜也。自我致戎，又誰咎也？

《象傳》説：“負且乘”，行爲還是太醜陋了。由於自己的原因而招致兵寇，這又能去責怪誰呢？

負且乘：負，《説文解字》：“恃也。從人守貝，有所恃也。”《釋名》：“負，背也。置項背也。”《玉篇》：“負，擔也。或作偩。”《廣韻》：“荷也。”《正字通》：“俗乘字。”乘，《廣韻》：“駕也，登也。”《國語·吴語》“負任儋何”之負，韋昭注云“背曰負”。

【象解】下坎卦爲車，三爻在車上，故曰“乘”；上震外向視之艮，艮爲負何，故曰“負且乘”。坎爲寇。上下皆坎，故“致寇至”，坎難故“貞吝”。

九四：解而拇，朋至斯孚。

【釋讀】九四：綁縛著的大腳趾被解開了，有同夥過來幫忙拉走了這個俘虜。

《象》曰：“解而拇”，未當位也。

《象傳》説：“解而拇”，是因爲其所處位置不正的緣故。

解而拇，朋至斯孚：帛書《周易》作：“解其栂，傰至此復。”帛書“此”，今本作“斯”，《爾雅·釋詁》：“斯，此也。”二字音近義同。今本"朋"，帛書本作"倗"，竹書殘缺。朋，指朋黨，即同夥。朋、倗同韻，故可相通。《集韻·登韻》："倗，姓也，前漢有南山群盜倗宗。"

【象解】艮爲指，震爲足。九四前遇重陰，陽遇陰則通，義不應初，故曰"解而拇"。拇，腳趾也。艮爲山，震覆艮，故爲崩。震卦一陽在下，又爲來，爲臨。臨卦即爲大震卦。

六五：君子維有解，吉，有孚于小人。

【釋讀】六五：君子被困，能從中解脱出來，吉利，小人則被抓住受懲罰。

《象》曰：君子有解，小人退也。

《象傳》説：君子能够解脱危難，小人則畏懼退縮。

維有解：維，拘係，束縛。參看隨卦上六"拘係之，乃從維之"。《周易集解》引虞翻曰："繩兩係稱維。"

【象解】重坎象"維"；震爲君子，上互卦下卦皆坎，六五處上震卦，動而出乎坎，故君子"維有解"；若六五陰爻，則爲小人處坎上，下應九二坎卦，坎爲陷爲孚，故曰"有孚于小人"。

上六：公用射隼于高墉之上，獲之，无不利。

【釋讀】上六：王公射殺盤踞在高高城牆之上的鷹隼，一箭射中，没有什麼不利的。

《象》曰："公用射隼"，以解悖也。

《象傳》説："公用射隼"，君主應如此平息解除悖逆之亂。

公用射隼：周代爵名分爲公、侯、伯、子、男五等，五等之首曰公。《書·微子之命》："庸建爾於上公。"《孟子·萬章下》所述，"天子之制，地方千里。公侯皆方百里，伯七十里，子、男五十里，凡四等”。又三公官名。《韻會》：“周太師、太傅、太保爲三公。”鼎卦九四“鼎折足，覆公餗”。《左傳·隱公五年》：“鳥獸之肉不登於俎，皮革、齒牙、骨角、毛羽不登於器，則公不射，古之制也。”打獵時所遇鳥獸之肉，若不能用作祭祀之用，其皮革、牙齒、骨頭、角、毛髮、羽毛，不能用於製作器物之用，那麼公不射殺它們，這是自古以來的制度。

隼，帛書《周易》作“敦”。《詩經·周頌·有客》：“有萋有且，敦琢其旅。”《毛詩正義》：“敦、雕古今字。”《説文解字》：“雕，鷻也。”故此“敦”當是“鷻”字之假借。《説文解字》：“雕，祝鳩也。從鳥隹聲。隼，雕或從隹一。一曰鶽字。”段玉裁注曰：“按此鶽字即鷻字，轉寫混之。”“隼”“鷻”古同字也。《周易集解》引《九家易》曰：“隼，鷙鳥也。”《國語·魯語》：“有隼集於陳侯之庭而死。”韋昭注曰：“隼，鷙鳥，今之鶚也。”鶚爲一種大型雕類猛禽。

墉：城牆。《説文解字》：“墉，城垣也。”帛書《周易》作“庸”，二字古籍中多通用，如《詩經·大雅·崧高》：“因是謝人，以作爾庸。”毛傳曰：“庸，城也。”此“城”即爲城牆之義。

【象解】震爲公，爲射，爲隼。《易林》以震爲鴻鵠，故爲隼。詳見《焦氏易詁》。艮爲城牆，覆艮爲鳥墜，上六居震之終即艮之初爻，如射隼落於城下，故曰“獲之”。參看小過卦上六所釋。“无不利”者，離坎遠也。

損

䷨ 損：有孚，元吉，无咎，可貞，利有攸往。曷之用二簋，可用享。

上九：弗損益之，无咎，貞吉，利有攸往，得臣无家。

六五：或益之十朋之龜，弗克違，元吉。

六四：損其疾，使遄有喜，无咎。

六三：三人行，則損一人。一人行，則得其友。

九二：利貞，征凶，弗損益之。

初九：已事遄往，无咎，酌損之。

《彖》曰：損，損下益上，其道上行。損而"有孚，元吉，无咎，可貞，利有攸往。曷之用二簋，可用享"。二簋應有時，損剛益柔有時。損益盈虛，與時偕行。

【卦名釋義】損卦由泰卦卦變而來，損下益上曰損。泰則易損，天地之道也。《道德經》第四十二章："人之所惡，唯孤、寡、不穀，而王公以爲稱。故物或損之而益，或益之而損。"兌卦爲損，故內卦三爻多有損；艮卦爲益，則外卦三爻或有益。"曷之用二簋"，損中有益也；二至上正覆震，二簋也。

【釋讀】損卦：有俘獲，大吉，不會招來禍患，可行之兆，利於前往遠方。有人贈送兩簋，可以作祭祀之用。

曷：聞一多《周易義證類纂》引《漢書‧廣川惠王越傳》："盡取善繒匄諸宮人。"注曰："匄，乞遺之也。"聞氏認爲曷讀作匄，金文匄字亦多用此義。匄，同"丐"。王念孫《廣雅疏證》云："斂爲欲而又爲與，乞、丐爲求而又爲與。"

《書‧湯誓》："有眾率怠，弗協，曰：'時日曷喪，予及汝皆亡！'"經非此義。

《春秋公羊傳‧桓公二年》何休注："天子九鼎，諸侯七，卿大夫五，元士三也。"鼎數以奇數爲用，簋數以偶數爲用。通常天子用九鼎八簋，而諸侯則用七鼎六簋，卿大夫用五鼎四簋，士則只用三鼎二簋。

《象》曰：山下有澤，損。君子以懲忿窒欲。

《象傳》說：損卦爲山下有湖澤之象。君子應該控制憤怒的情緒，杜絕不良的欲望。

初九：已事遄往，无咎，酌損之。

【釋讀】初九：祭祀之事趕快前去，這樣不會有過失，飲酒要仔細斟酌把握分寸。

《象》曰："已事遄往"，尚合志也。

《象傳》說："已事遄往"，與上志趣相投。

已事：帛書《周易》作"巳事"。《周易正義》從王弼本作"已事"。《周易集解》作"祀事"，虞翻曰："祀，祭祀……祀，舊作巳也。"

酳:《説文解字》:"盛酒行觴也。"段玉裁注曰:"盛酒於觶[zhì]中以飲人曰行觴。"

【象解】兌爲亨,亨、享、饗通,爲祭祀。初九上應六四,兌爲速,故曰"遄",上艮稱"事"。兌卦爲損,籃爲互震,初九應陰,故宜"酳損"。

九二:利貞,征凶,弗損益之。

【釋讀】九二:有利之兆,出征有凶險,不宜減損,這樣纔能得到增益。

《象》曰:九二利貞,中以爲志也。

《象傳》説:九二利貞,是因爲九二爻志在守中。

【象解】二五相應故利貞。震爲征,往應六五,遇陰則通,而曰"征凶",皆因九二再往則損之又損,宜深戒之,故曰"弗損益之"。外卦艮爲止,故九二不宜動而往應六五。尚秉和《周易尚氏學》:"弗損者,即貞於二不動,不再損下也。弗損即益二矣,故曰益之。夫貞我侮彼,泰三陽三陰,而陽全在我,此所以爲泰也。損我一陽以益外,已非善征,若損之不已,則成否矣。否天地閉,賢人隱,故於二爻著以爲戒,曰利貞,曰征凶。"此爻言損益之道甚明。

六三:三人行,則損一人。一人行,則得其友。

【釋讀】六三:三個人同行,則會減少一個人。一個人獨自行動,則能遇到志同道合的朋友。

《象》曰:"一人行",三則疑也。

《象傳》説:一個人走路,遇到人則可作伴,三個人一起走路,就會相互猜疑。

【象解】《周易尚氏學》:"泰三陽原爲三人,今成兌,損一人矣,損三以益上。上乘重陰，陽以陰爲友，故曰‘一人行則得其友’。友謂四五。”此爻示卦變之理。

六四：損其疾，使遄有喜，无咎。

【釋讀】六四：減輕病情，趕快去祭祀求神靈護佑，則有喜慶，沒有過失。

《象》曰：“損其疾”，亦可喜也。

《象傳》說：“使病情減輕”，也是十分可喜的事情。

使遄有喜：李鏡池《周易通義》：“使，使人祭祀。卜辭說使人於某，是使人往祭之意。”遄，速也。

【象解】六四互震，震爲鍼砭，故“損其疾”。震終艮初，六四居之，下應於兌，宜速往祭。李光地《御纂周易折中》：“然四之應初而吉者，亦唯以六四應初九耳。蓋初九爲剛德之賢，而六四有善下之美。”

六五：或益之十朋之龜，弗克違，元吉。

【釋讀】六五：有人贈送價值十朋的大寶龜，不能違背龜卜，大吉大利。

《象》曰：六五元吉，自上祐也。

《象傳》說：六五之所以大吉，是上天保佑的結果。

十朋之龜：貝幣。《周易集解》引崔憬：“雙貝曰朋也。”《詩經·小雅·菁菁者莪》：“既見君子，錫我百朋。”鄭玄箋曰：“古者貨幣，五貝爲朋。”王國維《說珏朋》：“余意古制貝玉皆五枚爲一系，合二系爲一珏，若一朋。”

弗克違：聞一多《周易義證類纂》釋“弗克違”即謂不違龜。

【象解】艮爲龜。《周易集解》引侯果曰：“內柔外剛，龜之象也。"六五承陽，艮止安順，陰不違陽，故"弗克違"。

上九：弗損益之，无咎，貞吉，利有攸往，得臣无家。

【釋讀】上九：不宜減損，這樣纔能得到增益，没有過失，吉利之兆，去遠方行事，能得到失去主人的臣僕。

《象》曰："弗損益之"，大得志也。

《象傳》説："弗損益之"，心願得到極大的滿足。

得臣无家：《廣韻》："臣，伏也。仕於公曰臣，任於家曰僕。"《周禮·夏官·序官》"家宗人"鄭注云："家，謂大夫所食采邑。""无家"即臣僕失去采邑之主人。

【象解】艮止勿動，故曰"弗損"，弗損則益；上據重陰，遇陰則通，故"利有攸往"，艮爲臣僕，往則"得臣"；艮又爲家，互震覆艮，上不返三，故爲"无家"。有應"无咎"，大得"貞吉"。

益

益：利有攸往，利涉大川。

上九：莫益之，或擊之，立心勿恒，凶。

九五：有孚惠心，勿問元吉。有孚惠我德。

六四：中行，告公從，利用爲依遷國。

六三：益之用凶事，无咎。有孚中行，告公用圭。

六二：或益之十朋之龜，弗克違，永貞吉。王用享于帝，吉。

初九：利用爲大作，元吉，无咎。

《彖》曰：益，損上益下，民説无疆，自上下下，其道大光。"利有攸往"，中正有慶。"利涉大川"，木道乃行。益動而巽，日進无疆。天施地生，其益无方。凡益之道，與時偕行。

【卦名釋義】　益卦由否卦卦變而來，損上益下曰益。否極泰來，則必益之。巽卦爲益，震卦爲損。尚秉和《周易尚氏學》曰："按否泰者，天道之自然，爲運會所必有，故以次於上經十卦之後；損益者人事之進退，爲人爲之所關，故以次於下經第十卦之後。十者數之終，終則變，變則否泰迭更，損益互見。此其義也。"

【釋讀】　益卦：利於前往遠方，利於渡过大的河流。

《象》曰：風雷，益。君子以見善則遷，有過則改。

《象傳》說：益卦的卦象爲狂風和驚雷互相激蕩，相得益彰。君子看到良好的行爲就馬上向它看齊，有了過錯就馬上改正。

初九：利用爲大作，元吉，无咎。

【釋讀】　初九：適於耕作種莊稼，大吉，沒有過失。

《象》曰："元吉无咎"，不厚事也。

《象傳》說："元吉无咎"，不適合鋪張排場之事。

大作：作，生也。《周易集解》引虞翻曰："大作謂耕播耒耡之利，蓋取諸此也。"引侯果曰："大作，謂耕植也。處益之始，居震之初。震爲稼穑，又爲大作。益之大者，莫大耕植。故初九之利，利爲大作。若能不厚勞於下民，不奪時於農畯，則大吉无咎矣。"《詩經·周頌·天作》："天作高山，大王荒之。彼作矣，文王康之。彼徂矣，岐有夷之行。子孫保之。"

作，一爲"營造""建築"，則大作有大興土木之義。《詩經·鄘風·定之方中》："定之方中，作于楚宫。揆之以日，作于楚室。"《詩經·小雅·鴻雁》："之子于垣，百堵皆作。"

初爻於義似不應爲大興土木。《象》曰："不厚事也。"《彖》曰："木道乃行，益動而巽。"即言耒耜耕作之利。"天施地生，其益无方。"即言風雷並作，萬物並生，廣益四方，此正釋"大"之義也。《繫辭下》："包犧氏没，神農氏作，斲木爲耜，揉木爲耒，耒耡之利，以教天下，蓋取諸益。"《國語·周語上》："宣王即位，不籍千畝。虢文公諫曰：'不可。夫民之大事在農。……先時五日，瞽告有協風至……是日也……稷則遍誡百姓紀農協功，曰：陰陽分布，震雷出滯。'土不備墾，辟在司寇。……是時也，王事惟農是務，無有求利於其官以干農功。"協風爲春日之風，宜農事。

【象解】坤爲地，震爲耒耜，爲耕，爲作，爲生。卦體順而動，故"利用爲大作"。初爻有應，遇陰則通，陽故稱大。

六二：或益之十朋之龜，弗克違，永貞吉。王用享于帝，吉。

【釋讀】六二：有人贈送價值十朋的大寶龜，不能違背龜卜，長久保持纔是吉祥之兆。君王祭祀天神祈福保佑，吉利。

《象》曰："或益之"，自外來也。

《象傳》説："或益之"，這種好事是從外面送上門來的。

【象解】互艮爲龜，艮陽爻居君位，故稱"十朋之龜"；巽爲疑，二得陽應，故"或益之"。震爲簋，簋亦爲祭祀禮器之用，六二順應九五，陰不違陽也，故"弗克違"。六二互坤爲永，坤虛則受益。《周易集解》引虞翻曰："震稱帝，王謂五。"其益自外，故用應爻之象。

六三：益之用凶事，无咎。有孚中行，告公用圭。

【釋讀】六三：幫助解除危難和災禍，沒有過失。有獲益，中正之行，使節手執珍圭徵召公侯。

《象》曰：益用凶事，固有之也。

《象傳》説：將有益的東西用於幫助解救危難之事，使得百姓能安居樂業固守其土。

凶事：帛書《周易》作"工事"。"凶""工"二字音通。俞琰《周易集説》："凶事，凶年救荒之事也。"《周禮·地官·遺人》："縣都之委積，以待凶荒。"賈公彥疏："凶荒，謂年穀不熟。"

中行：謂中正之道、中正之行也。《論語·子路》："不得中行而與之，必也狂狷乎！狂者進取，狷者有所不爲也。"

告公用圭：告，通"誥"。《説文解字》："誥，告也。"段玉裁注曰：“按以言告人，古用此字，今則用告字，以此語爲上告下之字。又秦造詔字，惟天子獨稱之。”《廣雅》：“告，教也。”姤卦“后以施命誥四方”。《周禮·春官·大祝》：“作六辭，以通上下、親疏、遠近……三曰誥。”注引杜子春曰：“誥，當爲告。書亦或爲告。”

　　圭，《禮記·郊特牲》：“大夫執圭而使，所以申信也。”《周易集解》引《九家易》曰：“天子以尺二寸玄圭事天，以九寸事地也。上公執桓圭，九寸；諸侯執信圭，七寸；諸伯執躬圭，七寸；諸子執穀璧，五寸；諸男執蒲璧，五寸。五等諸侯，各執之以朝見天子也。”此出自《周禮·春官·典瑞》。《周禮·春官·典瑞》：“珍圭以徵守，以恤凶荒。”注曰：“杜子春云：珍當爲鎮，書亦或爲鎮。以徵守者，以徵召守國諸侯，若今時徵郡守以竹使符也。鎮者，國之鎮，諸侯亦一國之鎮，故以鎮圭徵之也。凶荒則民有遠志，不安其土，故以鎮圭鎮安之。玄謂：珍圭，王使之瑞節，制大小當與琬琰相依。王使人徵諸侯，憂凶荒之國，則授之，執以往，致王命焉，如今時使者持節矣。恤者，開府庫振救之。凡瑞節，歸又執以反命。”

　　【象解】《周易尚氏學》：“益之用凶事，言上來益三，爲五所阻。大畜初九所謂有屬也，故曰‘凶事’。”“中行謂五，有孚中行者，言三與二四，同孚於五也。”尚氏此説疑非，中孚卦以三、四爲六爻之中，故名之中孚。坤爲虛乏，故爲“凶事”，有應則災解之自外也。六三坤中，正覆艮間，“固有之也”，安土重遷之義。艮爲求，震爲公；艮爲山爲石，亦爲玉爲圭。《焦氏易詁》：“九家逸象震爲玉，是以《易林》每遇震，即言珠玉珪璋瑚璉。”參看豐卦六五釋。

　　六四：中行，告公從，利用爲依遷國。

　　【釋讀】六四：中正而行，徵召公侯，公侯答應依從，願意施行建造城邑遷徙國都這樣的大事。

《象》曰："告公從"，以益志也。

《象傳》說："告公從"，更增加了君王決策的信心。

爲依遷國：帛書《周易》作"爲家遷國"，《周易集解》作"爲依遷邦"。"邦"與"告公從"之"從"字古音皆東部，諧韻，當爲避漢高祖劉邦之諱而改，作"邦"爲是。《周禮·天官·大宰》："掌建邦之六典，以佐王治邦國。"注曰："大曰邦，小曰國。""家"與"邦"相對，"家"爲采邑，依於邦也。《詩經·小雅·我行其野》："爾不我畜，復我邦家。"

告公從：當爲"告公，公從"之省文。

【象解】巽爲告命，五爻爲君，六四承陽，巽爲順，艮爲從，故"告公從"，從君也。坤爲邑國，上巽爲利。六四應初震，震爲作，故曰"爲"曰"遷"。

九五：有孚惠心，勿問元吉。有孚惠我德。

【釋讀】九五：抓俘虜順利我心很寬慰，不需要賜予財物也大吉。何況所俘獲的還惠賜於我，被我所得到。

《象》曰："有孚惠心"，勿問之矣。"惠我德"，大得志也。

《象傳》說："有孚惠心"，不需要獲贈財物也吉利。"惠我德"，心願得到了極大的滿足。

有孚惠心：《爾雅·釋言》："惠，順也。"《廣雅·釋言》："惠，賜也。"《論語》："君子惠而不費。"王弼《周易注》曰："惠而不費，惠心者也。"聞一多《周易義證類纂》："然則惠問皆施予之謂，惟以德施曰惠，以財施曰問耳。有孚惠心，以德惠人而不費財物也。"

問：《正字通》："古謂遺曰問。"《廣韻》："遺，失也，贈也。"《詩經·鄭風·女曰雞鳴》："雜佩以問之。"毛傳："問，遺也。""問之"與"贈之""報之"句相連，義相類，"問"有關心之義。

【象解】巽爲順，爲心，惠心，順心也。乾爲心，乾之一陽來初，"惠心"也。震爲問，五爻艮止覆震，故曰"勿問"，九五君位，故"勿問元吉"也。三陰皆順承九五陽爻，爲"有孚惠我德"。

上九：莫益之，或擊之，立心勿恒，凶。

【釋讀】上九：不僅沒有人助益它，還有可能遭到攻擊，心意不定，凶險。

《象》曰："莫益之"，偏辭也。"或擊之"，自外來也。

《象傳》説："莫益之"，想受益是一廂情願之辭。"或擊之"，還有可能遭到外來的攻擊。

【象解】上九居益卦之極，物極必反，宜損之，損上益下也，自求他益，是爲損下益上，故"莫益之"也；若下應六三則爲九五陽爻所阻，五爻互艮，艮爲禦，爲角，巽爲進退爲不果，爲疑，故曰"或擊之"；上九處巽卦之終，巽一陰在下，本弱下撓也，亦爲不恒，巽爲憂疑，亦爲心，故曰"立心勿恒"，義同恒卦九三"不恒其德"。《易林》以巽卦爲心。

【附】孔子讀《易》

《淮南子》："孔子讀《易》至損益，未嘗不憤然而歎曰：'損益者，其王者之事與？事或欲以利之，適足以害之；或欲以害之，乃反以利之。利害之反，禍福之門户，不可不察也。'"又《説苑》："孔子讀《易》至於損益，則喟然而歎，子夏避席而問曰：'夫子何爲歎？'孔子曰：'夫自損者益，自益者缺，吾以是歎也。'"

夬

夬：揚于王庭，孚號有厲，告自邑，不利即戎，利有攸往。

上六：无號，終有凶。

九五：莧陸夬夬，中行无咎。

九四：臀无膚，其行次且。牽羊悔亡，聞言不信。

九三：壯于頄，有凶。君子夬夬，獨行遇雨，若濡有慍，无咎。

九二：惕號，莫夜有戎，勿恤。

初九：壯于前趾，往不勝爲咎。

《彖》曰：夬，決也，剛決柔也。健而説，決而和。“揚于王庭”，柔乘五剛也。“孚號有厲”，其危乃光也。“告自邑，不利即戎”，所尚乃窮也。“利有攸往”，剛長乃終也。

【卦名釋義】夬，以剛絶柔也，爲十二消息卦。《説文解字》：“玦，玉佩也。”《廣韻》：“佩如環而有缺，逐臣待命於境，賜環則返，賜玦則絶。義取訣。”《白虎通義》：“君子能決斷則佩玦。”《國語·晉語》韋昭注曰“玦如環而缺”，其象爲夬卦。夬卦陽進而陰退，内圓而外缺，故其動而有憾，非盡美也。夬、萃、困、革四卦，示天地水火之序。

【釋讀】夬卦：在君王的宮廷揚干戚而舞，俘虜嚎叫呼喊，有危險，從封邑傳來昭告，不利於興兵打仗，有利於前往另外很遠的地方。

揚于王庭：《詩經·大雅·公劉》："弓矢斯張，干戈戚揚。"《禮記·樂記》："樂者，非謂黃鐘大呂弦歌干揚也，樂之末節也，故童者舞之。"干揚指揚干而舞。《禮記·樂記》："干戚之舞，非備樂也。"鄭玄注曰："樂以文德爲備，若《咸池》者。孔子曰：'《韶》，盡美矣，又盡善也。'謂'《武》，盡美矣，未盡善也'。"《禮記·郊特牲》："諸侯之宮縣，而祭以白牡，擊玉磬，朱干設錫，冕而舞《大武》，乘大路，諸侯之僭禮也。"鄭玄注曰："白牡、大路，殷天子禮也。"《墨子》："然即當爲之撞巨鐘、擊鳴鼓、彈琴瑟、吹竽笙而揚干戚，民衣食之財，將安可得乎？"《淮南子·齊俗訓》："故當舜之時，有苗不服。於是舜修政偃兵，執干戚而舞之。"《淮南子·氾論訓》："舜執干戚而服有苗。"《韓非子·五蠹》："當舜之時，有苗不服，禹將伐之。舜曰：'不可。上德不厚而行武，非道也。'乃修教三年，執干戚舞，有苗乃服。"執干戚舞之"干""戚"，爲盾牌與大斧兩種兵器，亦作舞具之用。

告自邑：告，誥也，命也，釋見泰卦上六"自邑告命"，益卦六四"告公用圭"。帛書《昭力》篇：又問曰：泰之"自邑告命"，何謂也？子曰："昔之賢君也，明以察乎人之欲惡，《詩》《書》以成其慮，外內親賢以爲紀綱，其人弗告則弗識，弗將不達，弗遂不成。《易》曰泰之'自邑告命，吉'，自君告人之謂也。"

不利即戎：即戎，用兵打仗。《論語·子路》："善人教民七年，亦可以即戎矣。"王弼《周易注》曰："用剛即戎，尚力取勝也。"

《象》曰：澤上於天，夬。君子以施祿及下，居德則忌。

《象傳》說：夬卦爲湖水蒸騰上天之象。君子應該向下屬廣施恩惠，如果高高在上以德自居，就會遭到忌恨。

【象解】乾爲干，爲盾牌；兑爲戚，爲斧鉞。

初九：壯于前趾，往不勝爲咎。

【釋讀】初九：傷了前腳趾，不能往前走了，受到責怪。

《象》曰：不勝而往，咎也。

《象傳》說：不能走還要去，所以纔受到了責怪。

【象解】壯，傷也。陽遇陽得敵，故傷。初爻類象爲趾。于鬯《香草校書》："此趾當謂獸趾，惟獸趾有前後，言前趾，別於後趾也。若人之趾無所謂前後，則但言壯于趾可矣，何必云'前趾'乎？孔義解前趾爲'前進其趾'，則'壯于'之義不可通。"

九二：惕號，莫夜有戎，勿恤。

【釋讀】九二：因爲恐懼而哭叫呼喊，黄昏和深夜裏有敵寇進犯，不用擔憂。

《象》曰："有戎勿恤"，得中道也。

《象傳》說："有戎勿恤"，這是因爲九二爻處在下卦的中位，可以化險爲夷。

【象解】乾爲惕，所惕者爲外兑卦也。尚秉和《周易尚氏學》："兑爲昧谷，故爲莫爲夜；兑爲毀折，爲兵戎，故曰'莫夜有戎'。兑五不應乾二，故雖有虚驚，實不足憂恐也。二爻居中位得吉，故'勿恤'。"

九三：壯于頄，有凶。君子夬夬，獨行遇雨，若濡有愠，无咎。

【釋讀】九三：顴骨受傷，有凶險。君子急匆匆獨自而行，遇到下雨渾身淋濕，感覺惱怒，没有過失。

《象》曰："君子夬夬"，終无咎也。

《象傳》説："君子夬夬"，最終不會受到責怪。

壯于頄：頄，《玉篇》："面顴也。"

若濡有愠：濡，沾濕也；愠，惱怒也。

【象解】乾爲頭，三爻居乾卦之上，故爲顴骨。乾爲君子，九三承乘皆陽，遇敵故傷；一陽獨應於上，故爲"夬夬獨行"。上兑爲雨，曰"遇雨"，曰"若濡"。有應則"无咎"。夬卦類象可參看需卦。

九四：臀无膚，其行次且。牽羊悔亡，聞言不信。

【釋讀】九四：屁股上的皮膚蹭破了，一瘸一拐走路困難。行牽羊禮以示降服，則可以消除悔吝之事，無奈聽到這些話的人並不相信。

《象》曰："其行次且"，位不當也。"聞言不信"，聰不明也。

《象傳》説："其行次且"，是因爲所處位置失當。"聞言不信"，説明聽不進去別人的意見。

其行次且：次且，同"趑趄"。《説文解字》："趑趄，行不進也。"《廣雅》："趑趄，難行也。"趑趄，行走困難之貌。

牽羊：牽，《説文解字》："引前也。从牛，象引牛之縻也。"《玉篇》："連也。"小畜卦九二"牽復吉"，孔穎達疏曰"牽謂牽連"。《經典釋文》："牲生曰牽。"使用活的犧牲叫作"牽"。《左傳·宣公十二年》："鄭伯肉袒牽羊以逆。"馬其昶《周易費氏學》曰："古有諸侯屈服行成，牽羊以逆，示爲奴僕。"屈萬里《周易爻辭中之習俗》（《文史哲季刊》第一卷第二期，一九四三年）："今按古者戰鬥之際，以牽羊示降服。《左傳春秋·宣公十二年》：'楚子圍鄭……鄭伯肉袒牽羊以逆。'杜預注云：'肉袒牽羊，示服爲臣僕。'《吕氏春秋·行論》：'楚莊王圍宋，宋公肉袒牽犧，委服告病曰：'大國若宥圖之，唯命是聽。'《史記·宋微子世家》:'周武王伐紂克殷,微子乃持其祭器,造於軍門,肉袒而縛,左牽羊,左把茅,膝行而前以告,於是武王乃釋微子。'凡此皆以見先秦有'肉袒牽羊,示服爲臣僕'之俗。至於降服何以牽羊,昔人无説。蓋古者有以俘虜與祭品之習,等人於犧(説詳前用俘祭祀節)。意牽羊者殆所以示代己爲犧,祈免己於死乎?此夬九四:'牽羊悔亡'之語,蓋即'降服則悔亡'之義。彼臀无膚而行次且之人,必系鬥争失敗,故或人勸其降服也。至其人聞言不信者,象傳以'聰(古與聽字通用)不明也'説之,是否固毋庸深究矣。"

聞言不信:聞一多《周易義證類纂》曰:"案《史記·補龜策列傳》曰:'命曰:首仰足肣,有内无外……行者聞言不行,來者不來,聞盜不來,聞言不至,徒官聞言不徒……歲中有兵,聞言不鬭。'《易》:'聞言不信'當即此類。夬九四王注:'剛亢不能納言',以言爲忠言;困正義:'巧言飾(今作能,此依毛本)辭,人所不信',又以言爲讒言,殆不然矣。"

【象解】尚秉和《周易尚氏學》:"伏艮爲膚,爲尾,故爲臀。臀尾閭也。艮伏故曰'无膚'。四爻失位,承乘皆陽,故'其行次且'。兌爲羊,爲祭祀,爲行牽羊之禮。巽爲憂疑,則兌爲悔亡。兌爲口,亦爲耳,故爲'聞言',與初无應,故爲'不信'。

九五:莧陸夬夬,中行无咎。

【釋讀】九五:細角山羊蹦跳疾行,行走在道路中間,沒有過失。

《象》曰:"中行无咎",中未光也。

《象傳》説:"中行无咎",表明守持中道僅得免禍並未大放光彩。

莧陸:莧,《説文解字》:"山羊細角者,從兔足。"陸,借爲"踛",蹦跳而跑。一説爲草。《周易正義》曰:"莧陸,草之柔脆者,

《子夏傳》云：'莧陸，木根，草莖，剛下柔上也。'馬融、鄭玄、王肅皆云'莧陸，一名商陸'，皆以莧陸爲一。黄遇云：'莧，人莧也。陸，商陸也。'以莧陸爲二。案：注直云'草之柔脆'者，亦以爲一同於子夏等也。"尚秉和《周易尚氏學》："孟喜云：莧陸獸名。夬有兑，兑爲羊也。《説文解字》亦云莧'山羊細角'。諸家説此二字，人人異辭，獨孟氏於象密合。凡五皆謂中行，又夬夬於羊行貌獨切。鄭、虞等訓莧陸爲草屬，草焉有夬夬之象哉！"

夬夬：夬，《説文解字》："夬，分決也。"《象》曰："夬，決也，剛決柔也。"《序卦》："益而不已必決，故受之以夬，夬者決也。"夬通決，疾貌，本義爲快。《莊子·逍遥遊》"決起而飛"，《莊子·齊物論》"麋鹿見之而決驟"。夬夬，猶言疾走也，或言若莧菜陸草柔脆易斷。

中行：其行於道路中間，此爲本義。

【象解】兑爲羊。兑爲附決，爲夬。上六爲卦之主，九五雖得中而獨近陰，僅得无咎。李光地《御纂周易折中》："此言莧陸夬夬，猶姤言'包瓜'。"

上六：无號，終有凶。

【釋讀】上六：嚎叫呼喊没有用，最終有凶險。

《象》曰："无號之凶"，終不可長也。

《象傳》説："无號之凶"，終究是難以持久的。

【象解】兑爲口，巽爲號。陽長陰消，陰不可久也。

姤

䷫ 姤：女壯，勿用取女。

上九：姤其角，吝，无咎。

九五：以杞包瓜，含章，有隕自天。

九四：包无魚，起凶。

九三：臀无膚，其行次且，厲，无大咎。

九二：包有魚，无咎，不利賓。

初六：繫于金柅，貞吉，有攸往，見凶，羸豕孚蹢躅。

《彖》曰：姤，遇也，柔遇剛也。"勿用取女"，不可與長也。天地相遇，品物咸章也。剛遇中正，天下大行也。姤之時義大矣哉！

【卦名釋義】姤即遘，陰陽相遇。一陰承五陽，一女當五男，陰陽失衡，相遇非正，以五陽一陰則易傷也。夬、姤與剝、復相對。

【釋讀】姤卦：女子壯盛而易傷，不適合娶來做妻子。

女壯：壯，盛也，此其本義。盛則易傷，故亦訓"壯"爲"傷"。《周易集解》引虞翻曰："女壯，傷也。陰傷陽，柔消剛，故女壯也。"

王弼《周易注》曰："一女而遇五男，爲壯至甚，故不可取也。"

《象》曰：天下有風，姤。后以施命誥四方。

《象傳》說：姤卦的卦象爲風吹拂大地。正如風吹遍天地間各個角落一樣，君王宜頒佈政令通告天下。

初六：繫于金柅，貞吉，有攸往，見凶，羸豕孚蹢躅。

【釋讀】初六：綁上堅固結實的車閘，吉祥之兆，有遠行，遇到凶險，豬被捆綁起來而團團亂轉。

《象》曰："繫于金柅"，柔道牽也。

《象傳》說："繫于金柅"，陰柔需要依附於陽剛的牽引。

金柅：柅，《說文解字》："木名也，實如梨。又止車木。"

羸豕孚蹢躅：《周易集解》引宋衷曰："羸，大索，所以繫豕者也。巽爲股，又爲進退。股而進退，則蹢躅也。""孚"同"浮"，躁動不安之貌。

【象解】巽爲木，爲柅；乾爲金，言其堅也。《周易集解》引《九家易》曰："絲繫於柅，猶女繫於男，故以喻初宜繫二也。若能專心順二，則吉，故曰'貞吉'。今既爲二所據，不可往應四，往則有凶，故曰'有攸往，見凶也'。"

九二：包有魚，无咎，不利賓。

【釋讀】九二：厨房裏有魚，没有過失，不利於宴請賓客。

《象》曰："包有魚"，義不及賓也。

《象傳》說："包有魚"，因爲不適合用於宴請賓客。

包有魚："包"即"庖"，厨也。《周禮·庖人》注曰："庖之言苞也。"

【象解】《周易集解》引虞翻曰："巽爲白茅，在中稱包。《詩》

云：'白茅包之。'魚謂初陰，巽爲魚；二雖失位，陰陽相承。故'包有魚，无咎'。賓謂四，乾尊稱賓。二據四應，故'不利賓'。或以包爲庖廚也。"

九三：臀无膚，其行次且，厲，无大咎。

【釋讀】九三：屁股上蹭破了皮，一瘸一拐走不快，危險，不會有大的過失。

《象》曰："其行次且"，行未牽也。

《象傳》説："其行次且"，走路的速度不快。

【象解】巽爲股，九三股上，其象爲臀；巽卦又爲進退，爲不果，九三上遇敵，下失衡，故"其行次且"。

九四：包无魚，起凶。

【釋讀】九四：廚房裏没有魚，動則有凶險。

《象》曰："无魚"之凶，遠民也。

《象傳》説："无魚"之凶，就好像君主脱離民衆的支持。

【象解】《周易尚氏學》："四應初，疑於有魚；豈知初已爲二所據，實无魚也。无魚則勿動，動應初則爲二三所害，故凶。起作也。"初六爲魚，魚陰物也。巽爲魚。

九五：以杞包瓜，含章，有隕自天。

【釋讀】九五：好像用繩子繫住的匏瓜，天子大喪口中含玉，有隕石從天上掉落下來。

《象》曰：九五"含章"，中正也。"有隕自天"，志不舍命也。

《象傳》説：九五"含章"，處在尊貴之位。"有隕自天"，内心不違天命。

以杞包瓜：以，音同“似”。《集韻》：“以，與似同。”剝卦六五“貫魚以宮人寵”，《周易集解》引何妥曰：“夫剝之爲卦，下比五陰，駢頭相次，似貫魚也。”即讀“以”爲“似”。

杞，《説文解字》：“枸杞也。”案《釋木》、毛傳皆云：“杞，枸檵。”楚竹書《周易》作“芑”。《禮記》鄭注云：“芑，枸檵也。”檵，《説文解字》：“枸杞。”嚴粲《詩緝》：“《詩》有三杞：《鄭風》無折我樹杞，柳屬也。《小雅》南山有杞，在彼杞棘，山木也。集於苞杞，言采其杞，隰有杞桋，枸杞也。”聞一多《周易義證類纂》疑杞當讀爲系。系，繫也。

包，《周易集解》引虞翻作“苞”，包瓜即匏瓜。《集韻》：“苞同匏。瓠也。”《論語·陽貨》：“吾豈匏瓜也哉，焉能繫而不食！”《莊子·逍遙游》：“今子有五石之瓠，何不慮以爲大樽，而浮乎江湖，而憂其瓠落無所容？”瓠落亦爲“有隕自天”之義。

含章：“含”同“琀”，《説文解字》：“送死口中玉也。”《周禮·天官·大宰》：“大喪，贊贈玉含玉。”《穀梁傳·文公五年》：“王使榮叔歸含。”注曰：“珠玉曰含，含口實也。”段玉裁《説文解字注》曰：“《穀梁傳》曰：‘貝玉曰含。’按琀，士用貝，見《士喪禮》；諸侯用璧，見《雜記》，天子用玉。”章，同“璋”，玉器名，《説文解字》：“半圭爲璋。”《莊子·馬蹄》：“白玉不毀，孰爲圭璋？”

有隕自天：有隕石自天而落，正釋含章大喪“天子用玉”，天人感應也。

【象解】乾爲圜，爲瓜，故稱“匏瓜”，下巽爲係，爲含亦爲藏。乾爲玉，爲璋，虞翻曰“在中稱包”，故亦爲含。乾爲天，巽爲隕，故“有隕自天”。

上九：姤其角，吝，无咎。

【釋讀】上九：角和角對頂在一起，艱難有阻礙，沒有過失。

《象》曰："姤其角"，上窮吝也。

《象傳》説："姤其角"，高高在上到了盡頭則有阻塞。

姤其角：姤，同"冓"。《説文解字》："冓，交積材也。象對交之形。"

【象解】在上爲角，乾爲首，上九居乾上，角之象。上窮爲吝，遠陰无咎。

萃

萃：亨。王假有廟，利見大人，亨利貞。用大牲吉，利有攸往。

上六：齎咨涕洟，无咎。

九五：萃有位，无咎。匪孚，元永貞，悔亡。

九四：大吉，无咎。

六三：萃如，嗟如，无攸利，往无咎，小吝。

六二：引吉，无咎，孚乃利用禴。

初六：有孚不終，乃亂乃萃，若號一握爲笑，勿恤，往无咎。

《彖》曰：萃，聚也。順以説，剛中而應，故聚也。“王假有廟”，致孝享也。“利見大人，亨”，聚以正也。“用大牲吉，利有攸往”，順天命也。觀其所聚，而天地萬物之情可見矣。

【卦名釋義】萃，聚也，亂也，可參看比卦。聚於宗廟祭祀之卦，故爻辭義多无咎。觀卦二陽俱降則成萃卦。

【釋讀】萃卦：亨通。君王到宗廟裏祭祀，利於出現大人，亨通無阻有利之兆。用牛羊等大的祭品獻祭吉利，利於遠行。

亨：帛書《周易》萃卦名後無"亨"字。《經典釋文》："王肅本同，馬、鄭、陸、虞等並無此字。"

《象》曰：澤上於地，萃。君子以除戎器，戒不虞。

《象傳》說：萃卦爲地上有湖，水流匯入湖中之象。君子應當修繕甲杖兵器，以防發生意外變故。

初六：有孚不終，乃亂乃萃，若號一握爲笑，勿恤，往无咎。

【釋讀】初六：俘虜抓獲不久，就發生混亂並且聚集湊到一起，剛開始像哭號，然後轉悲爲喜咯咯笑了起來，不必憂慮，前去行事不會有過失。

《象》曰："乃亂乃萃"，其志亂也。

《象傳》說："乃亂乃萃"，是因爲心思陷於迷惑混亂。

一握爲笑：孔穎達《周易正義》疏云："一握者，小之貌也，自比一握之間，言至小也。爲笑者，非嚴毅之容，言懦劣也。"聞一多謂"一握"與"唲喔""嗌喔""喔咿"同。《説文解字》："喔，雞聲也。"《楚辭·九思·憫上》："哀世兮睞睞，諓諓兮嗌喔。"注曰："嗌喔，容媚之聲。"《楚辭·卜居》："喔咿嚅唲。"《玉篇》："喔咿嚅唲，謂强笑噱也。"

【象解】初六有應，"有孚"也；失位受阻，故"不終"也。內爲坤，爲萃爲亂，其外則巽兌相覆，兌口相背，亦爲萃亂。巽爲風，爲號，初六始受阻而終必應，故有先"若號"後"爲笑"之象。有應故"勿恤"而"往无咎"。

六二：引吉，无咎，孚乃利用禴。

【釋讀】六二：長久之吉，没有過失，抓獲的俘虜適合用於春天舉行禴祭。

《象》曰：“引吉无咎”，中未變也。

《象傳》說：“引吉无咎”，這是因爲居中不偏，所以吉利保持長久没有改變。

引吉：引，《説文解字》：“開弓也。”段玉裁注曰：“鈎弦使滿，以竟矢之長，亦曰張。是謂之引。凡延長之稱，開導之稱皆引申於此。《小雅·楚茨》《大雅·召旻》，毛傳皆曰‘引，長也’。”聞一多《周易義證類纂》認爲“引”應爲“弘”，“弘吉”吉卜術語，卜辭屢見之。《説文解字》：“弘，弓聲也。”《爾雅·釋詁》：“弘，大也。”引吉，猶言永吉，即長吉。

禴：《集韻》：“禴，同礿。”《禮記·王制》：“天子四時之祭，春曰礿，夏曰禘，秋曰嘗，冬曰烝。”疏云：“礿，薄也，春物未成，祭品鮮薄。”“礿、禘、嘗、烝”爲四時之祭，乃三代通禮。《詩經·小雅·天保》：“禴祠烝嘗，于公先王。”疏云：“四時之祭最薄者也。”周則春曰祠，夏曰禴。段玉裁《説文解字注》：“《周禮》：‘以禴夏享先王。’《公羊傳》曰：‘夏曰礿。’注：‘始熟可汋，故曰礿。’《釋天》曰：‘春祭曰祠，夏祭曰礿，秋祭曰嘗，冬祭曰蒸。’”《詩經》與《禮記·王制》同，以春祭爲禴。

【象解】六二居坤，互艮之初，艮爲躬，亦爲弓，二五相應，如引弓長，故曰“引吉”，弘從弓，象亦爲艮。上兌爲享，下坤爲嗇，故曰“孚乃利用禴”。禴乃薄祭也。

六三：萃如，嗟如，无攸利，往无咎，小吝。

【釋讀】六三：嘈雜的驚訝、歎息聲，没有長遠之利，前去行事不會有過失，有小的阻礙麻煩。

《象》曰：“往无咎”，上巽也。

《象傳》說："往无咎"，順從上面方可免災。

萃如：萃，同"崒"，《說文解字》："驚也。"又《增韻》："咄崒，嘐也。"《集韻》："昨律切，音崒。嘈崒，眾聲也。"

【象解】巽爲風，爲號，爲呼；兌爲口，爲嗟。六三與上爻无應，下坤爲虛，故"无攸利"。六三巽下宜伏，上順承陽，往无應則不爲四五陽爻所妒，故其"往无咎"，无應則有"小吝"。艮亦爲吝。

九四：大吉，无咎。

【釋讀】九四：大吉，沒有過失。

《象》曰："大吉无咎"，位不當也。

《象傳》說："大吉无咎"，這是因爲所處位置不適當，隨時有可能受到傷害，只有在大吉大利的時候纔可以避免受害。

【象解】四五比萃，下據群陰，然九四陽居陰位，上近九五，同性相敵，必爲所忌，故雖"大吉"，而僅得"无咎"。

九五：萃有位，无咎。匪孚，元永貞，悔亡。

【釋讀】九五：在眾人中居於尊貴之位，不會有過失。沒有收穫，利於長久之兆，災悔消除。

《象》曰："萃有位"，志未光也。

《象傳》說："萃有位"，雖然居於尊貴之位，但是還沒有完全樹立威望。

【象解】九五之尊，爲"有位"，有應則"无咎"。下應六二爲九四所阻，六二非其孚也。比卦九五，下艮依止，一陽不變，爲"元永貞"。九五遇上六，陽遇陰，"悔亡"；兌卦亦爲悔亡。初六應於九四；六二處艮之初，爲艮所止；六三近於九四，坤卦三爻皆非九五所得，故曰"匪孚"。

上六：齎咨涕洟，无咎。

【釋讀】上六：悲怨的嗟歎哭啼，鼻涕眼淚流出來，沒有過失。

《象》曰："齎咨涕洟"，未安上也。

《象傳》説："齎咨涕洟"，是因爲不甘心自己的處境。

齎咨涕洟：齎咨，王弼《周易注》："嗟歎之辭也。"《説文解字》："涕，泣也。"《玉篇》："目汁出曰涕。"《説文解字》："洟，鼻液也。"《詩經·邶風·燕燕于飛》："瞻望弗及，泣涕如雨。"

【象解】兑爲口，故爲"齎咨"，嗟歎之聲也；兑爲澤，故爲"涕洟"。乘陽无咎，其義聚也。

升

升：元亨，用見大人，勿恤。南征吉。

上六：冥升，利于不息之貞。

六五：貞吉，升階。

六四：王用亨于岐山，吉，无咎。

九三：升虛邑。

九二：孚乃利用禴，无咎。

初六：允升，大吉。

《彖》曰：柔以時升，巽而順，剛中而應，是以大亨。“用見大人，勿恤”，有慶也。“南征吉”，志行也。

【卦名釋義】 升卦由臨卦而來，二陽並進爲升。臨卦爲二足相並，一足動而往則爲升。《序卦》曰：“聚而上者謂之升，故受之以升也。”卦辭曰“南征吉”，行師也。可與師卦互參看。夬、姤、萃、升四卦爲乾坤與大過相交。

【釋讀】 升卦：亨通，宜於出現大人，不用擔憂。向南征伐吉祥。

《象》曰：地中生木，升。君子以順德，積小以高大。

《象傳》説：升卦的卦象爲地裏生長出高大的樹木。君子應培養隨順品德，累積微小成就高大。

初六：允升，大吉。

【釋讀】初六：適宜向上進升，大吉大利。

《象》曰："允升大吉"，上合志也。

《象傳》説："允升大吉"，是因爲其陰柔處下正合乎上面的心意。

允升：帛書《周易》作"允登"。朱震《漢上易傳》："允，施氏《易》作㽲，進也。"《説文解字》："㽲，進也。"《周易集解》引《九家易》曰："謂初失正，乃與二陽允然合志，俱升五位，上合志也。"王弼《周易注》："允，當也。"此爻"允"宜訓作"當""信"，適宜之義。見晉卦六三釋。

【象解】初六承陽而宜升。

九二：孚乃利用禴，无咎。

【釋讀】九二：所抓獲的俘虜適合用作禴祭，没有災禍。

《象》曰：九二之孚，有喜也。

《象傳》説：九二之孚，因爲有喜慶。

【象解】初六孚於九二，陰孚於陽也；巽爲伏，故稱孚。兑爲祭，坤爲嗇，故爲禴。二五相應而阻於三爻，得中而无咎，未爲全吉也。

九三：升虚邑。

【釋讀】九三：登臨空曠的城邑，如入無人之境。

《象》曰："升虚邑"，无所疑也。

《象傳》説："升虚邑"，這是因爲没有任何東西可阻礙。

升虚邑：升，登也，進也。升邑，言登臨邑之高處也。《詩經·小雅·天保》："如月之恒，如日之升。"

【象解】震爲升，爲丘虚，坤爲邑。遇陰應上，故"升虚邑"。巽爲疑，震无疑。

六四：王用亨于岐山，吉，无咎。

【釋讀】六四：君王到岐山祭祀神靈，吉祥，沒有過失。

《象》曰："王用亨于岐山"，順事也。

《象傳》説："王用亨于岐山"，這是恭順誠敬之事。

岐山：因山有兩枝，故名。《説文解字》："枝，木別生條也。"段玉裁注曰："枝必岐出也，故古枝岐通用。"

【象解】震爲王，兑爲享，爲祭祀。《説卦》震爲萑葦，卦形上岐，故震爲岐。《焦氏易林注·小過》："豐'反鼻歧頭，二寡獨居'。艮爲鼻，上卦艮反，故曰'反鼻'。《釋名》'物兩爲歧'，艮爲頭，艮反向上，故象形曰'歧頭'。"六四待陽而用，故"吉，无咎"。

六五：貞吉，升階。

【釋讀】六五：吉祥之兆，登上高高的階陛。

《象》曰："貞吉升階"，大得志也。

《象傳》説："貞吉升階"，表明春風得意，躊躇滿志。

階：《説文解字》："階，陛也。"又："陛，升高階也。"《玉篇》："陛，天子階也。"

【象解】震卦爲升，震之上，六五居之，高升也。五爻君位，天子之階。

上六：冥升，利于不息之貞。

【釋讀】上六：冥暗增加升起，有利於消退之兆。

《象》曰："冥升"在上，消不富也。

《象傳》説："冥升"已處最高位，上升的勢頭消退，不會如原來那樣富有。

【象解】坤卦重陰，晦暗稱冥，上曰"冥升"。《周易集解》引荀爽曰："坤性暗昧，今升在上，故曰'冥升'也。陰用事，爲消。陽用事，爲息，陰正在上，陽道不息，陰之所利，故曰'利于不息之貞'。"六、五皆應陽之升，而其位異也。

困

䷮ 困：亨，貞大人吉，无咎。有言不信。

上六：困于葛藟，于臲卼，曰動悔有悔，征吉。

九五：劓刖，困于赤紱，乃徐有説，利用祭祀。

九四：來徐徐，困于金車，吝，有終。

六三：困于石，據于蒺藜，入于其宮，不見其妻，凶。

九二：困于酒食，朱紱方來，利用享祀，征凶，无咎。

初六：臀困于株木，入于幽谷，三歲不覿。

《彖》曰：困，剛揜也。險以説，困而不失其所，亨，其唯君子乎？“貞大人吉”，以剛中也。“有言不信”，尚口乃窮也。

【卦名釋義】 難而有損爲困，陽困於陰也。水於澤上曰節，澤下曰困。《彖》曰：“困，剛揜也。”《周易集解》引荀爽曰：“謂二五爲陰所揜也。”坎卦六四變而成困卦，坎變兌，兌之初爻爲塞，潤下之水難通於澤，水竭則困也。故下坎卦三爻皆非吉。

【釋讀】 困卦：亨通，預兆大人吉祥，沒有災禍。受到別人的言語呵責而且得不到信任。

有言不信：李鏡池《周易通義》："篆文言與音形近而混。"《說文解字》："音，語相訶拒也。""有言"爲其時習語，《詩經》中"人亦有言"句式出現過五次，分別見於《蕩》《抑》《桑柔》和《烝民》。一說"有言"即"有愆"，此說不確。

《象》曰：澤无水，困。君子以致命遂志。

《象傳》說：困卦是坎下兌上，爲澤中無水之象。作爲君子應該盡力完成使命實現自己的志向。

初六：臀困于株木，入于幽谷，三歲不覿。

【釋讀】初六：屁股被捆綁坐在木樁上，藏進幽暗不明的山谷裏，三年不與外界相見。

《象》曰："入于幽谷"，幽不明也。

《象傳》說："入于幽谷"，那裏幽暗不見天日。

困于株木：株，《說文解字》："木根也。"段玉裁注曰："株今俗語云樁。"木樁。徐鍇《繫傳》曰："入土曰根，在土上曰株。"

幽谷：幽暗深谷。《韻會》："谷，兩山間流水之道也。"《詩經·小雅·伐木》："出自幽谷，遷于喬木。嚶其鳴矣，求其友聲。"《詩經·大雅·桑柔》："人亦有言，進退維谷。"疏云："谷謂山谷，墜谷，是窮困之義。"

【象解】《周易集解》引干寶曰："兌爲孔穴，坎爲隱伏。隱伏在下，而漏孔穴，臀之象也。"初六上應九四遇坎，爲九二所困；坎爲株木，一陽凸起於坤土之上爲"株"。互巽爲淵，坎爲入，坎水之下爲"入于幽谷"。上應九四而一陰相阻，坎數三，隱伏則"三歲不覿"。

九二：困于酒食，朱紱方來，利用享祀，征凶，无咎。

【釋讀】九二：缺少醇酒美食，天子穿著朱紱祭服就要到來，適宜祭祀神靈，出兵征戰凶險，不會犯過錯。

《象》曰："困于酒食"，中有慶也。

《象傳》說："困于酒食"，家中有喜慶之事。

朱紱：紱，甲骨文、金文、小篆皆作"市〔fú〕"，《詩經》作"芾〔fú〕"，"紱"爲後起字。市，《說文解字》："韠〔bì〕也。上古衣蔽前而已，市以象之。天子朱市，諸侯赤市，大夫蔥衡。"《詩經·曹風·候人》："彼其之子，三百赤芾。"李鼎祚《周易集解》案："朱紱，宗廟之服。"

利用享祀：享，漢石經作"亨"。

【象解】坎爲酒食，參看需卦九五。兌爲祭祀，"利用享祀"，謂二宜返上，下坎宜上盛於兌澤也。尚秉和《周易尚氏學》："巽爲繩爲紱，坎爲赤，巽在二前，故曰'朱紱方來'。"乾爲君，坤稱方，否卦上乾一陽至坤中，正爲"朱紱方來"之象。二五无應，故"征凶"，得中則"无咎"。

六三：困于石，據于蒺藜，入于其宮，不見其妻，凶。

【釋讀】六三：被石頭所困阻，放置在蒺藜之上，回到自己家中，自己的老婆卻不見了，凶險。

《象》曰："據于蒺藜"，乘剛也。"入于其宮，不見其妻"，不祥也。

《象傳》說："據于蒺藜"，陰爻乘凌陽爻之上。"入于其宮，不見其妻"，不吉祥啊。

據于蒺藜：蒺藜，茨也。《詩經·鄘風·牆有茨》："牆有茨，不可掃也。"

入于其宮：《周禮·天官·內宰》："以陰禮教六宮。"鄭玄注曰："六宮，謂後也。婦人稱寢曰宮。宮，隱蔽之言。"

【象解】九四兌初澤底，塞坎下流，其象爲石；三據於四，故"困于石"。《周易集解》引虞翻曰："坎爲蒺藜。"六三坎上，故曰"據于蒺藜"。坎爲入，爲内，爲宮室；坎爲夫，離爲妻，六三乘陽失位，與上敵應，坎離難交，故"不見其妻"，凶可知矣。六三初六皆陰，爲"不見"。

九四：來徐徐，困于金車，吝，有終。

【釋讀】九四：姍姍來遲，被一輛金車所擋路，遇到阻礙，有好的結局。

《象》曰："來徐徐"，志在下也。雖不當位，有與也。

《象傳》說："來徐徐"，心思在下。雖然所處地位不妥當，不能勝任其位，卻能得到志同道合者的支持。

來徐徐：《說文解字》："徐，安行也。"《周易集解》引虞翻曰："徐徐，舒遲也。"緩緩而行之貌。

【象解】九四互巽，下應初爻，爲坎所阻，其"來徐徐"。坎爲車，所阻者坎二剛爻也，故曰"困于金車"。坎難故"吝"，應則"有終"。

九五：劓刖，困于赤紱，乃徐有説，利用祭祀。

【釋讀】九五：遭受割鼻斷足刑罰，被諸侯所囚禁，然後慢慢地逃脫出來，適宜舉行祭祀。

《象》曰："劓刖"，志未得也。"乃徐有説"，以中直也。"利用祭祀"，受福也。

《象傳》說："劓刖"，志向難以實現。"乃徐有説"，因居中爻之位且陽剛正直。"利用祭祀"，宜求得神靈護佑。

劓刖：《周易集解》引虞翻曰："割鼻曰劓，斷足曰刖。"

【象解】兑爲毀折，巽爲隕落；艮爲鼻，震爲足，艮震皆伏而不見，故稱"劓刖"。巽爲緩，五爻尊位故曰"赤紱"；五不應二爻，坎爲赤，故"困于赤紱"。巽爲徐，兑爲脱，故"乃徐有説"。兑爲口爲食，爲祭祀。

上六：困于葛藟，于臲卼，曰動悔有悔，征吉。

【釋讀】上六：圍困在紛亂纏繞的葛藤當中，搖搖欲墜，動搖之後感到懊悔，導致更加懊悔，挣脱遠離則吉利。

《象》曰："困于葛藟"，未當也。"動悔有悔"，吉行也。

《象傳》説："困于葛藟"，所處位置不當。"動悔有悔"，征伐吉利。

臲卼 [niè wù]：《説文解字》："隉，危也。"段玉裁注曰："危者，在高而懼也。《秦誓》曰：'邦之杌隉。'《易》作'臲卼'。許《出部》之'槷㔨，不安也'，皆字異而音義同。"

曰動悔有悔：曰，帛書《周易》、楚竹書《周易》、漢石經及今本字同，爲發語辭。《詩經・豳風・七月》："曰爲改歲，入此室處。"

葛藟：俗稱"野葡萄"。"葛藟"以其纏繞、攀附、蔓延等特徵常被用作比興之辭。《詩經・王風・葛藟》："綿綿葛藟，在河之滸。""葛藟"比擬其所遭遇憂傷綿綿不盡。《國風・周南・樛木》："南有樛木，葛藟纍之。"樛木喻男子，葛藟喻女子；樛木葛藟，以喻男女如膠似漆纏綿之義。

【象解】巽爲繩直，爲繫，正反巽爲藤，下坎爲果，葛藟之象，上六乘陽，"困于葛藟"也；位高而懼，下據坎險，故動則有悔。兑卦爲毀折，爲征伐，又爲脱，上六困窮已極，然下不應坎，挣脱則吉也，故曰"征吉"。

井

䷯ 井：改邑不改井，无喪无得。往來井井，汔至亦未繘井，羸其瓶，凶。

上六：井收勿幕，有孚，元吉。

九五：井洌，寒泉食。

六四：井甃，无咎。

九三：井渫不食，爲我心惻，可用汲，王明，並受其福。

九二：井谷射鮒，甕敝漏。

初六：井泥不食，舊井无禽。

《彖》曰：巽乎水而上水，井，井養而不窮也。“改邑不改井”，乃以剛中也。“汔至亦未繘井”，未有功也。“羸其瓶”，是以凶也。

【卦名釋義】井通以養人。下巽爲泉，爲淵，上坎則爲有源之水。古文獻中有“黄帝穿井”與“伯益作井”二説。《周書》有“黄帝穿井”。《世本》：“黄帝見百物，始穿井。”《世本·作篇》《吕氏春秋·勿躬》及《淮南子·本經訓》謂“伯益作井”。商周井田制，有八家爲井而有公田者，如《孟子·滕文公》所載；有九夫爲井而無公田者。《周禮·地官·小司徒》載："乃經土地而井牧其田野，九夫爲井，四井爲邑，四邑爲丘，四丘爲甸，四甸爲縣，四縣爲都，以任地事而令貢賦。"困卦、井卦俱由坎卦變而成。

【釋讀】井卦：遷移城邑不會使水井遷徙，井水不會枯竭也不會溢滿。來來往往的人都到井裏來打水，提水剛提到井口，卻打翻了水瓶，凶險。

汔至亦未繘井：汔，通"迄"，幾也，近也。汔，从水从迄省辵（辶），言提水剛剛接近井口。繘 [jú]，《説文解字》："綆也。从糸矞聲。"《玉篇》："用以汲水也。"《急就篇注》："汲索也。"揚子《方言》："關東謂之綆，關西謂之繘。"《經典釋文》："鄭云：綆也。《方言》云：關西謂綆爲繘。郭璞云：汲水索也。"《説文解字》："矞，以錐有所穿也。从矛从冏。一曰滿有所出也。"

《象》曰：木上有水，井。君子以勞民勸相。

《象傳》説：井卦爲井水被汲引到地面之象。君子應當爲民辛勞謀福，宣導友愛。

初六：井泥不食，舊井无禽。

【釋讀】初六：井底淤滿了污泥不能供人飲用，舊的廢棄陷阱逮不到禽獸。

《象》曰："井泥不食"，下也。"舊井无禽"，時舍也。

《象傳》説："井泥不食"，因爲位置處在最下面所以纏淤積在這裏。"舊井无禽"，時間久遠而被廢棄遺忘。

舊井：舊井乃廢棄之井，亦可作陷阱之用。"阱"古文作"窜"或"汬"。《周禮·秋官·雍氏》："春令爲阱擭溝瀆之利於民者，秋令塞阱杜擭。"

【象解】初陰爻，位在井下，象泥；兑口爲食，巽爲兑覆故“不食”。兑爲井，井覆故爲“舊井”，坎爲水，巽爲淵，坎變巽而初陰不變，故亦稱“舊”；巽本爲獲，爲得，然初爻所應爲陰爻，故曰“无禽”。

九二：井谷射鮒，甕敝漏。

【釋讀】九二：井底容水的凹穴被當作捉魚的場所，汲水的甕也破損漏水不能再用。

《象》曰：“井谷射鮒”，无與也。

《象傳》説：“井谷射鮒”，主要是由於上面没有接應，井水難以供人飲用，井成爲射魚之所。

井谷射鮒：谷，深溝。《説文解字》：“泉出通川爲谷。从水半見，出於口。”《詩經·大雅·韓奕》：“實墉實壑，實畝實藉。”壑爲溝也，坑也，谷也，虛也。《周易集解》引虞翻曰：“鮒，小鮮也。”《左傳·隱公五年》：“春，公矢魚於棠。”

【象解】《周易集解》引虞翻曰：“巽爲谷，爲鮒。”山下有水稱淵，艮坎合而成巽，淵深故亦稱“谷”。《説文》之“从水半見，出於口”，巽之象也。艮爲谷，深也；巽爲谷，容水也。五不應二，故九二據初六之陰爻以爲用，初六近也。上坎爲矢，下巽爲魚，故有“射鮒”之象。乾爲圓，兑爲缺，巽爲漏，離爲斷。

九三：井渫不食，爲我心惻，可用汲，王明，並受其福。

【釋讀】九三：井水淘乾净了卻没有飲用，使我心中不免傷心失望，可以取水於井，冀望君王賢明，大家一起享受所帶來的恩惠福澤。

《象》曰：“井渫不食”，行惻也。求“王明”，受福也。

《象傳》説：“井渫不食”，善行受到冷落。希望“君王賢明”，大家都可以享受所帶來的恩惠。

井渫不食：渫，除去穢濁，使清潔之義。《詩經·大雅·民勞》："惠此中國，俾民憂泄。"泄，消除。

心惻："惻"，帛書《周易》作"塞"，楚竹書《周易》作"寒"。《説文解字》："惻，痛也。"《廣韻》："愴也。"《禮記·祭義》："霜露既降，君子履之，必有悽愴之心，非其寒之謂也。"此與"井渫不食"而心惻，其意同也。聞一多《周易義證類纂》謂"心通沁"，以物探水爲沁，惻爲測。改字解經，殆不可從。

可用汲：汲，《説文解字》："引水於井也。"段玉裁注曰："其器曰缾，曰甕。其引甕之繩曰緪，曰綆。"《莊子·至樂》篇："綆短者，不可以汲深。"

並受其福：《詩經·小雅·賓之初筵》："既醉而出，並受其福。"

【象解】 兑卦爲口爲食，初至四正覆兑爲不食，巽下漏亦不食；上卦坎爲酒食，三難應上，亦爲不食。九三上應上六而遇坎，《説卦》坎卦"其於人也，爲加憂，爲心病"，故曰"爲我心惻"。上六處坎水之上，九三應之，故爲"用汲"。王謂九五，九五陷於群陰，坎爲隱伏，本爲不明；然九五剛中得正，下巽爲順，九五返初成泰卦，坤爲福，"並受其福"言其終必應於上六也。

六四：井甃，无咎。

【釋讀】 六四：用瓦片壘砌加固井壁，不會有過失。

《象》曰："井甃无咎"，脩井也。

《象傳》説："井甃无咎"，修繕井。

井甃 [zhòu]：甃，《説文解字》："井壁也。"段玉裁注曰："井壁者，謂用塼爲井垣也。"《説文解字》中有"瓦"而無"塼"字。《説文解字》："瓦，土器已燒之總名。"段玉裁注曰："凡土器未燒之素皆謂之坯，已燒皆謂之瓦。"又注曰："《古史考》曰：'夏時昆吾氏作瓦。'"昆吾乃祝融之孫。《經典釋文》："馬云：爲瓦裹下達上也。《子夏傳》云：脩治也。干云：以甎壘井曰甃。"《周易集解》引虞翻曰："脩，治也。以瓦甃壘井稱甃。"《爾雅·釋宮》："瓴甋謂之甓。"郭璞注曰："甓，塼也。今江東呼瓴甓。"《詩經·陳風·防有鵲巢》："中唐有甓。"

【象解】離卦爲火，爲瓦，爲甃。小篆"瓦"字有離象。《周易集解》引虞翻曰："坤爲土。初之五成離，離火燒土，爲瓦治象。"六四以陰承陽，故得无咎。

九五：井洌，寒泉食。

【釋讀】九五：井水寒冷清洌，像涼爽泉水一樣可供飲用。

《象》曰："寒泉之食"，中正也。

《象傳》說："寒泉之食"，這是因爲九五爻處在即中且正的尊貴之位。

井洌寒泉：洌，寒冷。《玉篇》："寒氣也。"《詩經·曹風·下泉》："洌彼下泉，浸彼苞稂。"《詩經·小雅·大東》："有洌氿泉，無浸穫薪。"

【象解】坎爲寒，爲泉。坎爲口實。

上六：井收勿幕，有孚，元吉。

【釋讀】上六：陷阱收口很小適合捕獲，不要覆蓋，有俘獲，大吉。

《象》曰："元吉"在上，大成也。

《象傳》說："元吉"在最上面的位置，有大的成就收穫。

井收：收，《說文解字》："捕也。"《詩經·大雅·瞻卬》："此宜無罪，女反收之。"毛傳曰："拘收也。"《詩經·周頌·維天之命》："假以溢我，我其收之。"毛傳曰："收，聚也。"《小爾雅》："收，斂也。"《周易集解》引虞翻曰："收，謂以轆轤收縮也。"《經典釋文》："馬云：汲也。陸云：井幹也。荀作綮。"孔穎達《周易正義》疏曰："凡物可收成者，則謂之收，如五穀之有收也。"孔疏非經之本義。《詩經》"收"多爲"拘、捕""聚、斂"之義，至於虞翻、馬融則以"收"爲汲水出井。

勿幕：《周易集解》引虞翻曰："幕，蓋也。"引干寶曰："處井上位，在瓶之水也，故曰井收幕覆也。"《經典釋文》："幕，音莫，覆也。干本勿作网。"李富孫《易經異文釋》案："网即罔字，與勿義相近。"井收則勿幕，勿幕則有孚，有孚則元吉，其義順承。若以汲水而出爲"井成"，則與"勿幕"其義無涉。虞翻釋"收"謂"以轆轤收縮"，蓋臆測耳。

【象解】坎卦一陽入於群陰，爲隱伏，故爲覆蓋，上六陰爻，象井口收斂；一陽爲群陰所俘獲，故爲捕，爲"有孚"。有應"元吉"。

革

䷰ 革：巳日乃孚，元亨，利貞，悔亡。

上六：君子豹變，小人革面，征凶，居貞吉。

九五：大人虎變，未占有孚。

九四：悔亡，有孚改命，吉。

九三：征凶，貞厲，革言三就，有孚。

六二：巳日乃革之，征吉，无咎。

初九：鞏用黃牛之革。

《彖》曰：革，水火相息，二女同居，其志不相得，曰革。“巳日乃孚”，革而信也。文明以説，大亨以正，革而當，其悔乃亡。天地革而四時成，湯武革命，順乎天而應乎人。革之時大矣哉！

【卦名釋義】《洪範》：“金曰從革。”《説文解字》：“革，獸皮治去其毛，革更之。”《玉篇》：“革，改也。”《韻會》：“皮熟曰韋，生曰革。”《詩經·召南·羔羊》：“羔羊之革。”毛傳曰：“革，猶皮也。”《周禮·夏官·司弓矢》：“王弓弧弓，以授射甲革椹質者。”注曰：“革，革甲也。”俞琰撰《讀易舉要》：“史璸謂革居四十九，應大衍之數，故云天地革而四時成。”兌傷離斷，革乃征伐變革之卦，故爻辭皆稱革、改、變。大壯卦九二升五變而成革卦。

巳日：巳，用作“祀”，指祭祀，一説爲干支之“巳”。今本《周易正義》作“巳日”。《周易集解》引干寶曰：“天命已至之日也。”是讀爲“已日”，荀爽、崔憬等同。

【釋讀】革卦：祭祀之日則有福，大亨，有利之兆，悔吝終將消除。

《象》曰：澤中有火，革。君子以治曆明時。

《象傳》説：革卦的卦象是火下澤上，大水使火熄滅，水勢蒸騰。君子根據日月更替的規律制定曆法以明辨春、夏、秋、冬四時變化。

初九：鞏用黃牛之革。

【釋讀】初九：用黃牛的皮革牢牢地捆綁住。

《象》曰：“鞏用黃牛”，不可以有爲也。

《象傳》説：“鞏用黃牛”，不可能有所作爲。

鞏：《説文解字》：“以韋束也。”段玉裁注曰：“按此與卦名之革相反而相成。”《詩經·大雅·瞻卬》：“藐藐昊天，無不克鞏。”毛傳曰：“鞏，固也。”此引申義。

【象解】《左傳》以“純離爲牛”。離卦內柔外剛，爲革甲。離卦六二“黃離”，此曰“黃牛”。

六二：巳日乃革之，征吉，无咎。

【釋讀】六二：在祭祀之日割斷革繩，征伐吉利，没有過失。

《象》曰：“巳日革之”，行有嘉也。

《象傳》説：“巳日革之”，所作所爲受到讚揚嘉許。

【象解】"革"通"勒"。離爲斷，爲割。二爻遇陽有應故曰"征吉"；六二處巽卦之初爻，巽爲伏，革之時義在有爲，隱伏而無爲則僅得无咎。

九三：征凶，貞厲，革言三就，有孚。

【釋讀】九三：征伐有凶險，危險之兆，馬的胸帶綁了三匝，有俘獲。

《象》曰："革言三就"，又何之矣！

《象傳》説："革言三就"，又能去哪裏呢？哪裏也去不了。

革言三就：《周禮注疏》："鄭司農云：'纓謂當胸，《士喪禮》下篇曰"馬纓三就"。禮家説曰：纓，當胸，以削革爲之；三就，三重三匝也。'玄謂：'纓，今馬鞅。'"

【象解】尚秉和《周易尚氏學》曰："損六三云'三人行'，需上六云'三人來'，皆以在三爻，取數於三。"乾卦三陽亦稱三。九三應在上，臨重陽，陽遇陽則窒，故爲"征凶"。離中虛爲大腹，爲胸。九三乘陰，有孚。

九四：悔亡，有孚改命，吉。

【釋讀】九四：災悔消除，有俘獲，除舊佈新變革天命，吉利。

《象》曰："改命之吉"，信志也。

《象傳》説："改命之吉"，是因爲變革的意願得以實施。

【象解】巽爲風，爲告，爲命；兑爲巽覆，是"改命"也。《易林》以兑爲改命。

九五：大人虎變，未占有孚。

【釋讀】九五：大人戰袍是猛虎的斑紋，未卜問就知道必有俘獲。

《象》曰："大人虎變"，其文炳也。

《象傳》説："大人虎變"，上面的花紋很明顯突出。

未占有孚：占，《説文解字》："視兆問也。从卜口。"

大人虎變：變，通"辩"。"辩"同"斑"，斑指虎紋。斑彪，身上有斑紋的小老虎。《説文解字》："彪，虎文也。从虎，彡象其文也。"

【象解】九五尊位，乾爲君子故曰"大人"。茹敦和《重訂周易小義》："至革之虎變由大壯而來。"大壯九二升五則爲革卦，故六二曰"征吉"；大壯爲大兑卦，上震變而成兑，是變而未變，所變者當爲圖騰之飾；震爲大君，故九五曰"大人"，上六曰"君子"。《周易集解》引宋衷曰："兑爲白虎。"兑爲剛鹵，爲毀折，兑西方虎宿。郭璞以兑爲虎，《易林》及九家皆以艮爲虎。兑口艮齒，皆虎噬之象。九五遠應六二，近遇上六，"未占有孚"也。

上六：君子豹變，小人革面，征凶，居貞吉。

【釋讀】上六：君子的戰袍是豹子的斑紋，小人戴的是皮革製作的面罩，征伐有凶險，居止不動則有吉祥之兆。

《象》曰："君子豹變"，其文蔚也。"小人革面"，順以從君也。

《象傳》説："君子豹變"，上面的紋理又深又密。"小人革面"，小人要跟隨服從君子的指揮。

【象解】《周易集解》引陸績曰："兑之陽爻稱虎，陰爻稱豹。豹，虎類而小者也。君子小於大人，故曰'豹變，其文蔚也'。"兑爲虎，上六陰爻爲豹。乾爲面，兑毀折，故爲"革面"。上六乘陽，下應九三必見妒於九五，順之則吉也。

鼎

䷱ 鼎：元吉，亨。

上九：鼎玉鉉，大吉，无不利。

六五：鼎黄耳，金鉉，利貞。

九四：鼎折足，覆公餗，其形渥，凶。

九三：鼎耳革，其行塞，雉膏不食，方雨虧悔，終吉。

九二：鼎有實，我仇有疾，不我能即，吉。

初六：鼎顛趾，利出否。得妾以其子，无咎。

《彖》曰：鼎，象也。以木巽火，亨飪也。聖人亨以享上帝，而大亨以養聖賢。巽而耳目聰明，柔進而上行，得中而應乎剛，是以元亨。

【卦名釋義】《説文解字》釋"鼎"曰："三足兩耳，和五味之寶器也。"風火爲家人，火風爲鼎；巽木於下者爲鼎，象析木以炊也，鼎乃飲食之卦；鼎以下巽之木爲薪，薪者，新也，是亦有鼎新之義。未濟卦六三動變而成鼎卦，故爻辭曰"革"，與革卦通。

【釋讀】鼎卦：大吉，亨通。

《象》曰：木上有火，鼎。君子以正位凝命。

《象傳》說：鼎卦的卦象爲木上燃著火，烹飪之象。君子應當像鼎那樣端正而穩重，以此完成使命。

初六：鼎顛趾，利出否。得妾以其子，无咎。

【釋讀】初六：把烹飪食物的鼎足朝上顛翻過來，這樣能順利地倒出鼎中陳積的污穢之物。娶妾與其生子，沒有過失。

《象》曰：“鼎顛趾”，未悖也。“利出否”，以從貴也。

《象傳》說：“鼎顛趾”，鼎足在上看似反常，實則不然。“利出否”，因爲要盛裝新的食物，以敬從貴人。

顛趾：翻倒之後足向上爲“顛趾”。《説文解字》：“顛，頂也。”《爾雅·釋言》：“趾，足也。”

利出否：《集韻》：“否，惡也。”《正韻》：“否，穢也。”顛趾非折足，可知“出否”非“出配鼎”之義。

得妾以其子：“以”猶“與”也。

【象解】此爻用正覆象。巽爲隕落，伏震爲趾，巽兑相覆，故曰“顛趾”。巽爲風，爲臭，巽爲覆兑，兑口向外，故曰“出否”。初六陰爻鼎底，其象臭腐，宜傾倒而出，故《象》曰“未悖也”。巽爲伏順，初陰承陽，妾與子之象也；初至五正覆兑，上應九四，互兑爲妾，伏震爲子，巽卦爲得，故稱“得妾以其子”。“出否”與“生子”，皆納新之義。

九二：鼎有實，我仇有疾，不我能即，吉。

【釋讀】九二：鼎中盛滿了烹飪的食物，夫妻不和睦，對方生病了，不來和自己一起吃飯，吉。

《象》曰："鼎有實"，慎所之也。"我仇有疾"，終无尤也。

《象傳》說："鼎有實"，應該小心謹慎移動到別的地方。"我仇有疾"，最終將和好而無所怨尤。

我仇有疾：段玉裁《說文解字注》謂"仇與逑古通用"。《左傳》："嘉耦曰妃，怨耦曰仇。"仇，《經典釋文》曰："音求，匹也。鄭云：怨耦曰仇。"

不我能即：即，《說文解字》："即食也。"徐鍇注："即，就也。"

【象解】乾爲實，九二以陽乘陰，故稱"有實"。巽爲疾，我謂九二，仇爲六五，九二往應六五，遇三四所阻，故爲"不我能即"。二五終必相合，合則曰"吉"。

九三：鼎耳革，其行塞，雉膏不食，方雨虧悔，終吉。

【釋讀】九三：鼎器的耳部脫落，鼎杠插不進鼎耳，鼎無法移動，鮮美的野雞羹湯吃不上，正在下雨，食物很少了，後悔，最終是吉祥的。

《象》曰："鼎耳革"，失其義也。

《象傳》說："鼎耳革"，鼎耳也就失去了它的用處。

虧：《廣韻》："缺也。"月滿則虧。

鼎耳革：帛書《二三子》："孔子曰：'鼎大矣！鼎之遷也，不自往，必人舉之，大人之貞也。'"鼎必舉而能遷，若鼎耳損毀，則其行塞也。

【象解】九三處巽兌之間，初至五巽兌相覆，兌爲耳，巽隕落，故曰"鼎耳革"；九三承乘皆陽，同性相敵，故"其行塞"。茹敦和《周易象考》案："塞爲兌初象，蓋兌者，坎而塞其下流。"離爲鳥，故稱雉。兌爲澤，爲膏，爲雨，爲暗昧。兌缺巽斷，故稱"虧"。九三遠陰无應，巽兌相背，兌口向外，故爲"不食"。

九四：鼎折足，覆公餗，其形渥，凶。

【釋讀】九四：鼎的足折斷了，王公鼎裏的粥飯傾倒出來了，受到很重的刑罰，凶險。

《象》曰："覆公餗"，信如何也！

《象傳》說："覆公餗"，小人哪裏有什麼信譽啊！

其形渥：漢石經作"其刑剭"。《周易集解》引虞翻曰："兌爲刑，渥，大刑也。"李富孫《易經異文釋》案："是古本多作'刑剭'。或通作'形'，輔嗣因如字讀，與諸家異義。"

覆公餗 [sù]：周代爵名，五等之首曰公。見解卦上六"公用射隼于高墉之上"。餗，孔穎達《周易正義》疏曰："餗，糝也。"《周禮·天官》："羞豆之實，酏 [yǐ] 食糝食。"注曰："糝，取牛羊豕之肉，三如一，小切之，與稻米二肉一合以爲餌，煎之。"糝湯，又名"肉粥"，一種傳統名吃，流行於魯、豫、蘇、皖四省交界。

【象解】《焦氏易林》以巽爲爛，爲粥糜；乾爲公，兌爲覆巽，故"覆公餗"。震爲足，兌爲折，九四失位，以陽承陰，應初難行，故有"折足"之禍。兌爲刑。

六五：鼎黃耳，金鉉，利貞。

【釋讀】六五：鼎配上黃色的鼎耳，堅固的鼎杠，有利之兆。

《象》曰："鼎黃耳"，中以爲實也。

《象傳》說："鼎黃耳"，是說其中可以插入堅實的鼎杠。

金鉉：鉉，《說文解字》："舉鼎也。《易》謂之鉉，《禮》謂之鼏。"段玉裁《說文解字注》曰："鼏，鼎覆也。""鼏見《禮》經，所以覆鼎，用茅爲之。今本作鼏，正字也。《禮》古文作密，假借字也。从鼎冖者，冖覆也。冖亦聲者，據冥字之解知之。古者覆巾謂之幎。鼎蓋謂之鼏。"是"鉉"與"鼏"爲二物也，許慎以爲一物，不確。《周易集解》引干寶曰："凡舉鼎者，鉉也。"孔穎達《周易正義》疏："鉉，所以貫鼎而舉之也。""扃"與"鉉"相通。《儀禮·士喪禮》："右人左執匕抽扃。"鄭玄注曰："扃即鉉字。"《經典釋文》："扃，鼎扛也。"

【象解】離卦爲孔，坤中曰黃，兌爲口耳，伏坎稱鉉，金喻其固。

上九：鼎玉鉉，大吉，无不利。

【釋讀】上九：鼎配上玉制的鼎蓋，大吉，不會有任何不利。

《象》曰：玉鉉在上，剛柔節也。

《象傳》說：玉制的鼎蓋蓋在鼎上面，表明剛柔相濟，互相調節。

鼎玉鉉：帛書《二三子》引作"璧"，通作"幬"，古文"幬"爲"幕"。此爻"鉉"字當作"鼏"，"玉鉉"則爲玉製鼎蓋。

【象解】離爲網罟，在上稱幕，鼎蓋之象也。參看井卦上六"井收勿幕"，以坎爲勿幕，則離爲幕。上九履陰，剛柔相濟，鼎食既熟，故曰"大吉"而"无不利"也。

震

䷲ 震：亨。震來虩虩，笑言啞啞，震驚百里，不喪匕鬯。

上六：震索索，視矍矍，征凶。震不于其躬，于其鄰，无咎。婚媾有言。

六五：震往來，厲。億无喪，有事。

九四：震遂泥。

六三：震蘇蘇，震行无眚。

六二：震來，厲。億喪貝，躋于九陵，勿逐，七日得。

初九：震來虩虩，後笑言啞啞，吉。

《彖》曰："震，亨。震來虩虩"，恐致福也。"笑言啞啞"，後有則也。"震驚百里"，驚遠而懼邇也。出可以守宗廟社稷，以爲祭主也。

【卦名釋義】 陽動於地下而欲出爲震。《國語·周語》："周幽王二年，西周三川皆震，伯陽父曰：'周將亡矣。夫天地之氣，不失其序，若過其序，民亂之也。陽伏而不能出，陰迫而不能烝，於是有地震。'"

【釋讀】震卦：亨通。雷聲傳來，天下萬物都感到恐懼，有人卻嘎嘎談笑，雷聲震驚百里之遙，杯子裏的美酒卻未灑落在地。

虩虩：《經典釋文》："馬云：'恐懼貌。'鄭同。荀作'愬愬'。"

啞啞：《説文解字》："啞，笑也。"《韓非子·難一》："師曠曰：'啞，是非君人者之言也。'"《周易集解》引虞翻曰："啞啞，笑且言也。"

匕鬯：《説文解字》："匕，亦所以用比取飯，一名栖。"段玉裁注曰："匕即今之飯匙也。""匙"與"匕"互訓。《周易集解》引鄭玄曰："鬯，秬酒，芬芳修鬯，因名焉。"王弼《周易注》："匕，所以載鼎實。"《周易尚氏學》："匕所以載牲，鬯所以降神。皆祭祀之用。"

《象》曰：洊雷，震。君子以恐懼脩省。

《象傳》說：震的卦象爲雷聲隆隆震動。君子應有所畏懼，修身省過。

【象解】震爲斗，爲匕。

初九：震來虩虩，後笑言啞啞，吉。

【釋讀】初九：聽見雷聲傳來感到恐懼，之後大聲談笑自若，吉利。

《象》曰："震來虩虩"，恐致福也。"笑言啞啞"，後有則也。

《象傳》說："震來虩虩"，恐懼之後謹慎從事，可帶來福祉。"笑言啞啞"，後來就有了相關的經驗。

【象解】震爲動，爲驚恐，又爲笑。震卦一陽在內，故爲臨，爲來；陽在下，故曰"後"。初九臨重陰，故吉。

六二：震來，厲。億喪貝，躋于九陵，勿逐，七日得。

【釋讀】六二：雷聲傳來，有危險。賭輸了錢，攀登到高高的九陵之上去躲避，不用去追尋，待到七天自己回來。

《象》曰：“震來厲”，乘剛也。

《象傳》說：“震來厲”，六二爻凌駕於初九陽爻之上，所以可能出現危險。

億喪貝：億，料度也。《左傳·襄公二十五年》：“不可億逞。”《論語》：“億則屢中。”《康熙字典》：“吳幼清云：億，賭錢也。以意猜度，如漢人射覆之類，故曰億。”射覆之“射”一讀爲“億”，猜度之義。

躋于九陵：《說文解字》：“躋，登也。”《爾雅·釋地》：“大阜曰陵。”《釋名》：“陵，崇也，體崇高也。”九陵者，連綿不絶之山也。

逐：《說文解字》：“追也。”有疾走而追尋之義。

【象解】震爲復，爲來，一陽在內也；震亦爲往，陽動欲外也。六二處艮初爻，來而不往，乘剛故“震來厲”。震爲射，爲億，又爲喪；初至四正覆震，震爲覆艮，艮爲貝，故曰“億喪貝”。艮爲陵，震爲動，故爲登，又爲追，爲逐，六二處艮卦之初，宜止而勿動。爻數遇七則返於己；震卦數七，六二當位得中，故“勿逐”而“七日得”也。

六三：震蘇蘇，震行无眚。

【釋讀】六三：打雷讓人恐懼不安，雷聲中行走，沒有遇到災禍。

《象》曰：“震蘇蘇”，位不當也。

《象傳》說：“震蘇蘇”，說明六三爻所處的位置不中不正。

蘇蘇：《經典釋文》：“疑懼貌。王肅云‘躁動貌’，鄭云‘不安也’。”孔穎達《周易正義》曰：“蘇蘇，畏懼不安之貌。”高亨以爲當作“怵怵”。“蘇蘇”即震動發麻之感覺。

【象解】六三陰居陽位，在震卦上爻，“蘇蘇”不安；互坎爲心憂，亦爲不安。承陽故"无眚"。

九四：震遂泥。

【釋讀】九四：由於震動而墜陷泥污之中。

《象》曰："震遂泥"，未光也。

《象傳》說："震遂泥"，所以失去了光明。

遂泥："遂"讀作"隊"，《說文解字》："隊，從高隊也。"段玉裁注："隊墜正俗字。古書多作隊。今則墜行而隊廢矣。"此爻或言地震。《詩經·邶風·式微》："式微，式微，胡不歸？微君之躬，胡爲乎泥中！"

【象解】震爲墜，坎入爲泥。《周易集解》引虞翻曰："坤土得雨爲泥。位在坎中，故'遂泥'也。"

六五：震往來，厲。億无喪，有事。

【釋讀】六五：打雷時來來往往，危險。打賭沒有輸錢，有宗廟祭祀之事。

《象》曰："震往來厲"，危行也。其事在中，大无喪也。

《象傳》說："震往來厲"，行動有危險。處事中規中矩，不會有大的損失。

有事：《周易集解》引虞翻曰："事謂祭祀之事。"

【象解】六五來則乘陽，往則得敵，故往來皆厲；六二爻來乘陽，往則"躋于九陵"，正覆艮之間也。六五尊位得中，故"无喪"。震爲斗，爲匕，互坎爲鬯，匕鬯爲祭祀之事，故曰"有事"。

上六：震索索，視矍矍，征凶。震不于其躬，于其鄰，无咎。婚媾有言。

【釋讀】上六：被雷聲嚇得畏畏縮縮，兩眼驚慌，征伐有凶險。驚雷沒有傷害在自己身上，卻傷害了近鄰，沒有災殃。婚配之事則有言語紛爭。

《象》曰：“震索索”，中未得也。雖凶无咎，畏鄰戒也。

《象傳》說：“震索索”，因爲上六爻其位不正。雖然有凶險卻不致受害，這是因爲看見近鄰的危險感到害怕所以能及時戒備，防患於未然。

索索：《經典釋文》引鄭玄曰：“猶‘縮縮’，足不正也。”

矍矍：畏懼慌張、目光驚惶四顧之貌。《説文解字》：“矍，視遽貌。”王弼《周易注》：“視而矍矍，无所安親也。”

【象解】六三震上，蘇蘇不安，上六亦同。離爲目，震則目無上眥，爲目不正也。震爲斗，爲匕，爲簋，皆祭祀之事也。艮爲躬，艮覆爲震，震爲鄰，六五近坎乘陽，獨受其害，故“不于其躬于其鄰”，上六以六五爲鄰。《易林》以震爲鄰。《周易尚氏學》：“卦二至上正反震，故有言。有言者爭訟，與困之三至上正反兑有言不信同也。卦三男俱備，无一女象，故不能婚媾，如婚媾則必爭訟也。”

艮

艮其背，不獲其身，行其庭，不見其人，无咎。

上九：敦艮，吉。

六五：艮其輔，言有序，悔亡。

六四：艮其身，无咎。

九三：艮其限，列其夤，厲薰心。

六二：艮其腓，不拯其隨，其心不快。

初六：艮其趾，无咎，利永貞。

《彖》曰：艮，止也。時止則止，時行則行，動靜不失其時，其道光明。艮其止，止其所也。上下敵應，不相與也。是以"不獲其身，行其庭，不見其人，无咎"也。

【卦名釋義】艮，本義觀也。《説文解字》："很也。從匕目。匕目，猶目相匕，不相下也。"段玉裁注曰："目相匕即目相比，謂若怒目相視也。不相下也，很之意也。"唐蘭《殷墟文字記》謂："艮之小篆作見。""艮爲見之變。""艮、見一聲之轉。"《説卦》："艮，止也。"《説文解字》："止，下基也。"《説卦》："艮爲山。"山乃地之限阻。高亨《周易古經今注》：“本卦艮字皆當訓顧，其訓止者，當謂目有所止耳。”

【釋讀】艮卦：盯住其背部，沒看見前身，在庭院裏行走，未見其人，沒有咎害。

《象》曰：兼山，艮。君子以思不出其位。

《象傳》說：艮卦的卦象爲兩山重疊。君子所思所想不可超越自己所處的地位。

初六：艮其趾，无咎，利永貞。

【釋讀】初六：足趾不動，沒有咎害，有利於長久之兆。

《象》曰：“艮其趾”，未失正也。

《象傳》說：“艮其趾”，說明沒有失去正道。

【爻解】爻例在下稱趾，初六得敵无應，止而不動方能長久。艮爲山，爲永。

六二：艮其腓，不拯其隨，其心不快。

【釋讀】六二：阻止其邁動小腿，不能追上其所跟隨的人，心裏感覺不快樂。

《象》曰：“不拯其隨”，未退聽也。

《象傳》說：“不拯其隨”，跟不上又不聽從意見退後，因而心中不快。

腓：小腿肚。《說文解字》：“脛腨也。”段玉裁注曰：“按諸書或言腨腸，或言腓腸，謂脛骨後之肉也。腓之言肥，似中有腸者然，故曰腓腸。”

拯其隨：拯，同“抍”。《說文解字》：“抍，上舉也。从手升聲。

《易》曰：'抍馬，壯，吉。'撜，抍或从登。"《集韻》："抍、承、撜、抍、丞五形同字。出溺爲抍。"隨，帛书《周易》作"隋"。《廣韻》："隨，從也，順也。"俞樾疑"隨"乃"骽"之假字。骽即腿也。

【象解】王弼《周易注》曰"隨謂趾也"，爻位以初爲趾，六二爲趾之上，腿也。王説殆誤。俗謂股大腿，腓小腿，腓所隨者，股也。震爲動，爲進；艮爲止，爲退，亦爲腿；腿，人所止而立也，从艮。六二承陽曰"拯"，艮爲隨，二陰跟隨一陽也。拯，解也，救也；經凡言拯，其互卦皆爲解卦。兑爲決，爲快，艮止則"不快"，坎爲心。六二前行遇坎无應，欲承陽動而止於艮，雖當位得中，"其心不快"也。

九三：艮其限，列其夤，厲薰心。

【釋讀】九三：按住其脊背不動，撕裂其脊背的肉，危險像烈火一樣燒灼它的心。

《象》曰："艮其限"，危薰心也。

《象傳》説："艮其限"，説明危難像烈火一樣燒灼它的心。

艮其限：《經典釋文》："馬云：限，要也。鄭、荀、虞同。""要"爲"腰"之本字。《説文解字》："要，身中也。"又："阻也。"《玉篇》："界也。"尚秉和以爲即脊骨。

列其夤：列，《周易集解》作"裂"。夤爲夾脊肉。《集韻》："膞，夾脊肉也。通作夤。""膞"爲本字。《説文解字》："胂，夾脊肉也。"《説文解字》無"膞"字。《周易集解》引虞翻曰："夤，脊肉。"王弼《周易注》："夤，當中脊之肉也。"

厲薰心：薰，通作"熏"。《詩經·大雅·雲漢》："憂心如熏。"毛傳曰："熏，灼也。"《經典釋文》："熏，本又作燻。《周禮·秋官·翦氏》以莽草熏之。"楚竹書《周易》作"囡",通"炯"。《説文解字》:"炯,光也。"《廣韻》:"炯,火明貌。"王弼《周易注》:"危亡之憂,乃薰灼其心也。"

【象解】《説卦》坎爲美脊,陽得中爲美;坎爲脊,亦爲腰。上下言腰,前後言脊。下艮止而上震動,其象如肉撕裂,故曰"列其夤";噬嗑之坎卦三爻皆取肉象。"厲薰心"者,艮火坎肉也,象皆詳《焦氏易詁》。尚秉和《周易尚氏學》:"來知德又云以三十年之功,始悟熏字之由於伏離,由斯證一象之失傳,可使名家易人人異詞。真可歎也。"説易者千載如盲人摸象,余亦爲之一歎。

六四:艮其身,无咎。

【釋讀】六四:能把握住自己,這樣就沒有過失。

《象》曰:"艮其身",止諸躬也。

《象傳》説:"艮其身",能做到自我調適。

【象解】艮爲躬。躬即身也。六四當位,九三以陽負陰,故能止而"无咎"。

六五:艮其輔,言有序,悔亡。

【釋讀】六五:抑止於口不隨便亂説,説話很有條理,禍患將會消除。

《象》曰:"艮其輔",以中正也。

《象傳》説:"艮其輔",説明六五爻正居於中位。

艮其輔:輔,《説文解字》:"人頰車也。"《左傳·僖公五年》:"輔車相依。"注云:"車,牙車。"疏曰:"牙車,牙下骨之名。在頰之下。"《周易集解》引虞翻曰:"輔,面頰骨,上頰車者也。"

言有序:《爾雅·釋宮》:"東西牆謂之序。"注曰:"所以序別内外。"疏云："此謂室前堂上東廂西廂之牆也。"敍,《正字通》謂之俗"敘"字,段玉裁《説文解字注》謂"古或假序爲之"。《説文解字》："敍,次第也。"《疏》:"敍,謂次敍。"有序即分内外示有别。

【象解】 艮爲止爲輔,震爲牙車。震爲言,艮爲牆,重艮則爲"有序"。得中承陽故"悔亡"。

上九:敦艮,吉。

【釋讀】 上九:根基厚重篤實,吉祥。

《象》曰:"敦艮之吉",以厚終也。

《象傳》説:"敦艮之吉",説明上九敦厚品德保持到最終。

敦:《爾雅·釋丘》:"丘,一成爲敦丘。"邢昺疏曰:"成,重也。言丘上更有一丘相重累者,名敦丘。"《詩經·衛風·氓》:"送子涉淇,至于頓丘。"《爾雅·釋丘》又曰:"如覆敦者,敦丘。"郭璞注曰:"敦,盂也。"敦爲黍稷器,郭注舉其類而言之也。《五經文字》:"敦,厚也。"

【象解】 艮爲山,爲敦,爲重。一陽向下,根之象也。

漸

漸：女歸吉，利貞。

上九：鴻漸于陸，其羽可用爲儀，吉。

九五：鴻漸于陵，婦三歲不孕，終莫之勝，吉。

六四：鴻漸于木，或得其桷，无咎。

九三：鴻漸于陸，夫征不復，婦孕不育，凶，利禦寇。

六二：鴻漸于磐，飲食衎衎，吉。

初六：鴻漸于干，小子厲，有言，无咎。

《彖》曰：漸之進也，女歸吉也。進得位，往有功也。進以正，可以正邦也。其位剛，得中也。止而巽，動不窮也。

【卦名釋義】 漸卦由否卦卦變而來，乾坤初交，一陽入陰，一陰入陽。天行有常，然天地萬物，不變之中亦有漸變也。孔穎達《周易正義》疏曰："漸者，不速之名也。凡物有變移，徐而不速，謂之漸也。"下經自咸恒至損益爲初，至漸與歸妹爲中，既濟未濟爲終。

【釋讀】 漸卦：女子出嫁吉祥，有利之兆。

《象》曰：山上有木，漸。君子以居賢德善俗。

《象傳》說：漸卦的卦象爲山上的樹木逐漸長得高大。君子敬賢修德，改善社會的風尚。

初六：鴻漸于干，小子厲，有言，无咎。

【釋讀】初六：鴻雁在河岸邊戲水，小孩子這樣做有危險，言語呵斥他，沒有過錯。

《象》曰："小子之厲"，義无咎也。

《象傳》說："小子之厲"，其目的爲了不至於發生什麼危險。

鴻漸于干：漸，《類篇》："慈鹽切，音潛。涉水也。與潛通。"《書·洪範》："沉潛剛克。"《左傳》《史記》皆作"沉漸"。揚子《方言》："潛涵，沉也。又游也。"注曰："潛行水中，亦曰游。"又漬也，濕也。《詩經·衞風》："淇水湯湯，漸車帷裳。"干，通"岸"。《説文解字》："岸，水厓而高者。"《詩經·小雅·斯干》："秩秩斯干，幽幽南山。"毛傳曰："干，澗也。又水涯也。"《詩經·魏風·伐檀》："寘之河之干兮。"毛傳曰："干，涯也。"

【象解】艮爲山，下互坎，近水而高則爲岸。初爻坎下，爲沉潛於水之象；艮爲童爲少男，在初故稱小子，近坎險，故爲"有厲"。巽爲命，爲令，艮爲止，有令而止，呵斥也。能止則无咎。

六二：鴻漸于磐，飲食衎衎，吉。

【釋讀】六二：鴻雁緩緩降落在山坡上，高高興興地走來走去飲水找食物，吉祥。

《象》曰："飲食衎衎"，不素飽也。

《象傳》說："飲食和樂"，不是尸位素餐。

鴻漸于磐：磐，帛書《周易》作"阪"。《周易集解》引虞翻曰：

"艮爲山石。坎爲聚，聚石稱磐。"《説文解字》："坡者曰阪。"段玉裁注曰："《釋地》、毛傳皆曰：'陂者曰阪。'許云'坡者曰阪'，然則坡陂異部同字也。"《詩經・小雅・正月》："瞻彼阪田。"鄭箋云："阪田，崎嶇墝［qiāo］埆［què］之處。"

衎［kàn］衎：《説文解字》："衎，行喜貌。"《爾雅・釋詁》："衎，樂也。"

【象解】上卦巽爲鴻，艮爲止，爲不速故亦爲漸，由艮象可知"漸"有降落之義。艮爲山，爲石，正象"崎嶇墝埆之處"，艮中爻象山之中部爲坡地，故爲阪，非山中大石也。孔穎達《周易正義》疏曰："馬季長云：'山中石磐紆，故稱磐也。'鴻是水鳥，非是集於山石陵陸之禽，而爻辭以此言'鴻漸'者，蓋漸之爲義，漸漸之於高，故取山石陵陸，以應漸高之義，不復系水鳥也。"坎爲飲食。

九三：鴻漸于陸，夫征不復，婦孕不育，凶，利禦寇。

【釋讀】九三：鴻雁慢慢地降落到較高平的山頂，丈夫出征打仗不復還，妻子非夫而孕不能生子養育，凶險，宜於抵禦强寇。

《象》曰："夫征不復"，離群醜也。"婦孕不育"，失其道也。"利用禦寇"，順相保也。

《象傳》説："夫征不復"，遭遇一群敵人圍攻。"婦孕不育"，不遵守婦道。"利用禦寇"，下屬和順繞能保護對方。

鴻漸于陸：《説文解字》曰："陸，高平地。"《爾雅・釋地》："高平曰陸。"《經典釋文》："陸，高之頂也。馬云：'山上高平曰陸。'"

《詩經・豳風・九罭》："鴻飛遵陸，公歸不復。"

【象解】艮爲山，九三居艮上，山上高處爲陸。震爲復，艮則不復；《易林》以艮爲夫，一陽陷於群陰，故曰"夫征不復"。震爲辰，

爲娠，爲生，艮覆震爲"不育"。漸卦由否卦之乾坤陰陽交而成，坎
自外來，所孕匪正。坎爲寇，艮爲禦。《周易尚氏學》以巽爲寇，
疑非。

六四：鴻漸于木，或得其桷，无咎。

【釋讀】六四：鴻雁降落在樹木上，或許能找到較平的枝杈棲息，
不會受到傷害。

《象》曰："或得其桷"，順以巽也。

《象傳》說："或得其桷"，說明六四柔順而服從。

或得其桷：《釋名》："桷，確堅而直也。"《詩經·魯頌·閟宮》：
"松桷有舄。"

【象解】九家逸象巽爲鸛，鸛鴻皆水鳥，故亦爲鴻；巽爲木，艮
爲角。巽爲疑，爲"或得"。"无咎"者，陰順承陽也。

九五：鴻漸于陵，婦三歲不孕，終莫之勝，吉。

【釋讀】九五：鴻雁緩緩降落到大土山上，妻子三年沒有懷孕，
最終還是沒有人能阻擋自己與其相合，吉祥。

《象》曰："終莫之勝吉"，得所願也。

《象傳》說："終莫之勝吉"，實現了願望。

鴻漸于陵：陵，段玉裁《說文解字注》曰："《釋地》、毛傳皆曰
'大阜曰陵'。"《爾雅·釋地》："大陸曰阜。"《釋名》："土山曰阜，
言高厚也。"《說文解字》："阜，大陸，山無石者。"

終莫之勝：勝，克也，能也。婦雖"三歲不孕"，終無人能阻礙
自己與其相應合。

【象解】九五尊位，象陸之大者，故稱"陵"，大陸也。《周易尚
氏學》："巽爲婦，震爲孕，震伏，下散漏，故不孕。又五應在二，爲

三所阻，不能應二，故‘三歲不孕’。坎爲三歲，言其久。然五與二爲正應，三豈能終阻之，故終勝三，得所願而吉也。‘莫之勝’，言三不能勝五也。”

上九：鴻漸于陸，其羽可用爲儀，吉。

【釋讀】上九：鴻雁慢慢落在高山之上，它的羽毛可以作爲羽舞的裝飾品，吉祥。

《象》曰：“其羽可用爲儀，吉”，不可亂也。

《象傳》説：“其羽可用爲儀，吉”，羽毛不能紛亂，否則不堪正用。

可用爲儀：儀，帛書《周易》作“宜”。儀，羽舞。《詩經·陳風·宛丘》：“坎擊其鼓，宛丘之下，無冬無夏，値其鷺羽。”

【象解】九三居艮上，山上高處爲陸。上九居卦之高位，巽爲高，故象同九三爻。震爲羽。《周易集解》姤卦初六引虞翻曰：“巽爲舞。”巽爲風，爲進退，故爲舞。

歸　妹

䷵ 歸妹：征凶，无攸利。

上六：女承筐无實，士刲羊无血，无攸利。

六五：帝乙歸妹，其君之袂，不如其娣之袂良。月幾望，吉。

九四：歸妹愆期，遲歸有時。

六三：歸妹以須，反歸以娣。

九二：眇能視，利幽人之貞。

初九：歸妹以娣，跛能履，征吉。

《彖》曰：歸妹，天地之大義也。天地不交，而萬物不興。歸妹，人之終始也。説以動，所歸妹也。"征凶"，位不當也。"无攸利"，柔乘剛也。

【卦名釋義】 歸妹卦變則成泰卦。泰卦爲陰陽交泰，天地和美，此時以乾坤男女陰陽相交，婚嫁之象也。俞琰《周易集説》："漸言女歸，自彼歸我之辭，娶婦之象也。此言歸妹，自我歸彼之辭，嫁妹之象也。"小過、中孚二卦相交則成漸卦與歸妹卦。

【釋讀】歸妹：遠征有凶險，沒有任何益處。

《象》曰：澤上有雷，歸妹。君子以永終知敝。

《象傳》說：歸妹卦爲雷上震動兑悅承澤。君子應該夫妻和諧終老，而且知曉久則弊生的道理，防微杜漸。

初九：歸妹以娣，跛能履，征吉。

【釋讀】初九：少女帶上年齡更小的妹妹一同出嫁，好像腳跛而能湊合走路一樣，出征吉祥。

《象》曰："歸妹以娣"，以恒也。"跛能履"，吉相承也。

《象傳》說："歸妹以娣"，這樣纔能長久。"跛能履"，姊妹一起照顧丈夫，所以吉祥。

歸妹以娣：以，古"以""與"聲相通。《儀禮·燕禮》："君曰：以我安。"注："猶與也。"娣，段玉裁《説文解字注》曰："同夫之女弟也。小徐本有夫之二字，而尚少同字。今補。同夫者，女子同事一夫也。《釋親》曰：'女子同出謂先生爲姒，後生爲娣。'"

跛能履："能"，《周易集解》作"而"。孔穎達《周易正義》疏云："'跛能履'者，妹而繼姊爲娣，雖非正配，不失常道，譬猶跛人之足然。雖不正，不廢能履，故曰'跛能履'也。"

【象解】兑爲妹，初曰"娣"，娣者嫡之女弟也。兑爲毀折，伏艮爲腿，初爻於象爲足，故爲跛腳。夬卦九四亦取象於兑，"其行次且"即跛也。震武人，兑毀折，震兑陽爻俱在下，皆利往，説以動，故"征吉"。

九二：眇能視，利幽人之貞。

【釋讀】九二：眼睛視力不佳還能勉强看到東西，有利於幽囚之人。

《象》曰："利幽人之貞"，未變常也。

《象傳》說："利幽人之貞"，還算是沒有改變常規吧。

眇能視：眇，《說文解字》："一目小也。"

幽人：幽囚之人。

【象解】兌爲妹，亦爲闇昧，故爲"幽人"。互離爲目，兌目不正，二卦合睽，故稱"眇能視"也。類象參看履卦六三"眇能視，跛能履"。

六三：歸妹以須，反歸以娣。

【釋讀】六三：和聰明伶俐的姐姐一起出嫁，結果自己和妹妹一起被夫家所棄返回娘家。

《象》曰："歸妹以須"，未當也。

《象傳》說："歸妹以須"，這種結局很不適當。

歸妹以須：以須，帛書《周易》作"以嬬"。《周易集解》引虞翻曰："須，需也。"段玉裁《說文解字注》曰："嬬之言濡也。濡，柔也。"須，《經典釋文》："如字，待也。鄭云：'有才智之稱。'荀、陸作嬬。陸云：'妾也。'"或作"嬃"，意爲年長之姊（楚人謂姊爲嬃），與年幼之娣相對。"歸妹以須，反歸以娣"爲對文，"須"及"娣"與己同嫁也。

反歸：謂已嫁之女爲夫家所棄而返母家。《穀梁傳·隱公二年》："婦人謂嫁曰歸，反曰來歸。"注曰："嫁而曰歸，明外屬也；反曰來歸，明從外至也。"《左傳·莊公二十七年》："凡諸侯之女，歸寧曰來，出曰來歸。"杜預注曰："歸，不反之辭。"孔穎達《周易正義》疏云："見絕而出，則以來歸爲辭，來而不反也。"

【象解】坎水爲需，爲濡，爲嬬。六三居坎下承陽，"歸妹以須"，與須同歸也；震爲反，爲歸，兌爲娣，"反歸以娣"，震在外而兌在內也。

九四：歸妹愆期，遲歸有時。

【釋讀】九四：待嫁少女錯過出嫁的時機，延遲待嫁，等待好的時機。

《象》曰：愆期之志，有待而行也。

《象傳》說：錯過出嫁的時機，是想等待更好的人纔肯出嫁。

歸妹愆期：《說文解字》：“愆，過也。”愆期，錯過了時機。《詩經·衛風·氓》：“匪我愆期，子無良媒。”

【象解】坎爲陷，爲過，故爲愆，爲遲。小過卦小坎，大過卦大坎也。震卦一陽來復，故爲臨，爲來，爲歸。震爲箕，爲期。震爲辰，爲時，詳《焦氏易詁》。

六五：帝乙歸妹，其君之袂，不如其娣之袂良。月幾望，吉。

【釋讀】六五：帝乙嫁出少女，帝乙的服飾，反不如嫁女的服飾華美。月近十五將要圓了，吉祥。

《象》曰：帝乙歸妹，不如其娣之袂良也。其位在中，以貴行也。

《象傳》說：帝乙嫁出少女，反不如嫁女的服飾華美，說明雖身居中位，十分尊貴，卻能保持勤儉的美好德行。

月幾望：帛書《周易》作“日月既望”，漢石經作“□既望”。《周易集解》引虞翻曰：“坎月離日，兌西震東，日月象對，故曰幾望。”“幾”“既”“近”三字以音通相假。參看小畜卦上九所釋。望，通“朢”。

【象解】《周易尚氏學》：“震爲帝，故曰帝乙，帝乙湯也；京房易載其嫁妹之辭，是湯曾嫁妹，故曰‘帝乙歸妹’。震爲君爲袂，而震亦爲口，袂袖口也。袂在五震，故曰君袂；在二兌，故曰娣袂，皆取象於口。乃五陰二陽，故君袂不如娣良。"震君震袂震口象皆失傳，说詳《焦氏易詁》。下兑爲月，震始初生，坎離相對，故爲"月幾望"。

上六：女承筐无實，士刲羊无血，无攸利。

【釋讀】上六：女子托著的竹筐裏空無實物，男子宰殺羊卻不見出血，没有任何益處。

《象》曰：上六无實，承虛筐也。

《象傳》説：上六空虛無實，手持空空的筐籃。

女承筐：《周易集解》引虞翻曰："自下受上稱承。"《詩經・小雅・鹿鳴》："我有嘉賓，鼓瑟吹笙。吹笙鼓簧，承筐是將。"

士刲羊：刲［kuī］，《周易集解》引虞翻曰："刲，刺也。"

【象解】《周易尚氏學》："下兑爲女，震爲筐，女在下，筐在上，故曰'女承筐'；乃上不應三，故'无實'。震爲虛，亦无實也。震爲士，兑爲羊，爲斧，爲毀折，故曰'士刲羊'；乃三不應上，故'无血'。"巽入故爲利，震出則无利。

豐

豐：亨，王假之，勿憂，宜日中。

上六：豐其屋，蔀其家，闚其户，闃其无人，三歲不覿，凶。

六五：來章，有慶譽，吉。

九四：豐其蔀，日中見斗，遇其夷主，吉。

九三：豐其沛，日中見沫，折其右肱，无咎。

六二：豐其蔀，日中見斗，往得疑疾，有孚發若，吉。

初九：遇其配主，雖旬无咎，往有尚。

《彖》曰：豐，大也。明以動，故豐。"王假之"，尚大也。"勿憂，宜日中"，宜照天下也。日中則昃，月盈則食，天地盈虛，與時消息，而況於人乎，況於鬼神乎？

【卦名釋義】 豐，豐盈碩大。揚子《方言》："凡物之大貌曰豐。"豐卦由離卦卦變而來，離變成震，日中則昃，內卦離日爲大坎卦所遮蔽，故豐卦爻辭多取天文之象。

【釋讀】 豐卦：亨通，君王到來，不用擔憂，就像太陽位居中天一樣耀眼。

《象》曰：雷電皆至，豐。君子以折獄致刑。

《象傳》說：豐卦爲雷聲閃電同時到來之象。君子斷案用刑應起到震懾作用。

初九：遇其配主，雖旬无咎，往有尚。

【釋讀】初九：不期而遇見到主人的妃嬪，賓客之道一旬之內沒有過失，前往會受到尊敬重視。

《象》曰："雖旬无咎"，過旬災也。

《象傳》說："雖旬无咎"，超過一旬就會有災禍。

遇其配主：配主，《周易集解》引虞翻曰："妃嬪。"《左傳》："嘉耦曰妃，怨耦曰仇。"《説文解字》："配，酒色也。"段玉裁注曰："本義如是。後人借爲妃字，而本義廢矣。妃者，匹也。"

雖旬无咎：《説文解字》："旬，徧也。十日爲旬。"段玉裁注曰："十日爲旬。此徧中之一義也。"又曰："日之數十，自甲至癸而一徧。"《爾雅·釋言》："徇，徧也。"《詩經·大雅·江漢》："王命召虎，來旬來宣。"傳曰："旬，徧也。"《禮記·內則》："大夫之子有食母，士之妻自養其子。由命士以上及大夫之子，旬而見。"鄭玄注曰："旬當爲均。"馬其昶《周易費氏學》案："《儀禮》疏云：賓客之道，十日爲正，一旬之內，或逢凶變，或主人留之，不得時反，即有稍禮。"

【象解】初爻遇六二，配主謂二，陰陽相配，故"往有尚"也。二五中爻稱主，故六五爲夷主。一月分三旬，十日爲一旬，三爻則初中上三旬。日中則昃，離卦三爻變而成震，故《象》曰"過旬災也"。過旬，過中旬也。

六二：豐其蔀，日中見斗，往得疑疾，有孚發若，吉。

【釋讀】六二：天好像被大大的草製斗蓋所遮蔽，白天能看見北斗星，前往行事會得怪病，抓獲的俘虜憂心忡忡的樣子，吉利。

《象》曰："有孚發若"，信以發志也。

《象傳》說："有孚發若"，有誠信所以能發揚其志向。

豐其蔀：蔀，王弼《周易注》："覆暖，鄣光明之物也。"《字彙補》："蔀，斗蓋也。"《晉書·天文志》："北斗七星，七曰部星，亦曰應星，主兵。"《考工記》："輪人爲蓋，部長二尺。"蔀、部、布音同義近，皆有分、散、廣大之義，引申之義爲遮蓋。

有孚發若：發若，帛書《周易》作"恤若"。《説文解字》："恤，憂也。"發若，憂心忡忡之貌。《象傳》釋義與經相異。

【象解】離爲豐，爲滿。下離爲日，爲目爲見，上震爲箕，爲斗，六二中位，故曰"日中見斗"。巽爲進退，爲疑，爲疾。巽爲伏，爲孚，有疾故"發若"。中正則吉。

九三：豐其沛，日中見沫，折其右肱，无咎。

【釋讀】九三：雨水豐沛，天好像被張開的慢帳所遮蔽，白天看見了小星星，右臂被折斷而難以有所作爲，沒有過失。

《象》曰："豐其沛"，不可大事也。"折其右肱"，終不可用也。

《象傳》說："豐其沛"，不能成就大事。"折其右肱"，最終得不到重用。

豐其沛：沛，一作旛慢解，通作旆。王弼《周易注》："沛，幡慢，所以禦盛光也。"《説文解字》："旆，繼旐之旗也，沛然而垂。""旆"字從狀若水沛然而得名，此"沛"字本義。沛，別作霈，有雨盛之貌。

日中見沫：《周易集解》引《九家易》曰："大暗謂之沛。沫，斗杓後小星也。”沫，又通作昧。《子夏傳》云：“昧，星之小者。”

【象解】兑爲雨，故曰沛，兑爲晦暗，故曰“見沫”。《周易集解》引虞翻釋賁卦稱“天之文也”，謂“艮爲星，離日坎月”，《周易尚氏學》從之。兑爲折，伏艮爲肱，上卦覆震亦爲艮爲肱，九三處正反兑之間，伏象爲艮震，乃折肱之象。應上有阻，故折右肱。震爲左，兑爲右，後天八卦之位。

九四：豐其蔀，日中見斗，遇其夷主，吉。

【釋讀】九四：天好像被大大的草製斗蓋所遮蔽，白天看到了北斗星，不期而遇到平易近人的明主，吉祥。

《象》曰：“豐其蔀”，位不當也。“日中見斗”，幽不明也。“遇其夷主”，吉行也。

《象傳》説：“豐其蔀”，是説九四爻爻位不當。“日中見斗”，幽暗没有光亮。“遇其夷主”，行路吉利。

遇其夷主：《説文解字》：“夷，平也。”段玉裁注曰：“此與‘君子如夷’、‘有夷之行’、‘降福孔夷’、《傳》‘夷易也’同意。夷即易之假借也，易亦訓平，故假夷爲易也。《節南山》一詩中平易分釋者，各依其義所近也。《風雨》傳曰‘夷悦也’者，平之意也。《皇矣》傳曰‘夷常也’者，謂夷即之假借也。”孔穎達《周易正義》疏曰：“二陽體敵，兩主均平，故初謂四爲‘旬’，而四謂初爲‘夷’也。”孔穎達以初四互爲主，大謬。

【象解】震爲箕，爲斗。《易林》以震爲斗。九四遇六五，陽遇陰則通，通則平易，六五尊位稱主，故曰“遇其夷主”。

六五：來章，有慶譽，吉。

【釋讀】六五：有人送來美玉圭璋，有喜慶和讚譽，吉祥。

《象》曰：六五之吉，有慶也。

《象傳》說：六五之吉，有喜慶之事。

來章：章，通"璋"。《説文解字》："半圭爲璋。"《周禮·秋官·小行人》："合六幣：圭以馬，璋以皮，璧以帛，琮以錦，琥以繡，璜以黼。"鄭玄注曰："用圭璋者，二王之後也。二王後尊，故享用圭璋而特之。"圭與璋爲夏、商後裔享禮之所用，享天子用圭，享王后用璋。

【象解】震爲來。尚秉和《焦氏易林注》以艮爲玉，亦以震爲玉，爲玉故爲璋。吳汝綸《易説》："陰爻皆借助於陽。二得初爲有孚，五得四爲來章。"六五陰爻居君位，王后之象也，爲享用圭璋者。

上六：豐其屋，蔀其家，闚其戶，闃其无人，三歲不覿，凶。

【釋讀】上六：高大寬敞的房屋，被草製斗蓋遮住居室，從窗戶睜大眼睛向内窺視，寂静而無人，三年之久仍不見人，凶險。

《象》曰："豐其屋"，天際翔也。"闚其戶，闃其无人"，自藏也。

《象傳》說："高大的房屋"，自閉於人，好似在天邊飛翔。"窺視窗戶，寂静而无人"，自己隱藏起來了。

豐其屋：《説文解字》："寷，大屋也。从宀豐聲。《易》曰：'寷其屋。'"

闚其戶：闚，《説文解字》："閃也。"謂傾頭門中視也。《廣韻》："小視。"《説文解字》："戶，護也。半門曰戶。"《釋名》："所以謹護閉塞也。"《六書精藴》："室之口也。凡室之口曰戶，堂之口曰門。内曰戶，外曰門。一扉曰戶，兩扉曰門。"

闃其无人：《説文解字》徐鉉案："《易》'窺其戶，闃其無人'。窺，小視也。昊，大張目也。言始小視之，雖大張目亦不見人也。義當只用昊字。"

　　三歲不覿：覿，見也。《左傳·莊公二十四年》：“大夫宗婦覿用幣。”《公羊傳》：“覿者何？見也。”

　　【象解】艮爲家，爲屋，爲户庭。上震卦爲覆艮，爲虚，上六隔陽，故曰“无人”。一陰相阻，故曰“三歲”。艮爲視，震爲闚，爲矍，目無上眥也。

旅

䷷ 旅：小亨，旅貞吉。

上九：鳥焚其巢，旅人先笑後號咷。喪牛于易，凶。

六五：射雉，一矢亡，終以譽命。

九四：旅于處，得其資斧，我心不快。

九三：旅焚其次，喪其童僕，貞厲。

六二：旅即次，懷其資，得童僕貞。

初六：旅瑣瑣，斯其所取災。

《彖》曰："旅，小亨"，柔得中乎外而順乎剛，止而麗乎明，是以"小亨，旅貞吉"也。旅之時義大矣哉！

【卦名釋義】 旅，廬也，侶也，衆也。《周易尚氏學》以旅爲伴，陽前陰後，有若伴侶。旅以一陰隨一陽，二陰隨二陽，故爲商旅結伴同行之象。結伴故亦爲衆。《周禮·春官·小司徒》："五人爲伍，五伍爲兩，四兩爲卒，五卒爲旅，五旅爲師，五師爲軍。"旅卦與離卦卦形相近，火盛則取災也。旅卦陽爻皆非吉。

【釋讀】旅卦：小心謙順可以亨通，行旅，吉祥。

《象》曰：山上有火，旅。君子以明慎用刑，而不留獄。

《象傳》說：旅卦爲山火蔓延之象。君子觀此應謹慎使用刑罰，明斷決獄。

初六：旅瑣瑣，斯其所取災。

【釋讀】初六：商旅之行卑微猥瑣卻拿著散亂資財，這是自己招來的災禍。

《象》曰："旅瑣瑣"，志窮災也。

《象傳》說："旅瑣瑣"，是心志鄙陋所造成的災禍。

瑣瑣：卑微渺小之貌。《說文解字》："𤨏，貝聲也。從小貝。"段玉裁注曰："聚小貝則多聲，故其字從小貝。引伸爲細碎之稱。今俗瑣屑字當作此。瑣行而𤨏廢矣。"《詩經·小雅·節南山》："瑣瑣姻亞，則無膴仕。"傳曰："瑣瑣，小貌。"《周易集解》引陸績曰："瑣瑣，小也。艮爲小石，故曰'旅瑣瑣'也。"

斯其所取災：斯，帛書《周易》、楚竹書《周易》作"此"，"斯""此"音通義同。《詩經·商頌·烈祖》："嗟嗟烈祖，有秩斯祜。申錫無疆，及爾斯所。""及爾斯所"之"斯"爲"此"之義，"所"爲"處所"。"所"又用作語辭。《詩經·鄘風·載馳》："百爾所思，不如我所之。"與"其所取災"句式相類。

【象解】艮爲貝，初爻故爲小貝，爲"瑣瑣"。艮爲火，爲災。艮火象詳《焦氏易詁》。

六二：旅即次，懷其資，得童僕貞。

【釋讀】六二：商旅結伴來到集市，攜帶財物，得到童僕之兆。

《象》曰："得童僕貞"，終无尤也。

《象傳》説："得童僕貞"，最終的結果无需擔憂。

旅即次：《周易集解》引《九家易》曰："即，就。次，舍。資，財也。"舍，止也。"次"古文形如幄張，即帳篷撑起，故"次"有舍、止之義。《國語·魯語上》："五刑三次。"韋昭注曰："次，處也。三次，謂朝、野、市。"《周禮·地官·司市》："守門市之群吏平肆，展成奠賈，上旌於思次以令市。市師涖焉，而聽大治大訟；胥師賈師，涖於介次，而聽小治小訟。"鄭玄注曰："思次，若今市亭也……鄭司農云：思，辭也；次，市中候樓也……玄謂思當爲司字，聲之誤也。""思次"應爲古時司市管理市政、聽治訟獄之處所。

懷其資：資從次，有積聚貝幣，暫不投入交易而求大利之義。資，帛書《周易》作"茨"。

【象解】艮爲止，故爲次。艮爲執，在中曰"懷"。艮爲貝故亦爲資。艮爲僮僕。六二得中當位承陽，故其象如此。

九三：旅焚其次，喪其僮僕，貞厲。

【釋讀】九三：商旅住處失火，失去了童僕，危險徵兆。

《象》曰："旅焚其次"，亦以傷矣。以旅與下，其義喪也。

《象傳》説："旅焚其次"，人也因此受傷了。行旅和童僕一起結伴而走，童僕很容易丢失了。

旅焚其次：次，舍也，居所。《左傳·襄公二十六年》："秣馬蓐食，師陳焚次。"杜預注曰："次，舍也。焚舍，示必死。"

【象解】艮爲火，爲次，互兑爲傷，故"焚其次"。九三下據群陰而"喪其僮僕"，蓋因"焚其次"，不及下也。九三陽居剛位，二陽相比而无應，故爲"貞厲"，三多凶也。

九四：旅于處，得其資斧，我心不快。

【釋讀】九四：商旅途中暫爲棲身，得到了鋒利的斧子，但是我的心情不愉快。

《象》曰："旅于處"，未得位也。"得其資斧"，心未快也。

《象傳》說："旅于處"，因爲不是長久安身的地方。"得其資斧"，心中感覺不暢快。

旅于處：處，止也，暫時留止歇息。《廣韻》："處，留也，息也，定也。"《詩經·召南·殷其雷》："何斯違斯，莫或遑處？"《詩經·大雅·公劉》："于時處處，于時廬旅。"毛傳曰："廬，寄也。"箋云："廬，舍其賓旅。"《詩經·小雅·信南山》："中田有廬，疆場有瓜。"箋云："中田，田中也。農人作廬焉，以便其田事。"

資斧：《子夏傳》作"齊斧"。《正韻》："齋字，古單作齊。"帛書《周易》作"溍斧"，本爻"得其資斧"與六二爻"懷其資"相對。"資"，帛書《周易》作"茨"。《集韻》："齊，子淺切，音翦。同剪。"《說文解字》："剪，齊斷也。"剪取其齊，故謂"齊"爲"剪"。《詩經·豳風·破斧》："既破我斧，又缺我錡。"《周易集解》引王弼曰："斧，所以斫除荊棘，以安其舍者也。雖處上體之下，不先於物；然而不得其位，不獲平坦之地者也。客子所處，不得其次，而得其資斧之地，故其心不快。"《漢書·王莽傳下》：司徒尋初發長安，宿霸昌廏，亡其黃鉞。尋士房揚素狂直，乃哭曰："此經所謂'喪其齊斧'者也！"應劭注："齊，利也。亡其利斧，言无以復斷斬也。"青銅時代或亦以斧作幣。

【象解】巽爲憂疑，應初有阻，故"心不快"。九四處巽之上，巽卦初陰本弱，故不安於處。二至五巽兌相覆，兌爲斧鉞，九四遇六五，以陽遇陰，爲"得其資斧"。《說卦》："齊乎巽。"巽爲齊，其下斷也。

六五：射雉，一矢亡，終以譽命。

【釋讀】六五：射野雞，喪失一支箭，最終獲得榮譽和爵命。

《象》曰："終以譽命"，上逮也。

《象傳》說："最終獲得榮譽和爵命"，是由於能親近居高位的尊者。

【象解】上離爲雉，下艮爲弓，故爲"射雉"。射必以矢，乃坎伏不見，故"一矢亡"。兌卦爲言，伏艮爲譽，兌巽相覆，故稱"譽命"；"終以譽命"，承陽也。

上九：鳥焚其巢，旅人先笑後號咷。喪牛于易，凶。

【釋讀】上九：鳥巢失火被燒掉，行旅之人先喜悦歡笑，後號咷大哭。在田畔丟失了牛，凶險。

《象》曰：以旅在上，其義焚也。"喪牛于易"，終莫之聞也。

《象傳》說：客旅寄居卻高高在上，容易遭到焚巢之災。在田畔丟失了牛，結果是再也找不回來了。

鳥焚其巢：焚，帛書《周易》作"棼"。《説文解字》曰："橑，棼也。"段玉裁注曰："橑，棼也。是曰橑，曰棼者，複屋之棟也。"又曰："在瓦之下椽之上。"《增韻》："橑，即今複屋棟。複屋之棟不可見，故從隱省。"此非經義。"棼"，又通"宷"。段玉裁注曰："假借爲紛亂字。"離卦九四"焚如"帛書《周易》作"紛如"，知"棼"非假借爲紛亂字，或釋"焚其巢"爲"亂其巢"。説不可從。聞一多《周易義證類纂》疑"焚"讀作"僨"，"焚其巢"即"覆其巢"。亦不可從。

喪牛于易：易，田畔也。《山海經·大荒東經》"有易殺王亥，取僕牛"，"僕牛"即"服牛"。《繫辭下》："服牛乘馬，引重致遠，以利天下。"王國維《殷卜辭中所見先公先王考》考證甚詳。"喪牛于易"與"鳥焚其巢"皆失其居之義。

【象解】離爲鳥，中虛故爲巢，下艮爲火，"鳥焚其巢"；艮爲山高，故上離卦取鳥巢之象。兑爲笑巽爲號，上九履陰，故爲"先笑"，无應而"後號咷"。《左傳》以純離爲牛，兑毀折，故"喪牛"。艮爲界，爲場。牛在艮外，故喪牛於田畔。九三與上九皆曰"焚"，火炎上也。

巽

巽：小亨，利有攸往，利見大人。

上九：巽在牀下，喪其資斧，貞凶。

九五：貞吉，悔亡，无不利。无初有終，先庚三日，後庚三日，吉。

六四：悔亡，田獲三品。

九三：頻巽，吝。

九二：巽在牀下，用史巫紛若，吉，无咎。

初六：進退，利武人之貞。

《彖》曰：重巽以申命，剛巽乎中正而志行。柔皆順乎剛，是以"小亨，利有攸往，利見大人"。

【卦名釋義】 巽卦，順也，征伐不服也。

【釋讀】 巽卦：柔順則亨通，利於去遠方，利於出現大人。

《象》曰：隨風，巽。君子以申命行事。

《象傳》說：巽卦為風行天下萬物順服之象。君子應發號施令，處置事情。

【象解】巽下缺爲虧，故稱“小亨”。

初六：進退，利武人之貞。

【釋讀】初六：考慮應該前進還是後退，利於將帥軍人之兆。

《象》曰：“進退”，志疑也。“利武人之貞”，志治也。

《象傳》說：“進退”，内心想法猶豫不定。“利武人之貞”，其志向是使天下得到治理。

武人：將帥軍人。《詩經·小雅·漸漸之石》：“山川悠遠，維其勞矣。武人東征，不遑朝矣。”鄭玄箋曰：“武人，謂將率也。”

【象解】《說卦》：“巽爲進退。”伏震爲武人。

九二：巽在牀下，用史巫紛若，吉，无咎。

【釋讀】九二：卧牀不起，宜於祝史、巫覡降神祭祀，禳災驅鬼紛紛攘攘，吉利，没有災患。

《象》曰：“紛若之吉”，得中也。

《象傳》說：“紛若之吉”，這是因爲九二處中爻之位。

巽在牀下：牀，用爲可供人坐卧之器具。《說文解字》：“安身之坐者。”段玉裁注曰：“牀之制略同几而庳於几，可坐，故曰安身之几坐。”“古人坐於牀，而又不似今人垂足而坐之證也。牀亦可卧。”

史巫紛若：孔穎達《周易正義》疏曰：“‘用史巫紛若，吉，无咎’者，史謂祝史，巫謂巫覡，並是接事鬼神之人也。紛若者，盛多之貌。”宜用史巫以決疑。紛，《玉篇》：“亂也。”《經典釋文》：“衆也。”

【象解】巽爲伏，故爲牀。巽爲疾。巽爲順，初爻順承九二，故曰“巽在牀下”。巽爲疑，兑卦爲附決，決疑也，兑爲史巫；史巫以口舌爲用，兑爲口，巽爲反兑，初至四爻正覆兑故“史巫紛若”。

九三：頻巽，吝。

【釋讀】九三：皺著眉頭勉强順從，艱難有阻礙。

《象》曰："頻巽之吝"，志窮也。

《象傳》説："頻巽之吝"，身不由己無可奈何。

頻巽：頻，通"嚬""顰"。《莊子·天運》："西施病心而矉其里，其里之醜人見而美之，歸亦捧心而矉其里。"《莊子·至樂》："深矉蹙頞。""矉"與"顰"通。《周易集解》引虞翻曰："頻，顣也。"

【象解】巽爲憂疑。九三居巽卦之終，下橈而不安其位也，故爲"頻巽"。

六四：悔亡，田獲三品。

【釋讀】六四：悔吝之事解除，畋獵時得到各種獵物。

《象》曰："田獲三品"，有功也。

《象傳》説："田獲三品"，有功績。

田獲三品：《穀梁傳·桓公四年》范寧《集解》："上殺中心，死速，乾之以爲豆實，可以祭祀。次殺射髀䏰，死差遲。下殺中腸，汙泡，死最遲。先宗廟，次賓客，後庖厨，尊神敬客之義。"《周易集解》李鼎祚案："《穀梁傳》曰：春獵曰田，夏曰苗，秋曰蒐，冬曰狩。田獲三品：一爲乾豆，二爲賓客，三爲充君之庖。注云：上殺中心，乾之爲豆實；次殺中髀䏰，以供賓客；下殺中腹，充君之庖厨。尊神敬客之義也。"

【象解】離爲甲胄，爲戈兵，爲網罟。《周易集解》引虞翻曰："以罟取獸曰田。"《周易集解》引翟玄曰："田獲三品，下三爻也，謂初巽爲雞，二兑爲羊，三離爲雉也。"巽爲獲，六四在下順承陽爻亦爲獲。四五爻陰陽相濟故爲"悔亡"。巽卦六爻皆不應，未爲全吉也。

九五：貞吉，悔亡，无不利。无初有終，先庚三日，後庚三日，吉。

【釋讀】九五：吉利之兆，悔吝消除，无所不利。開始不順，最後通暢，雖沒有良好的開端，但有良好的結局，時日定在丁戊己日，或辛壬癸日，吉利。

《象》曰：九五之吉，位中正也。

《象傳》説：九五之吉，是因爲它居中正之位。

先庚三日，後庚三日：蠱卦《象》曰："先甲三日，後甲三日。"先甲三日，辛壬癸也，上古太陽曆一年五季十個月，以辛壬癸爲秋冬，癸爲前歲之終；後甲三日，太陽曆以乙丙丁爲春夏，甲乙爲今歲之始，故曰"終則有始，天行也"。因先庚三日爲丁戊己，缺甲乙丙，甲乙丙春夏爲一年之初，是爲"无初"；後庚三日辛壬癸，太陽曆爲秋冬，是爲"有終"。故曰"无初有終"。

【象解】九五中正，以陽履陰，故爲"貞吉"。巽爲利，得中故"无不利"。巽下斷，故爲庚，庚即更也。巽爲進退，故稱"先""後"。

上九：巽在牀下，喪其資斧，貞凶。

【釋讀】上九：絶望地跪伏在牀座下，喪失了鋒利的斧子，凶險徵兆。

《象》曰："巽在牀下"，上窮也。"喪其資斧"，正乎凶也。

《象傳》説："巽在牀下"，處於窮途末路，不能繼續向前。"喪其資斧"，正處於凶險當中。

資斧：當爲利斧之義。釋見旅卦九四。

【象解】上窮且危，傾覆下也。兑爲斧鉞，象如月缺也。巽爲覆兑，故"喪其資斧"。巽卦九三、上六皆不吉。

兑

䷹ 兑：亨，利貞。

上六：引兑。

九五：孚于剥，有厲。

九四：商兑，未寧，介疾有喜。

六三：來兑，凶。

九二：孚兑，吉，悔亡。

初九：和兑，吉。

《彖》曰：兑，說也。剛中而柔外，說以利貞，是以順乎天而應乎人。說以先民，民忘其勞，說以犯難，民忘其死。說之大，民勸矣哉！

【卦名釋義】 兑，帛書《周易》作“奪”。《説文解字》：“奪，手持佳失之也。”段玉裁注曰：“引伸爲凡失去物之稱。凡手中遺落物當作此字，今乃用脱爲之。而用奪爲爭㪅字。”《説文解字》：“㪅，彊取也。”段玉裁謂此是爭㪅正字。兑又爲交易、兑换。《正韻》：“兑，貤易也。”貤，販賣。兑亦有暢通之義。《詩經·大雅·縣》：“柞棫拔矣，行道兑矣。"巽伏也，兑現也。巽、兑相合則爲中孚，乃大離卦。

【釋讀】兑卦：亨通，有利之兆。

《象》曰：麗澤，兑。君子以朋友講習。

《象傳》説：兑卦的卦象爲兩個湖澤相互流通。君子應當同朋友一道商討研習。

初九：和兑，吉。

【釋讀】初九：與人和睦溝通交流，獲得吉祥。

《象》曰："和兑"之吉，行未疑也。

《象傳》説："和兑"之吉，是因爲行爲不被人猜疑。

和兑：《説文解字》："和，相應也。"《廣韻》："和，順也，諧也，不堅不柔也。""和"有和睦之義。帛書《周易》作"休奪"。休，美善也。

【象解】震爲笑，爲休。兑爲口，故爲通，口相應則爲和。兑爲反巽，未疑也。

九二：孚兑，吉，悔亡。

【釋讀】九二：與人交易有收穫，吉祥，災悔消除。

《象》曰："孚兑"之吉，信志也。

《象傳》説："孚兑"之吉，心願得以伸張實現。

【象解】九二之孚，陽遇陰也。中爻吉。

六三：來兑，凶。

【釋讀】六三：有人過來搶奪，凶險。

《象》曰："來兑"之凶，位不當也。

《象傳》説：“來兑”之凶，是因爲六三位置不適當的緣故。

【象解】離爲斷，兑爲奪，爲脱。六三失位，上下二陽相争，無所適從也。

九四：商兑，未寧，介疾有喜。

【釋讀】九四：互相商量討論，没有安定下來，排除疾患有喜慶的結果。

《象》曰：九四之喜，有慶也。

《象傳》説：九四之喜，有值得慶賀之事。

介疾有喜：《説文解字》：“介，畫也。”“畫，㽚也。”《玉篇》：“㽚，同界。”“介”與“界”古今字。王弼《周易注》：“介，隔也。”“介”有“觸”義，兩物相觸則成界，是“界”亦有“隔”義。李光地《御纂周易折中》：“《易》中‘疾’字皆與‘喜’對，故曰‘无妄之疾，勿藥有喜’，又曰‘損其疾，使遄有喜’。以此爻例之，則疾者謂疾病也，喜者謂病去也。”

【象解】兑爲口舌，初至五爻正覆兑相對，商也，不寧也。離卦爲斷，爲隔，艮爲介，巽爲疾，坎伏不見，九四以陽履陰，故爲“介疾有喜”。

九五：孚于剥，有厲。

【釋讀】九五：遭受到被剥履之懲罰，有危險。

《象》曰：“孚于剥”，位正當也。

《象傳》説：“孚于剥”，因爲它正好處於這種尷尬的位置。

【象解】茹敦和《重訂周易小義》曰：“重兑而孚於剥，履也。以剥之艮陽關上兑之口，於是履雖虎而不咥人。”“重兑之卦合於剥爲履。”履卦剥艮而成兑。兑爲脱，伏艮爲剥。巽隕落，亦爲爛，九五處巽之終，其危可知，雖處中爻，而云“有屬”。朱熹《周易本義》於象注曰“與履九五同”。隨卦九五“孚于嘉”曰吉，解卦六五“有孚于小人”君子維有解小人則否，其義可互參。

上六：引兑。

【釋讀】上六：暗中大肆爭奪。

《象》曰：上六“引兑”，未光也。

《象傳》説：上六“引兑”，不是光明正大的行爲。

引兑：帛書《周易》作“景奪”。《説文解字》：“景，光也。”段玉裁注云：“後人名陽曰光，名光中之陰曰影。”小篆“景”字多一横象陰則爲“影”字。《爾雅·釋詁》：“景，大也。”《詩經·小雅·楚茨》：“以妥以侑，以介景福。”“景”字釋義與“引”同，參看萃卦六二“引吉”所釋。“引”“影”音義相近而通，有隱蔽、掩匿之義。《集韻》：“影，物之陰影也。”《莊子·齊物論》云“罔兩問影”。

【象解】伏艮爲引。兑爲闇昧，爲奪，爲脱，故《象》曰“未光也”。

涣

䷺ 涣：亨。王假有廟，利涉大川，利貞。

上九：涣其血去逖出，无咎。

九五：涣汗其大號，涣王居，无咎。

六四：涣其群，元吉。涣有丘，匪夷所思。

六三：涣其躬，无悔。

九二：涣奔其机，悔亡。

初六：用拯馬壯，吉。

《彖》曰："涣，亨"，剛來而不窮，柔得位乎外而上同。"王假有廟"，王乃在中也。"利涉大川"，乘木有功也。

【卦名釋義】《説文解字》："涣，流散也。"水分散之流也。《詩經·鄭風·溱洧》："溱與洧方涣涣兮。"涣涣，水盛貌。坎卦與涣卦形近義通。坎爲水，巽爲風，風生水起，兑覆澤傾。江河泛濫，水勢浩大，水似風而流散則爲涣。井卦之水自下起，涣卦之水自上來。涣卦由泰卦卦變而來。豐、旅與涣、節相對。

【釋讀】渙卦：亨通。君王來到廟宇祭祀，利於渡過大的河流，有利之兆。

《象》曰：風行水上，渙。先王以享于帝立廟。

《象傳》說：渙卦的卦象爲水像風一樣流散。前代君王祭祀天帝，修建廟宇。

初六：用拯馬壯，吉。

【釋讀】初六：借助健壯之馬的力量而得濟助，吉祥。

《象》曰：初六之吉，順也。

《象傳》說：初六之吉，由於它能順承九二陽剛的緣故。

拯：升，濟助也。釋見明夷六二。

馬壯：以馬之壯者喻九二剛中之爻。

【象解】《程氏易傳》："六爻獨初，不云渙者。離散之勢，辨之宜早，方始而拯之，則不至於渙也，爲教深矣。馬，人之所託也。託於壯馬，故能拯渙。馬，謂二也。二有剛中之才。初陰柔順，兩皆无應，无應則親比相求，初之柔順而託於剛中之才，以拯其渙。如得壯馬，以致遠，必有濟矣。故吉也。"初爻處坎下，坎其於馬也，爲美脊，見《説卦》。脊之用在承。

九二：渙奔其机，悔亡。

【釋讀】九二：洪水沖來了，急忙跑向高臺之上，災悔解除。

《象》曰："渙奔其机"，得願也。

《象傳》說："渙奔其机"，願望得到了實現。

奔其机："奔"通"賁"。帛書《周易》作"賁亓階"，楚竹書《周易》"賁"作"走"。《説文解字》"階"與"陛"互訓，階爲陛也，陛爲升高階也。階即爲高的臺基。

【象解】震爲奔，升卦九五"升階"，以震爲升爲階，坎在下而九二高於群陰，臺基之象也。《象》曰"得願也"，謂九二前遇重陰。二五不應，知九二所奔者非艮也。俗説以艮爲几，殆誤。坤變坎，陰變陽，爲"悔亡"。

六三：涣其躬，无悔。

【釋讀】六三：用水沖洗自己的身體，沒有懊悔。

《象》曰："涣其躬"，志在外也。

《象傳》説："涣其躬"，説明志向在外。

【象解】艮爲躬，六三應於上九，故"无悔"。

六四：涣其群，元吉。涣有丘，匪夷所思。

【釋讀】六四：離開原來聚集的人群，大吉。洪水將山丘沖倒塌了，真是平常所難以想象。

《象》曰："涣其群，元吉"，光大也。

《象傳》説："涣其群，元吉"，表明光明正大。

【象解】巽爲風，爲散。乾爲君，陽多故稱群。參看乾卦用九"見群龍无首，吉"。否卦九四動往至二爻，一陽遠離乾卦群陽則成涣卦。六四承陽，故"元吉"；涣卦初六、六四以陰承陽，皆吉。震爲丘，二至五正覆艮，故曰"涣有丘"。夷，平也。艮爲山，"匪夷"也。

九五：涣汗其大號，涣王居，无咎。

【釋讀】九五：發佈重大的號令像身上流出的汗水一樣出而不反，君王居住的地方用水盥洗一新，沒有過失。

《象》曰："王居无咎"，正位也。

《象傳》説："王居无咎"，是因爲九五爻居於中正之位。

渙汗其：帛書《周易》作"渙亓肝"，"肝"讀作"汗"。帛書《二三子》作"奐其肝"。"渙汗其"當作"渙其汗"。

【象解】《周易集解》引《九家易》曰："謂五建二，爲諸侯使下君國，故宣佈號令。百姓被澤，若汗之出身，不還反也。"下坎卦爲汗。艮爲家爲居，五爻君位，故曰"王居"。巽爲渙，澤傾也。

上九：渙其血去逖出，无咎。

【釋讀】上九：遠離傷害，擺脱憂慮，不會有什麼禍患。

《象》曰："渙其血"，遠害也。

《象傳》説："渙其血"，擺脱災害，遠離傷害纔是避禍之道。

血去逖出："血"通"恤"，憂也。《字彙》："逖，借作惕。"惕，怵惕也，憂也，懼也。《周易集解》引虞翻曰："逖，憂也。"

【象解】《周易尚氏學》："上九應在三，三坎爲憂惕。而上九高出卦上，去坎險既遠，又不爲互艮所止。與大畜上九義同。"

節

䷻ 節：亨。苦節，不可貞。

上六：苦節，貞凶，悔亡。

九五：甘節，吉，往有尚。

六四：安節，亨。

六三：不節若，則嗟若，无咎。

九二：不出門庭，凶。

初九：不出戶庭，无咎。

《彖》曰："節亨"，剛柔分而剛得中。"苦節，不可貞"，其道窮也。説以行險，當位以節，中正以通。天地節而四時成，節以制度，不傷財，不害民。

【卦名釋義】《雜卦》："節，止也。"《説文解字》："節，竹約也。"段玉裁注曰："約，纏束也。竹節如纏束之狀。"引申爲節省、節義等。坎卦初六變而成兌，盛上阻下，坎水有治則成節。《周易集解》引侯果曰："澤上有水，以堤防爲節。"《周易尚氏學》："坎居西方，兌又居西，合爲一處，故曰節。節信也。古剖竹爲符，合以取信。”兌爲附決，節卦一陽附於一陰，二陽附於二陰，故節卦亦有截而成段之義。節卦變而成泰。

【釋讀】節卦：亨通。以節爲苦厭惡節度，則爲不能承擔重任之兆。

《象》曰：澤上有水，節。君子以制數度，議德行。

《象傳》說：澤卦的卦象爲以堤防來節制湖澤之水。君子應當制定度量衡和典章制度作爲行爲準則，以此來規範人們的行爲。

初九：不出户庭，无咎。

【釋讀】初九：不邁出房門庭院，沒有過失。

《象》曰：“不出户庭”，知通塞也。

《象傳》說：“不出户庭”，說明知曉通則當行，阻則當止的道理。

户庭：《六書精蘊》：“户，室之口也。凡室之口曰户，堂之口曰門。內曰户，外曰門。一扉曰户，兩扉曰門。”《玉篇》：“庭，堂階前也。”《詩經·魏風·伐檀》：“不狩不獵，胡瞻爾庭有縣貆兮！”

【象解】《周易尚氏學》：“初應在四，艮爲户庭，而二陽爲阻，故不宜出。不出則无咎。”艮爲門，爲止故爲庭。初九在內曰户。兌上缺，故爲口爲通，兌初爻遇阻爲塞。四據於五，初不可應，故曰“无咎”。坎下塞成兌，水有治曰“節”。

九二：不出門庭，凶。

【釋讀】九二：不跨出大門庭院，有凶險。

《象》曰：“不出門庭”，失時極也。

《象傳》說：“不出門庭”，坐失良機，錯誤已極。

【象解】九二在初九之外，户外稱門庭；二陽遇重陰則通，乃竟不出，故凶。震爲出。兌爲口，爲通。艮爲門。故初、二爻皆取出門之象。初九、九二動静各隨其宜，故而吉凶不同。

六三：不節若，則嗟若，无咎。

【釋讀】六三：不能節制，就會嗟歎自悔，自悔則没有大的禍患。

《象》曰："不節"之嗟，又誰咎也！

《象傳》説："不節"之嗟，都是自己的責任造成的，又能怪誰呢?！

【象解】尚秉和《周易尚氏學》："三失位无應，故曰不節。震爲笑，震反爲艮則嗟矣。離九三云'不鼓缶而歌，則大耋之嗟'。與此象義並同也。"此説殆誤。兌口爲嗟。以陰待陽則"无咎"。

六四：安節，亨。

【釋讀】六四：安於節儉，亨通。

《象》曰："安節"之亨，承上道也。

《象傳》説："安節"之亨，説明謹守順承尊上之道。

【象解】柔順承陽，艮止爲安。六四之亨，其義不應初也。

九五：甘節，吉，往有尚。

【釋讀】九五：以節儉遵禮爲樂，吉利，前行會受到褒獎。

《象》曰："甘節"之吉，位居中也。

《象傳》説："以節儉遵禮爲樂"，這是由於居位中正的緣故。

甘：《説文解字》："美也。"

【象解】《説卦》以坎卦爲美脊，陽居中也，陽爻稱美，稱甘。五爻尊位，九五居中得正，故有是象。下兌爲口，往則成泰。"往有尚"，甘美入於口也。

上六：苦節，貞凶，悔亡。

【釋讀】上六：以節儉爲苦，凶險徵兆，災悔消除。

《象》曰："苦節貞凶"，其道窮也。

《象傳》説："苦節貞凶"，表明已經窮途末路沒有辦法了。

【象解】過甘則苦，无應故"貞凶"。六四安節，陰承陽也；上六苦節，陰乘陽也。黄元御《周易懸象》曰："六三不節，是不及也；上六苦節，則太過矣。"節卦由泰卦卦變而來，上六近陽，故"悔亡"。

中 孚

䷼ 中孚：豚魚吉，利涉大川，利貞。

上九：翰音登于天，貞凶。

九五：有孚攣如，无咎。

六四：月幾望，馬匹亡，无咎。

六三：得敵，或鼓或罷，或泣或歌。

九二：鳴鶴在陰，其子和之，我有好爵，吾與爾靡之。

初九：虞吉，有它不燕。

《彖》曰：中孚，柔在內而剛得中。説而巽，孚乃化邦也。"豚魚吉"，信及豚魚也。"利涉大川"，乘木舟虛也。中孚以利貞，乃應乎天也。

【卦名釋義】 中孚爲大離卦。舟行澤上，中虛則孚，日月相望，此應彼和之象也。中孚卦爻辭多取其相合之象。

【釋讀】 中孚：豚魚獻祭，雖爲薄祭，吉利，利於涉越大的河流，有利之兆。

豚魚吉：王引之《經義述聞》卷一"豚魚吉"條："豚魚者，士庶人之禮也。《士昏禮》：'特豚合升去蹄，魚十有四。'《士喪禮》：'豚合升，魚鱄鮒九，朔月奠用特豚魚臘。'《楚語》：'士有豚犬之奠，庶人有魚炙之薦。'《王制》：'庶人夏薦麥，秋薦黍。麥以魚，黍以豚。'豚魚乃禮之薄者，然苟有中信之德，則人感其誠，而神降之福，故曰'豚魚吉'，言雖豚魚之薦亦吉也。"可知獲吉者士庶人也，非"誠信可及於如豚魚之隱微之物"之謂也。

《象》曰：澤上有風，中孚。君子以議獄緩死。

《象傳》說：中孚的卦象爲澤上有風。君子觀此卦象，有感於風化恩澤爲先，因而慎重議處訟獄，寬緩死刑。

初九：虞吉，有它不燕。

【釋讀】初九：舉行安神之禮，吉利，有意外變故，則不適宜安享宴飲。

《象》曰：初九"虞吉"，志未變也。

《象傳》說：初九"虞吉"，是因爲其志向沒有改變。

虞吉：《儀禮·士虞禮》鄭注："虞，安也。士既葬父母，迎精而反，日中祭之於殯宮以安之。虞於五禮屬凶。"《公羊傳·文公二年》何休注："虞，猶安神也。"即今所謂安葬之禮。

有它不燕：它，意外之事。《說文解字》："它，虫也。从虫而長，象冤曲垂尾形。上古艸居患它，故相問無它乎。"段玉裁注曰："上古者，謂神農以前也。相問無它，猶後人之不恙無恙也。語言轉移，則以無別故當之。而其字或假佗爲之。又俗作他。經典多作它。猶言彼也。"帛書《周易》"它"作"安"。燕，安也。《集韻》："燕與宴通。"爲宴安，宴享。《詩經·小雅·吉日》："悉率左右，以燕天子。"

【象解】初九在下爲"虞"。兌爲享，爲宴。《易林》以兌爲燕。

巽爲蛇，爲它。初九往應六四，阻於九二，則爲“有它”。

九二：鳴鶴在陰，其子和之，我有好爵，吾與爾靡之。

【釋讀】九二：鶴在山的北面鳴叫，它的同類聲聲應和，我有美酒，願與你一同暢飲。

《象》曰：“其子和之”，中心願也。

《象傳》説：“其子和之”，説明它們的内心引起了共鳴。

鳴鶴在陰：《詩經·小雅·鶴鳴》：“鶴鳴九皋，聲聞于野。”陰，山陰。《説文解字》：“陰，闇也。水之南，山之北也。”《穀梁傳》曰：“水北爲陽，山南爲陽。”和，應和。

爵：酒杯。古人飲酒之器似鶴形。《説文解字》：“爵，禮器也。象爵之形。中有鬯酒。”《字彙》：“取其能飛而不溺於酒，以示儆焉。”

吾與爾靡之：《周易集解》引虞翻曰：“靡，共也。”猶言同飲。《詩經·衛風·氓》：“自我徂爾，三歲食貧。”

【象解】震爲鶴，爲鳴；覆震爲子，正覆震相對，如聲相應和。艮爲山，覆艮爲山陰，此象《易林》之後茹敦和始發之。震爲尊，爲爵，正覆震相對，若相對而飲，故曰“吾與爾靡之”。艮爲山，爲自，爲我；震爲往，爲爾。

六三：得敵，或鼓或罷，或泣或歌。

【釋讀】六三：面臨敵人，或者擊鼓進攻，或者罷兵敗退，或哭泣，或高歌。

《象》曰：“或鼓或罷”，位不當也。

《象傳》説：“或鼓或罷”，是因爲六三爻位不恰當的緣故。

【象解】《周易集解》引荀爽曰：“三四俱陰，故稱得也。”中孚爲大離卦，離爲鼓。震動故爲擊，艮爲止故罷。巽爲歌，兑爲泣。

六四：月幾望，馬匹亡，无咎。

【釋讀】六四：月亮於望日將圓，馬失掉了匹配，沒有過錯。

《象》曰："馬匹亡"，絕類上也。

《象傳》說："馬匹亡"，是指六四斷絕同類，而順從上面。

月幾望：帛書《周易》作"月既望"。"幾""既"以音通相假。參看小畜卦上九釋。

【象解】兌爲缺爲月，離爲圓爲日。正覆兩兌相對成大離卦，正望日也。震卦爲馬，艮震相覆，二五不應，六四承陽，難應於初，故"馬匹亡"，承陽則"无咎"。

九五：有孚攣如，无咎。

【釋讀】九五：抓獲的俘虜被捆綁成串的樣子，沒有過失。

《象》曰："有孚攣如"，位正當也。

《象傳》說："有孚攣如"，是指九五爻處於中正之位。

【象解】巽爲繩直，爲攣，正覆巽爲"攣如"。巽爲利，爲有孚。九五之孚乃四。二五不應，无咎。

上九：翰音登于天，貞凶。

【釋讀】上九：用於祭祀的雞鳴叫聲升達上天，凶險之兆。

《象》曰："翰音登于天"，何可長也！

《象傳》說："翰音登于天"，這種狀態怎麽可能長久保持呢？！

翰音：《禮記·曲禮》："凡祭宗廟之禮，牛曰一元大武，豕曰剛鬛，豚曰腯肥，羊曰柔毛，雞曰翰音，犬曰羹獻，雉曰疏趾，兔曰明視。"

【象解】爻例以上爲天。巽爲風，故爲聲爲音；巽爲雞，爲翰音。巽爲隕落，故"貞凶"而不可長也。

小 過

䷽ 小過：亨，利貞。可小事，不可大事，飛鳥遺之音，不宜上，宜下，大吉。

上六：弗遇過之，飛鳥離之，凶。是謂災眚。

六五：密雲不雨，自我西郊。公弋取彼在穴。

九四：无咎，弗過遇之。往厲必戒，勿用永貞。

九三：弗過防之，從或戕之，凶。

六二：過其祖，遇其妣，不及其君，遇其臣，无咎。

初六：飛鳥以凶。

《彖》曰：小過，小者過而亨也。過以利貞，與時行也。柔得中，是以小事吉也。剛失位而不中，是以不可大事也。有飛鳥之象焉。"飛鳥遺之音，不宜上，宜下，大吉"，上逆而下順也。

【卦名釋義】揚雄《太玄經》擬大過爲失，擬小過爲差。差者，爽也。《爾雅·釋言》："爽，差也，忒也。"揚子《方言》："爽，過也。"王引之《經義述聞》卷一："引之謹案：過者，差也，失也，兩爻相失也。陽爻相失，則謂之大過；陰爻相失，則謂之小過。……凡卦爻相應則相遇，不相應則相失，故不遇謂之過。……小過二五皆陰，亦不相應而相失，故《象傳》曰：‘小過，小者過。’‘小者過’者，陰爻與陰爻兩相失也。”小過卦爻辭多取其相背離之象。小過爲大坎卦，有飛鳥之象，中孚爲大離卦。離卦、豐卦、旅卦、小過卦，二至五爻多取覆象；坎卦、渙卦、節卦、中孚卦同此。

【釋讀】小過：亨通，有利之兆。可以承擔小事，不能承擔大事，飛鳥留下悲鳴之聲，不適宜向上，而適宜向下，大吉。

飛鳥遺之音：《周易集解》引宋衷曰：“二陽在內，上下各陰，有似飛鳥舒翮之象，故曰飛鳥。”震爲鳴，兌爲口，飛鳥鳴之音如“聒”似“呱”，象“過”也。

《象》曰：山上有雷，小過。君子以行過乎恭，喪過乎哀，用過乎儉。

《象傳》説：小過卦爲山上響雷之象。君子觀此卦象，因而行事足夠恭謙，居喪足夠哀傷，用度足夠節儉。

初六：飛鳥以凶。

【釋讀】初六：飛鳥帶來凶災。

《象》曰：“飛鳥以凶”，不可如何也。

《象傳》説：“飛鳥以凶”，招架不住卻無可奈何。

飛鳥以凶：以，與也，帶來、招致之義。

【象解】《説卦》：“震爲鵠。”《經典釋文》引荀爽《九家周易集解本》有此句，今本無。《焦氏易林》以艮爲黔啄爲鳥，詳見於《焦氏易詁》。《周易尚氏學》：“小過下艮故曰鳥，上震故曰飛鳥；而震爲覆艮，是上下皆鳥，故傳曰有飛鳥之象焉。”初六有應，然處艮卦之初，宜靜不宜動，動則有過；若九四來應，似飛鳥天降，凶自外來，難於承受，故《象》曰"不可如何也"。艮爲可，震爲不可。

六二：過其祖，遇其妣，不及其君，遇其臣，无咎。

【釋讀】六二：錯過了他的祖父，但遇到了他的祖母，沒有趕上國君，但是遇到了臣僕，无過失。

《象》曰："不及其君"，臣不可過也。

《象傳》說："不及其君"，不要再錯過臣僕。

過其祖，遇其妣：《詩經·小雅·斯干》："似續妣祖，築室百堵。"《詩經·周頌·豐年》："爲酒爲醴，烝畀祖妣。"祖與妣相對爲文。于省吾《周易尚氏學序言》考證："卜辭和金文均稱祖母爲妣，從無以妣爲母者。以妣爲母，始見於戰國末期的典籍，與易辭不符。"

【象解】艮爲祖，巽爲妣；艮爲臣，震爲君。巽亦爲遇，姤卦有邂逅之義。二至五正覆兌卦爲亨，巽卦爲妣，伏艮爲祖。中孚卦多取覆象。《周易尚氏學》："二應在五，五震爲君，乃五不應，故不及其君；艮爲臣，三艮主爻，二承之，故遇其臣。"尚氏以"二承三故過其祖"爲說，殆誤。

九三：弗過防之，從或戕之，凶。

【釋讀】九三：不能超過它，要防備它，跟隨它可能要受到戕害，有凶險。

《象》曰："從或戕之"，凶如何也！

《象傳》說："從或戕之"，說明面臨的危險是多麼嚴重啊！

從或戕之：從，跟隨、隨從之義。一曰"從"通"縱"，於象未合，於義未安。

【象解】《周易尚氏學》："四遇敵故弗過，艮爲守爲堅，下有群陰承之，利於防守，故曰'防之'。與漸九三、蒙上九利禦寇，義同也。

三應在上，戕害也。從或戕之者，言三若應上，則四或害之也。艮爲刀劍，四艮反向下，故戕之。"兌爲毀，爲傷；巽爲或，爲順，艮爲從；九三雖應上六，然宜静不宜動，遇剛也，故爲"凶"。

九四：无咎，弗過遇之。往厲必戒，勿用永貞。

【釋讀】九四：没有禍患，没有錯過而是遇見了。前去則有危險，務必心存戒惕，不宜長久之兆。

《象》曰："弗過遇之"，位不當也。"往厲必戒"，終不可長也。

《象傳》説："弗過遇之"，因爲九四爻位置不正。"往厲必戒"，結果是不可能長久的。

【象解】《周易尚氏學》："四臨重陰，利往，故'无咎'。四應在初，遇謂遇三也。三爲四敵，故戒以弗過，然而遇之。往厲者，謂往應初而厲也。往應初，則三戕之，故厲。厲則宜有所戒，勿用而貞定自守可也。无咎指上行，弗過指下行。"尚氏謂"遇謂遇三也"，於義未安，九四震卦一陽遇重陰，猶巽卦一陰遇重陽；艮一陽止於外曰防，震一陽出自内曰遇，内外之别也。震爲艮覆，應初有阻，故"勿用永貞"。

六五：密雲不雨，自我西郊。公弋取彼在穴。

【釋讀】六五：烏雲密佈而不下雨，在西面郊外。王公用細繩繫在箭上射取那些藏在穴中的野獸。

《象》曰："密雲不雨"，已上也。

《象傳》説："密雲不雨"，陰氣已經高高在上，陰陽不交不能下雨。

公弋取彼在穴："弋"，帛書《周易》作"射"。王弼《周易注》："弋，射也。"《周易集解》引虞翻曰："弋，矰繳射也。"《周禮·司弓矢》云：“矰矢，茀矢，用諸弋射。”注云：“結繳於矢謂之矰。”

【象解】五二不應，陰陽不交，巽兑相覆，風吹雲散，“密雲不雨”也；艮爲鼻爲我，兑卦爲西，“自我西郊”也。茹敦和《重訂周易小義》：“小畜與小過皆互兑，兑者乾之變也，則皆曰西郊。”兑爲穴，震爲公爲射，大坎爲矢，正覆巽爲繩繫，故曰“公弋”。皆取其覆象。

上六：弗遇過之，飛鳥離之，凶。是謂災眚。

【釋讀】上六：没有相遇，而是錯過，飛鳥遭受羅網捕獲，凶險。這就叫作災殃。

《象》曰：“弗遇過之”，已亢也。

《象傳》説：“弗遇過之”，是指其位置已達到極點。

飛鳥離之：離，帛書《周易》、楚竹書《周易》均作“羅”。《經典釋文》曰：“罹，本又作離。”又曰：“罹，本亦作羅。”“羅”“離”均通“罹”，《類篇》：“罹，遭也。”

【象解】《周易尚氏學》：“弗遇言爲五所格，應三難也。”“艮爲鳥，艮覆故曰鳥墜。”小過爲大坎卦，有飛鳥之象。坎爲險，爲災眚。伏離爲羅網。近比曰遇，遠應曰過。

既　濟

䷾ 既濟：亨，小利貞，初吉終亂。

上六：濡其首，厲。

九五：東鄰殺牛，不如西鄰之禴祭，實受其福。

六四：繻有衣袽，終日戒。

九三：高宗伐鬼方，三年克之，小人勿用。

六二：婦喪其茀，勿逐，七日得。

初九：曳其輪，濡其尾，无咎。

《彖》曰：“既濟，亨”，小者亨也。“利貞”，剛柔正而位當也。“初吉”，柔得中也。終止則亂，其道窮也。

【卦名釋義】 水潤下，火炎上。坎離相交，水火交融之象。

【釋讀】 既濟卦象徵成功，亨通順利，有小利之兆，開始吉祥，結果混亂。

《象》曰：水在火上，既濟。君子以思患而豫防之。

《象傳》説：既濟卦爲水在火上水火交融之象。君子應考慮可能出現的困難，防患於未然。

　　初九：曳其輪，濡其尾，无咎。

【釋讀】初九：拉著車的輪子，沾濕了尾巴，沒有過失。

　　《象》曰："曳其輪"，義无咎也。

　　《象傳》說："曳其輪"，應該沒有災禍。

【象解】初爻在後爲尾。下卦互坎，坎爲輪，爲水，初在坎下，故曰"曳其輪，濡其尾"。初雖有應，然四據於五，能止而不進，則"義无咎也"。

　　六二：婦喪其茀，勿逐，七日得。

【釋讀】六二：婦人丟失了自己的頭飾，不用去尋找，七天就會失而復得。

　　《象》曰："七日得"，以中道也。

　　《象傳》說："七日得"，因爲此爻處於中正之位。

　　茀：《周易集解》作"髢"。茀、髢通假字。《周易集解》引虞翻曰："髢髮，謂鬄髮也。一名婦人之首飾。"又曰："髢，或作茀。俗說以髢爲婦人蔽膝之茀，非也。"王弼《周易注》："茀，首飾也。"《廣韻》《集韻》："髢，分物切，音弗。婦人首飾。"

【象解】坎離相交，故尚秉和《周易尚氏學》以離爲坎婦。坎爲簪，簪爲頭飾，坎伏不見故"喪其茀"。震爲逐，艮爲止，初至五，體半震象，二至上，體半艮象，故"勿逐"。六二得中承陽有應，上坎必來應離，曰"七日得"，震數七也。

　　九三：高宗伐鬼方，三年克之，小人勿用。

【釋讀】九三：殷高宗武丁征伐鬼方，經過三年纔獲勝，小人不可重用。

《象》曰："三年克之"，憊也。

《象傳》説："三年克之"，説明戰爭持續了三年之久，已經筋疲力盡了。

高宗伐鬼方：《周易集解》引虞翻曰："高宗，殷王武丁。鬼方，國名。"引干寶曰："高宗，殷中興之君。鬼方，北方國也。高宗嘗伐鬼方，三年而後克之。"《古本竹書紀年》："（武丁）三十二年，伐鬼方。"又："三十四年，王師克鬼方。"甲骨文、西周金文及《易》、《詩》等典籍之"鬼方"，王國維《鬼方昆夷玁狁考》一文考釋甚詳。

【象解】震卦爲帝，高宗武丁亦取象於震。震爲伐，初至五爻爲半震，坎爲鬼方。坎爲勞，疲也，憊也。坎數三，九三有應，一陽相阻，"三年克之"。陽陷陰中，"小人勿用"。九三下卦之終，事有小成。

六四：繻有衣袽，終日戒。

【釋讀】六四：防寒的短衣是破舊的衣服，整天提心吊膽。

《象》曰："終日戒"，有所疑也。

《象傳》説："終日戒"，説明心中有所憂慮疑惑。

繻有衣袽：繻，帛書《周易》作"襦"。《説文解字》："襦，短衣也。从衣需聲。一曰暖衣。"《釋名》曰："襦，奧也。言溫奧也。"襦當爲貼身而穿著之內衣。《玉篇》："袾袽，敝衣也。"《經典釋文》："袽，子夏作茹，京作絮。"《周易集解》引虞翻曰："袽，敗衣也。"引盧氏曰："繻者，布帛端末之識也。袽者，殘幣帛，可拂拭器物也。"古無棉花，富者以亂絲爲絮，貧者以亂麻爲絮。敝敗之衣則有孔洞。

【象解】坎爲水，爲需，故爲繻，言其軟也。離爲袽，衣有孔洞也。六四臨重離，故有是象。坎爲憂，離爲日，故曰"終日戒"；六四之戒，近九五而應初，故疑也。

九五：東鄰殺牛，不如西鄰之禴祭，實受其福。

【釋讀】九五：東邊鄰國殺牛厚祭鬼神，不如西邊鄰國薄祭，得到神靈降賜的盛大福惠。

《象》曰："東鄰殺牛"，不如西鄰之時也。"實受其福"，吉大來也。

《象傳》説："東鄰殺牛"，還不如西邊鄰國舉行虔誠簡單的時祭。西鄰"實受其福"，有大的吉慶降臨。

【象解】離東坎西，先天卦位也。純離爲牛。離爲彭，爲大；坎爲薄，禴祭也。坤爲福，坎中實，九五君位，受其福也。

上六：濡其首，厲。

【釋讀】上六：沾濕了頭部，有危險。

《象》曰："濡其首，厲"，何可久也！

《象傳》説："濡其首厲"，要小心謹慎，不然怎麼能保持長久！

【象解】坎爲濡，爲首，上亦曰首，上六陰爻，故"濡其首"。濡首之厲，陰乘陽也。尚秉和《周易尚氏學》謂此爻"與比上六之无首義同"，深明易理者也。

未 濟

未濟：亨，小狐汔濟，濡其尾，无攸利。

上九：有孚于飲酒，无咎。濡其首，有孚失是。

六五：貞吉，无悔。君子之光，有孚，吉。

九四：貞吉，悔亡。震用伐鬼方，三年有賞于大國。

六三：未濟，征凶，利涉大川。

九二：曳其輪，貞吉。

初六：濡其尾，吝。

《彖》曰："未濟，亨"，柔得中也。"小狐汔濟"，未出中也。"濡其尾，无攸利"，不續終也。雖不當位，剛柔應也。

【卦名釋義】 坎離不交，陰陽失位。未濟終也，萬物終則有始，生生不息。

【釋讀】 未濟卦象徵事未完成，亨通，小狐狸渡河快到對岸了，卻浸濕了尾巴，沒有什麼吉利。

《象》曰：火在水上，未濟。君子以慎辨物居方。

《象傳》説：未濟卦爲火在水上火水相克之象。君子要謹慎明辨事物，居各有方。

辨物居方：《周禮》載有職方氏、形方氏，其職司辨物居方。《周禮·夏官·職方氏》：“職方氏掌天下之圖，以掌天下之地，辨其邦國、都鄙、四夷、八蠻、七閩、九貉、五戎、六狄之人民，與其財用九穀、六畜之數要，周知其利害，乃辨九州之國，使同貫利。”《周禮·夏官·形方氏》：“形方氏掌制邦國之地域，而正其封疆，無有華離之地。”賈公彥釋曰：“形方氏主知四方土地形勢，故使掌作邦國之地域大小形勢，又當正其封疆，勿使相侵。”

初六：濡其尾，吝。

【釋讀】初六：小狐狸渡河時被水沾濕了尾巴，有麻煩阻礙。

《象》曰：“濡其尾”，亦不知極也。

《象傳》説：“濡其尾”，説明其不知道極端之處的狀況。

【象解】未濟卦皆半艮，艮爲尾，亦爲狐。又爻例以下爲尾。坎爲水，初六坎下，故“濡其尾”。未濟卦六爻均失正，初六前臨重坎，上應九四則爲“有吝”。

九二：曳其輪，貞吉。

【釋讀】九二：拉著車的輪子，吉祥之兆。

《象》曰：九二“貞吉”，中以行正也。

《象傳》説：九二爻之所以吉，是因其不偏不倚，行事符合中正之道。

【象解】艮爲執，坎爲輪，“曳其輪”之象。得中有應，故曰“貞吉”。

六三：未濟，征凶，利涉大川。

【釋讀】六三：事情未完成，征伐有凶險，但有利於渡過大的河流。

《象》曰："未濟，征凶"，位不當也。

《象傳》說："未濟，征凶"，因爲其所處位置不當。

【象解】六三陰居陽位，處坎之間，承乘皆險，動則必凶，故曰"征凶"。征凶而"利涉大川"者，有應也。六三下卦之終，事有未濟。

九四：貞吉，悔亡。震用伐鬼方，三年有賞于大國。

【釋讀】九四：吉祥之兆，悔咎會消失。以雷霆萬鈞之勢征討鬼方，經過三年終於得勝，獲得大國封賞。

《象》曰："貞吉悔亡"，志行也。

《象傳》說："貞吉悔亡"，說明其建功立業的志向得以實現。

【象解】離爲折首，坎爲鬼方，往應有合，其悔乃亡。艮爲賞賜，又爲家邦，卦皆半艮，故曰"有賞于大國"。一陽相阻，坎數三。李光地《御纂周易折中》："大壯之壯，至四而極；未濟之未濟，至四而濟。皆卦主也，故得吉利之辭，而免凶咎。"

六五：貞吉，无悔。君子之光，有孚，吉。

【釋讀】六五：吉祥之兆，沒有什麼悔咎。這是君子的榮光，抓獲了俘虜，吉利。

《象》曰："君子之光"，其暉吉也。

《象傳》說："君子之光"，君子光彩煥發，當然吉祥。

君子之光：光，義同"輝"。《經典釋文》："暉，又作輝。"孔穎達《周易正義》疏云："《象》曰：'其暉吉'者，言君子之德，光輝著見，然後乃得吉也。"

【象解】離爲火，爲光。陰居五爻尊位，則爲"君子之光"。居中有應，故"无悔"。以陰承陽，"有孚吉"。

上九：有孚于飲酒，无咎。濡其首，有孚失是。

【釋讀】上九：獲得了好多可供暢飲的美酒，沒有過失。酗酒而被酒淋濕了頭，如此則屬行爲失正。

《象》曰："飲酒濡首"，亦不知節也。

《象傳》說："飲酒濡首"，也太不知節制了。

有孚失是：是，《説文解字》："直也，從日正。"段玉裁注曰："以日爲正則曰是，從日正會意。天下之物莫正於日也。"

【象解】坎爲酒。上九下履重坎，以陽據陰，"有孚于飲酒"之象。爻例以上爲首，坎水濕，應於兩坎之間，故"濡其首"。未濟六爻皆陰居陽位、陽居陰位，不正已極！"有孚失是"者，失其正也。

繫辭上

天尊地卑，乾坤定矣。卑高以陳，貴賤位矣。動靜有常，剛柔斷矣。方以類聚，物以群分，吉凶生矣。在天成象，在地成形，變化見矣。是故剛柔相摩，八卦相蕩。鼓之以雷霆，潤之以風雨。日月運行，一寒一暑。乾道成男，坤道成女。

乾知大始，坤作成物。乾以易知，坤以簡能。易則易知，簡則易從。易知則有親，易從則有功。有親則可久，有功則可大。可久則賢人之德，可大則賢人之業。易簡而天下之理得矣。天下之理得，而成位乎其中矣。

聖人設卦觀象，繫辭焉而明吉凶，剛柔相推而生變化。是故，吉凶者，失得之象也。悔吝者，憂虞之象也。變化者，進退之象也。剛柔者，晝夜之象也。六爻之動，三極之道也。是故，君子所居而安者，易之序也。所樂而玩者，爻之辭也。是故，君子居則觀其象而玩其辭，動則觀其變而玩其占。是以"自天祐之，吉无不利"。

象者，言乎象者也。爻者，言乎變者也。吉凶者，言乎其失得也。悔吝者，言乎其小疵也。无咎者，善補過也。是故，列貴賤者存乎位，齊小大者存乎卦，辯吉凶者存乎辭，憂悔吝者存乎介，震无咎者存乎悔。是故，卦有小大，辭有險易。辭也者，各指其所之。

《易》與天地準，故能彌綸天地之道。

仰以觀於天文，俯以察於地理，是故知幽明之故。原始反終，故知死生之說。精氣爲物，遊魂爲變，是故知鬼神之情狀。

與天地相似，故不違。知周乎萬物而道濟天下，故不過。旁行而不流，樂天知命，故不憂。安土敦乎仁，故能愛。

範圍天地之化而不過，曲成萬物而不遺，通乎晝夜之道而知，故神无方而《易》无體。

一陰一陽之謂道，繼之者善也，成之者性也。仁者見之謂之仁，知者見之謂之知。百姓日用而不知，故君子之道鮮矣！

顯諸仁，藏諸用，鼓萬物而不與聖人同憂，盛德大業至矣哉！富有之謂大業，日新之謂盛德。生生之謂易，成象之謂乾，效法之謂坤，極數知來之謂占，通變之謂事，陰陽不測之謂神。

夫《易》廣矣大矣！以言乎遠則不禦，以言乎邇則靜而正，以言乎天地之間則備矣！

夫乾，其靜也專，其動也直，是以大生焉。夫坤，其靜也翕，其動也闢，是以廣生焉。廣大配天地，變通配四時，陰陽之義配日月，易簡之善配至德。

子曰：“《易》其至矣乎！”夫《易》，聖人所以崇德而廣業也。知崇禮卑，崇效天，卑法地，天地設位，而《易》行乎其中矣。成性存存，道義之門。

聖人有以見天下之賾，而擬諸其形容，象其物宜，是故謂之象。聖人有以見天下之動，而觀其會通，以行其典禮，繫辭焉，以斷其吉凶，是故謂之爻。

言天下之至賾，而不可惡也。言天下之至動，而不可亂也。擬之而後言，議之而後動，擬議以成其變化。

“鳴鶴在陰，其子和之，我有好爵，吾與爾靡之。”子曰：“君子居其室，出其言善，則千里之外應之，況其邇者乎？居其室，出其言不善，則千里之外違之，況其邇者乎？言出乎身，加乎民。行發乎邇，見乎遠。言行，君子之樞機。樞機之發，榮辱之主也。言行，君子之所以動天地也，可不慎乎？”

“同人，先號咷而後笑。”子曰：“君子之道，或出或處，或默或語，二人同心，其利斷金。同心之言，其臭如蘭。”

“初六，藉用白茅，无咎。”子曰：“苟錯諸地而可矣。藉之用茅，何咎之有？慎之至也。夫茅之爲物薄，而用可重也。慎斯術也以往，其无所失矣。”

“勞謙，君子有終吉。”子曰：“勞而不伐，有功而不德，厚之至也，語以其功下人者也。德言盛，禮言恭，謙也者，致恭以存其位者也。”

“亢龍有悔。”子曰：“貴而无位，高而无民，賢人在下位而无輔，是以動而有悔也。”

“不出户庭，无咎。”子曰：“亂之所生也，則言語以爲階。君不密則失臣，臣不密則失身，幾事不密，則害成，是以君子慎密而不出也。”

子曰：“作《易》者其知盗乎？《易》曰：‘負且乘，致寇至。’負也者，小人之事也。乘也者，君子之器也。小人而乘君子之器，盗思奪之矣！上慢下暴，盗思伐之矣！慢藏誨盗，冶容誨淫，《易》曰：‘負且乘，致寇至。’盗之招也。”

大衍之數五十，其用四十有九。分而爲二以象兩，掛一以象三，揲之以四以象四時，歸奇於扐以象閏，五歲再閏，故再扐而後掛。天數五，地數五，五位相得而各有合。天數二十有五，地數三十，凡天地之數五十有五，此所以成變化而行鬼神也。

乾之策二百一十有六，坤之策百四十有四，凡三百有六十，當期之日。二篇之策，萬有一千五百二十，當萬物之數也。

是故，四營而成《易》，十有八變而成卦，八卦而小成。引而伸之，觸類而長之，天下之能事畢矣。

顯道神德行，是故可與酬酢，可與祐神矣。子曰："知變化之道者，其知神之所爲乎！"

《易》有聖人之道四焉：以言者尚其辭，以動者尚其變，以制器者尚其象，以卜筮者尚其占。是以君子將有爲也，將有行也，問焉而以言，其受命也如響，无有遠近幽深，遂知來物。非天下之至精，其孰能與於此？

參伍以變，錯綜其數，通其變，遂成天地之文。極其數，遂定天下之象。非天下之致變，其孰能與於此？

《易》无思也，无爲也，寂然不動，感而遂通天下之故。非天下之至神，其孰能與於此？

夫《易》，聖人之所以極深而研幾也。唯深也，故能通天下之志。唯幾也，故能成天下之務。唯神也，故不疾而速，不行而至。子曰"《易》有聖人之道四焉"者，此之謂也。

天一地二，天三地四，天五地六，天七地八，天九地十。

子曰："夫《易》，何爲者也？夫《易》，開物成務，冒天下之道，如斯而已者也。是故聖人以通天下之志，以定天下之業，以斷天下之疑。"

是故蓍之德圓而神，卦之德方以知，六爻之義易以貢。聖人以此洗心，退藏於密，吉凶與民同患。神以知來，知以藏往，其孰能與此哉！古之聰明叡知，神武而不殺者夫？是以明於天之道，而察於民之故，是興神物，以前民用。聖人以此齊戒，以神明其德夫！

是故闔戶謂之坤，闢戶謂之乾，一闔一闢謂之變，往來不窮謂之通。見乃謂之象，形乃謂之器，制而用之謂之法，利用出入，民咸用之，謂之神。

是故《易》有太極，是生兩儀，兩儀生四象，四象生八卦，八卦定吉凶，吉凶生大業。

是故法象莫大乎天地，變通莫大乎四時，縣象著明莫大乎日月，崇高莫大乎富貴，備物致用，立成器以為天下利，莫大乎聖人，探賾索隱，鉤深致遠，以定天下之吉凶，成天下之亹亹者，莫大乎蓍龜。

是故天生神物，聖人則之。天地變化，聖人效之。天垂象，見吉凶，聖人象之。河出圖，洛出書，聖人則之。《易》有四象，所以示也。繫辭焉，所以告也。定之以吉凶，所以斷也。

《易》曰：「自天祐之，吉无不利。」子曰：「祐者助也。天之所助者，順也。人之所助者，信也。履信思乎順，又以尚賢也。是以自天祐之，吉无不利也。」

子曰：「書不盡言，言不盡意。然則聖人之意，其不可見乎？」子曰：「聖人立象以盡意，設卦以盡情偽，繫辭焉以盡其言，變而通之以盡利，鼓之舞之以盡神。」

乾坤，其《易》之縕邪？乾坤成列，而《易》立乎其中矣。乾坤毀，則无以見《易》。《易》不可見，則乾坤或幾乎息矣。

是故形而上者謂之道，形而下者謂之器，化而裁之謂之變，推而行之謂之通，舉而錯之天下之民謂之事業。

是故，夫象，聖人有以見天下之賾，而擬諸形容，象其物宜，是故謂之象。聖人有以見天下之動，而觀其會通，以行其典禮，繫辭焉，以斷其吉凶，是故謂之爻。極天下之賾者存乎卦，鼓天下之動者存乎辭，化而裁之存乎變，推而行之存乎通，神而明之存乎其人，默而成之，不言而信，存乎德行。

繫辭下

八卦成列，象在其中矣。因而重之，爻在其中矣。剛柔相推，變在其中矣。繫辭焉而命之，動在其中矣。

吉凶悔吝者，生乎動者也。剛柔者，立本者也。變通者，趣時者也。吉凶者，貞勝者也。天地之道，貞觀者也。日月之道，貞明者也。天下之動，貞夫一者也。

夫乾，確然示人易矣。夫坤，隤然示人簡矣。爻也者，效此者也。象也者，像此者也。

爻象動乎內，吉凶見乎外，功業見乎變，聖人之情見乎辭。

天地之大德曰生，聖人之大寶曰位，何以守位曰仁，何以聚人曰財，理財正辭，禁民爲非曰義。

古者包犧氏之王天下也，仰則觀象於天，俯則觀法於地，觀鳥獸之文，與地之宜，近取諸身，遠取諸物，於是始作八卦，以通神明之德，以類萬物之情。

作結繩而爲罔罟，以佃以漁，蓋取諸離。

包犧氏沒，神農氏作，斲木爲耜，揉木爲耒，耒耨之利，以教天下，蓋取諸益。

日中爲市，致天下之貨，交易而退，各得其所，蓋取諸噬嗑。

神農氏沒，黃帝、堯、舜氏作，通其變，使民不倦，神而化之，使民宜之。易窮則變，變則通，通則久，是以"自天祐之，吉无不利"。黃帝、堯、舜垂衣裳而天下治，蓋取諸乾坤。

刳木爲舟，剡木爲楫，舟楫之利，以濟不通，致遠以利天下，蓋取諸渙。

服牛乘馬，引重致遠，以利天下，蓋取諸隨。

重門擊柝，以待暴客，蓋取諸豫。

斷木爲杵，掘地爲臼，臼杵之利，萬民以濟，蓋取諸小過。

弦木爲弧，剡木爲矢，弧矢之利，以威天下，蓋取諸睽。

上古穴居而野處，後世聖人易之以宮室，上棟下宇，以待風雨，蓋取諸大壯。

古之葬者厚衣之以薪，葬之中野，不封不樹，喪期无數，後世聖人易之以棺椁，蓋取諸大過。

上古結繩而治，後世聖人易之以書契，百官以治，萬民以察，蓋取諸夬。

是故《易》者，象也。象也者，像也。彖者，材也。爻也者，效天下之動者也。是故吉凶生而悔吝著也。

陽卦多陰，陰卦多陽，其故何也？陽卦奇，陰卦耦。其德行何也？陽一君而二民，君子之道也。陰二君而一民，小人之道也。

《易》曰："憧憧往來，朋從爾思。"子曰："天下何思何慮？天下同歸而殊塗，一致而百慮，天下何思何慮？日往則月來，月往則日來，日月相推而明生焉。寒往則暑來，暑往則寒來，寒暑相推而歲成焉。往者屈也，來者信也，屈信相感而利生焉。尺蠖之屈，以求信也。龍蛇之蟄，以存身也。精義入神，以致用也。利用安身，以崇德也。過此以往，未之或知也。窮神知化，德之盛也。"

《易》曰："困于石，據于蒺藜，入于其宮，不見其妻，凶。"子曰："非所困而困焉，名必辱。非所據而據焉，身必危。既辱且危，死期將至，妻其可得見耶？"

《易》曰："公用射隼于高墉之上，獲之，无不利。"子曰："隼者，禽也。弓矢者，器也。射之者，人也。君子藏器於身，待時而動，何不利之有？動而不括，是以出而不獲。語成器而動者也。"

子曰："小人不恥不仁，不畏不義，不見利而不勸，不威不懲。小懲而大誡，此小人之福也。《易》曰'履校滅趾，无咎'，此之謂也。善不積不足以成名，惡不積不足以滅身。小人以小善爲无益而弗爲也，以小惡爲无傷而弗去也，故惡積而不可揜，罪大而不可解。《易》曰：'何校滅耳，凶。'"

子曰："危者，安其位者也；亡者，保其存者也；亂者，有其治者也。是故君子安而不忘危，存而不忘亡，治而不忘亂，是以身安而國家可保也。《易》曰：'其亡其亡，繫于苞桑。'"子曰："德薄而位尊，知小而謀大，力小而任重，鮮不及矣。《易》曰：'鼎折足，覆公餗，其形渥，凶。'言不勝其任也。"

子曰："知幾其神乎！君子上交不諂，下交不瀆，其知幾乎？幾者，動之微，吉之先見者也。君子見幾而作，不俟終日。《易》曰：'介于石，不終日，貞吉。'介如石焉，寧用終日？斷可識矣。君子知微知彰，知柔知剛，萬夫之望。"

子曰："顏氏之子，其殆庶幾乎？有不善未嘗不知，知之未嘗復行也。《易》曰：'不遠復，无祗悔，元吉。'"

天地絪縕，萬物化醇。男女構精，萬物化生。《易》曰："三人行則損一人，一人行則得其友。"言致一也。

子曰："君子安其身而後動，易其心而後語，定其交而後求。君子脩此三者，故全也。危以動，則民不與也；懼以語，則民不應也；无交而求，則民不與也。莫之與，則傷之者至矣。《易》曰：'莫益之，或擊之，立心勿恒，凶。'"

子曰："乾坤，其《易》之門邪？"乾，陽物也；坤，陰物也。陰陽合德，而剛柔有體，以體天地之撰，以通神明之德。其稱名也，雜而不越。於稽其類，其衰世之意邪？夫《易》，彰往而察來，而微顯闡幽，開而當名辯物，正言斷辭則備矣。其稱名也小，其取類也大。其旨遠，其辭文，其言曲而中，其事肆而隱。因貳以濟民行，以明失得之報。

《易》之興也，其於中古乎？作《易》者，其有憂患乎？是故，履，德之基也；謙，德之柄也；復，德之本也；恒，德之固也；損，德之脩也；益，德之裕也；困，德之辨也；井，德之地也；巽，德之制也。履和而至；謙尊而光；復小而辨於物；恒雜而不厭；損先難而後易；益長裕而不設；困窮而通；井居其所而遷；巽稱而隱。履以和行；謙以制禮；復以自知；恒以一德；損以遠害；益以興利；困以寡怨；井以辯義；巽以行權。

《易》之爲書也不可遠，爲道也屢遷，變動不居，周流六虛，上下无常，剛柔相易，不可爲典要，唯變所適。其出入以度，外內使知懼，又明於憂患與故，无有師保，如臨父母。初率其辭而揆其方，既有典常。苟非其人，道不虛行。

《易》之爲書也，原始要終以爲質也。六爻相雜，唯其時物也。其初難知，其上易知，本末也。初辭擬之，卒成之終。若夫雜物撰德，辯是與非，則非其中爻不備。噫！亦要存亡吉凶，則居可知矣。知者觀其彖辭，則思過半矣。二與四同功而異位，其善不同，二多譽，四多懼，近也。柔之爲道，不利遠者，其要无咎，其用柔中也。三與五同功而異位，三多凶，五多功，貴賤之等也。其柔危，其剛勝邪？

《易》之爲書也，廣大悉備，有天道焉，有人道焉，有地道焉。兼三才而兩之，故六。六者非它也，三材之道也。道有變動，故曰爻；爻有等，故曰物；物相雜，故曰文；文不當，故吉凶生焉。

　　《易》之興也，其當殷之末世，周之盛德邪？當文王與紂之事邪？是故其辭危。危者使平，易者使傾。其道甚大，百物不廢。懼以終始，其要无咎，此之謂《易》之道也。

　　夫乾，天下之至健也，德行恒易以知險。夫坤，天下之至順也，德行恒簡以知阻。能説諸心，能研諸侯之慮，定天下之吉凶，成天下之亹亹者。是故變化云爲，吉事有祥。象事知器，占事知來。天地設位，聖人成能。人謀鬼謀，百姓與能。八卦以象告，爻彖以情言，剛柔雜居，而吉凶可見矣。變動以利言，吉凶以情遷。是故愛惡相攻而吉凶生，遠近相取而悔吝生，情僞相感而利害生。凡《易》之情，近而不相得則凶，或害之，悔且吝。將叛者其辭慙，中心疑者其辭枝，吉人之辭寡，躁人之辭多，誣善之人其辭游，失其守者其辭屈。

説　卦

　　昔者聖人之作《易》也，幽贊於神明而生蓍，參天兩地而倚數，觀變於陰陽而立卦，發揮於剛柔而生爻，和順於道德而理於義，窮理盡性以至於命。

　　昔者聖人之作《易》也，將以順性命之理，是以立天之道曰陰與陽，立地之道曰柔與剛，立人之道曰仁與義。兼三才而兩之，故《易》六畫而成卦。分陰分陽，迭用柔剛，故《易》六位而成章。

　　天地定位，山澤通氣，雷風相薄，水火不相射，八卦相錯。數往者順，知來者逆，是故《易》逆數也。

　　雷以動之，風以散之，雨以潤之，日以烜之，艮以止之，兌以說之，乾以君之，坤以藏之。

　　帝出乎震，齊乎巽，相見乎離，致役乎坤，說言乎兌，戰乎乾，勞乎坎，成言乎艮。萬物出乎震，震，東方也。齊乎巽，巽，東南也。齊也者，言萬物之絜齊也。離也者，明也，萬物皆相見，南方之卦也。聖人南面而聽天下，嚮明而治，蓋取諸此也。坤也者，地也，萬物皆致養焉，故曰“致役乎坤”。兌，正秋也，萬物之所說也，故曰“說言乎兌”。“戰乎乾”，乾，西北之卦也，言陰陽相薄也。坎者水也，正北方之卦也，勞卦也，萬物之所歸也，故曰“勞乎坎”。艮，東北之卦也，萬物之所成終而成始也，故曰“成言乎艮”。

神也者，妙萬物而爲言者也。動萬物者莫疾乎雷，橈萬物者莫疾乎風，躁萬物者莫熯乎火，説萬物者莫説乎澤，潤萬物者莫潤乎水，終萬物始萬物者莫盛乎艮。故水火相逮，雷風不相悖，山澤通氣，然後能變化，既成萬物也。

乾，健也。坤，順也。震，動也。巽，入也。坎，陷也。離，麗也。艮，止也。兑，説也。

乾爲馬，坤爲牛，震爲龍，巽爲雞，坎爲豕，離爲雉，艮爲狗，兑爲羊。

乾爲首，坤爲腹，震爲足，巽爲股，坎爲耳，離爲目，艮爲手，兑爲口。

乾，天也，故稱乎父。坤，地也，故稱乎母。震一索而得男，故謂之長男。巽一索而得女，故謂之長女。坎再索而得男，故謂之中男。離再索而得女，故謂之中女。艮三索而得男，故謂之少男。兑三索而得女，故謂之少女。

乾爲天，爲圜，爲君，爲父，爲玉，爲金，爲寒，爲冰，爲大赤，爲良馬，爲老馬，爲瘠馬，爲駁馬，爲木果。

坤爲地，爲母，爲布，爲釜，爲吝嗇，爲均，爲子母牛，爲大輿，爲文，爲衆，爲柄。其於地也爲黑。

震爲雷，爲龍，爲玄黄，爲旉，爲大塗，爲長子，爲決躁，爲蒼筤竹，爲萑葦。其於馬也，爲善鳴，爲馵足，爲作足，爲的顙。其於稼也，爲反生。其究爲健，爲蕃鮮。

巽爲木，爲風，爲長女，爲繩直，爲工，爲白，爲長，爲高，爲進退，爲不果，爲臭。其於人也，爲寡髮，爲廣顙，爲多白眼，爲近利市三倍，其究爲躁卦。

坎爲水，爲溝瀆，爲隱伏，爲矯輮，爲弓輪。其於人也，爲加憂，爲心病，爲耳痛，爲血卦，爲赤。其於馬也，爲美脊，爲亟心，爲下首，爲薄蹄，爲曳。其於輿也，爲多眚，爲通，爲月，爲盜。其於木也，爲堅多心。

離爲火，爲日，爲電，爲中女，爲甲冑，爲戈兵。其於人也，爲大腹，爲乾卦，爲鱉，爲蟹，爲蠃，爲蚌，爲龜。其於木也，爲科上槁。

艮爲山，爲徑路，爲小石，爲門闕，爲果蓏，爲閽寺，爲指，爲狗，爲鼠，爲黔喙之屬。其於木也，爲堅多節。

兌爲澤，爲少女，爲巫，爲口舌，爲毀折，爲附決。其於地也，爲剛鹵，爲妾，爲羊。

序　卦

　　有天地然後萬物生焉。盈天地之間者唯萬物，故受之以屯。屯者，盈也。屯者，物之始生也。物生必蒙，故受之以蒙。蒙者，蒙也，物之穉也。物穉不可不養也，故受之以需。需者，飲食之道也。飲食必有訟，故受之以訟。訟必有衆起，故受之以師。師者，衆也。衆必有所比，故受之以比。比者，比也。比必有所畜，故受之以小畜。物畜然後有禮，故受之以履。履而泰然後安，故受之以泰。泰者，通也。物不可以終通，故受之以否。物不可以終否，故受之以同人。與人同者，物必歸焉，故受之以大有。有大者，不可以盈，故受之以謙。有大而能謙必豫，故受之以豫。豫必有隨，故受之以隨。以喜隨人者必有事，故受之以蠱。蠱者，事也。有事而後可大，故受之以臨。臨者，大也。物大然後可觀，故受之以觀。可觀而後有所合，故受之以噬嗑。嗑者，合也。物不可以苟合而已，故受之以賁。賁者，飾也。致飾然後亨則盡矣，故受之以剝。剝者，剝也。物不可以終盡剝，窮上反下，故受之以復。復則不妄矣，故受之以无妄。有无妄，物然後可畜，故受之以大畜。物畜然後可養，故受之以頤。頤者，養也。不養則不可動，故受之以大過。物不可以終過，故受之以坎。坎者，陷也。陷必有所麗，故受之以離。離者，麗也。

　　有天地然後有萬物，有萬物然後有男女，有男女然後有夫婦，有夫婦然後有父子，有父子然後有君臣，有君臣然後有上下，有上下然後禮義有所錯。夫婦之道不可以不久也，故受之以恒。恒者，久也。物不可以久居其所，故受之以遯。遯者，退也。物不可以終遯，故受之以大壯。物不可以終壯，故受之以晉。晉者，進也。進必有所傷，故受之以明夷。夷者，傷也。傷於外者必反其家，故受之以家人。家道窮必乖，故受之以睽。睽者，乖也。乖必有難，故受之以蹇。蹇者，難也。物不可以終難，故受之以解。解者，緩也。緩必有所失，故受之以損。損而不已必益，故受之以益。益而不已必決，故受之以夬。夬者，決也。決必有遇，故受之以姤。姤者，遇也。物相遇而後聚，故受之以萃。萃者，聚也。聚而上者謂之升，故受之以升。升而不已必困，故受之以困。困乎上者必反下，故受之以井。井道不可不革，故受之以革。革物者莫若鼎，故受之以鼎。主器者莫若長子，故受之以震。震者，動也。物不可以終動，止之，故受之以艮。艮者，止也。物不可以終止，故受之以漸。漸者，進也。進必有所歸，故受之以歸妹。得其所歸者必大，故受之以豐。豐者，大也。窮大者必失其居，故受之以旅。旅而无所容，故受之以巽。巽者，入也。入而後說之，故受之以兌。兌者，說也。說而後散之，故受之以渙。渙者，離也。物不可以終離，故受之以節。節而信之，故受之以中孚。有其信者必行之，故受之以小過。有過物者必濟，故受之以既濟。物不可窮也，故受之以未濟，終焉。

雜　卦

　　乾剛坤柔，比樂師憂。臨觀之義，或與或求。屯見而不失其居。蒙雜而著。震，起也。艮，止也。損益，盛衰之始也。大畜，時也。无妄，災也。萃聚而升不來也。謙輕而豫怠也。噬嗑，食也。賁，无色也。兌見而巽伏也。隨，无故也。蠱則飭也。剝，爛也。復，反也。晉，晝也。明夷，誅也。井通而困相遇也。咸，速也。恒，久也。渙，離也。節，止也。解，緩也。蹇，難也。睽，外也。家人，内也。否泰，反其類也。大壯則止，遯則退也。大有，衆也。同人，親也。革，去故也。鼎，取新也。小過，過也。中孚，信也。豐，多故也。親寡，旅也。離上而坎下也。小畜，寡也。履，不處也。需，不進也。訟，不親也。大過，顛也。姤，遇也，柔遇剛也。漸，女歸待男行也。頤，養正也。既濟，定也。歸妹，女之終也。未濟，男之窮也。夬，決也，剛決柔也；君子道長，小人道憂也。

主要參考書目

《説文解字》，（漢）許慎撰，1963年中華書局景印同治十二年陳昌治刻本。

《釋名》，（漢）劉熙撰，漢魏叢書本。

《廣雅》，（魏）張揖撰，漢魏叢書本。

《爾雅注疏》，（晉）郭璞注，（宋）邢昺疏，阮刻十三經注疏本。

《玉篇》，（梁）顧野王撰。

《説文解字注》，（清）段玉裁撰，上海古籍出版社1988年。

《説文通訓定聲》，（清）朱駿聲編著，中華書局1984年。

《毛詩正義》，（漢）毛亨傳，鄭玄箋，（唐）孔穎達疏，阮刻十三經注疏本。

《周禮注疏》，（漢）鄭玄注，（唐）賈公彦疏，阮刻十三經注疏本。

《儀禮注疏》，（漢）鄭玄注，（唐）賈公彦疏，阮刻十三經注疏本。

《禮記正義》，（漢）鄭玄注，（唐）孔穎達疏，阮刻十三經注疏本。

《春秋左傳正義》，（晉）杜預注，（唐）孔穎達疏，阮刻十三經注疏本。

《春秋公羊傳注疏》，（漢）何休解詁，（唐）徐彥疏，阮刻十三經注疏本。

《春秋穀梁傳注疏》，（晉）范寧集解，（唐）楊士勛疏，阮刻十三經注疏本。

《論語集釋》，程樹德撰，中華書局 1990 年。

《孟子正義》，（清）焦循撰，中華書局 1987 年。

《荀子集解》，（清）王先謙撰，中華書局 1988 年。

《老子校釋》，朱謙之撰，中華書局 1984 年。

《莊子集釋》，（清）郭慶藩撰，中華書局 1961 年。

《周易注》，（魏）王弼、（晉）韓康伯注，四部叢刊本。

《周易釋文》，（唐）陸德明撰，《經典釋文》卷二，又名《周易音義》，簡稱《釋文》。

《周易正義》，（唐）孔穎達撰，阮刻十三經注疏本。

《周易集解》，（唐）李鼎祚撰，津逮秘書本。

《程氏易傳》，（宋）程頤撰，四庫全書本。

《東坡易傳》，（宋）蘇軾撰，津逮秘書本。

《漢上易傳》，（宋）朱震撰，通志堂經解本。

《周易本義》，（宋）朱熹撰，福建人民出版社據宋咸淳元年吳革刻本影印，2008 年。

《周易鄭康成注》，（宋）王應麟編，四部叢刊本。

《周易集說》，（宋）俞琰撰，通志堂經解本。

《御纂周易折中》，（清）李光地撰，武英殿刻本。

《周易述》，（清）惠棟撰，皇清經解本。

《經義述聞》，（清）王引之撰，皇清經解本。

《周易懸象》，（清）黄元御撰。

《周易象考》，（清）茹敦和撰，續修四庫全書本。

《重訂周易小義》，（清）茹敦和撰，續修四庫全書本。

《周易二閭記》，（清）茹敦和撰，續修四庫全書本。

《易經異文釋》，（清）李富孫撰，續修四庫全書本。

《周易考異》，（清）宋翔鳳撰，續修四庫全書本。

《六十四卦經解》，（清）朱駿聲撰，續修四庫全書本。

《周易集解纂疏》，（清）李道平撰，潘雨廷點校，中華書局1994年。

《群經平議》，（清）俞樾撰，續修四庫全書本。

《易説》，（清）吳汝綸撰，吳氏家刻本。

《重定周易費氏學》，馬其昶撰，民國九年桐城馬氏抱润軒刻本。

《周易尚氏學》，尚秉和著，中華書局1980年。

《焦氏易詁》，尚秉和著，《尚氏易學存稿校理》第一卷，中國大百科全書出版社2005年。

《焦氏易林注》，尚秉和著，《尚氏易學存稿校理》第二卷，中國大百科全書出版社2005年。

《觀堂集林》，王國維著，中華書局1959年。

《周易古經今注》（重訂本），高亨著，中華書局1984年。

《周易大傳今注》，高亨著，齊魯書社1979年。

《周易校釋》，李鏡池著，《嶺南學報》第九卷第二期1949年。

《周易探源》，李鏡池著，中華書局1978年。

《馬王堆帛書周易六十四卦釋文》，馬王堆漢墓帛書整理小組，《文物》1984年第3期，簡稱帛書《周易》。

《周易義證類纂》，見《聞一多學術文鈔》，聞一多著，巴蜀書社2003年。

《周易古義》，楊樹達著，上海古籍出版社 2006 年。

《積微居小學金石論叢》，楊樹達著，上海古籍出版社 2007 年。

《雙劍誃易經新證》，于省吾著，中華書局 2009 年。

《甲骨文字釋林》，于省吾著，中華書局 2009 年。

《大易新解》，何新著，時事出版社 2002 年。

《周易八卦釋象》，溫少峰著，巴蜀書社 2005 年。

《楚竹書與漢帛書周易校注》，丁四新撰，上海古籍出版社 2011 年。

後　記

　　《易》之道難矣哉！人更三聖，世歷三古，雖浴秦火而不焚。至漢代則立之於學官，以作進身之階，衆口異辭，愈演愈繁，《易》遂晦暗難明矣。幸賴有《焦氏易林》傳世，《易林》者，易象之淵藪也，無師難通。王輔嗣求之不得，乃創爲得意忘象之説。歷唐至宋，盛極一時，然舉燭尚明，非書意也。

　　莊子曰：“《易》以道陰陽。”夫陰陽之道，同性相斥，異性相吸，聖人仰觀俯察，觀象設卦，八卦相蕩，剛柔相摩，遠應近比而吉凶生焉，學者悟此則思過半矣。

　　近世尚秉和尋根究源，一一剖析，證以《左傳》、《國語》、《焦氏易林》、郭璞《洞林》，兼及《逸周書》之《時訓》卦氣，回環互證而得其象也，返本歸之於《易》，多與會稽茹敦和、德清俞樾之用象契合，易理遂昭然若揭矣。

　　尚氏之學始得於桐城吳汝綸先生之易説，“凡陽之行，遇陰則通，遇陽則阻”。尚氏以此數語爲全《易》之精髓，易理之入階。宋蔡淵曾創言之，而未大行。蔡淵家學淵源，其父蔡元定雖師事朱熹，而多傳邵康節之學。康節受《易》於李之才，李之才師穆脩，穆脩之《易》受之种放，放受之陳摶，源流最遠，《宋史》云“其圖書象數變通之妙，秦漢以來鮮有知者”。

　　余少慕幽玄，然則臨淵羨魚，每有歧路亡羊之歎；後學《易》於恩師詹石窗先生之門下，亦步亦趨，古經與新證並重，觀象同訓詁互參。探賾索隱，尋詩書以求雅意；鉤深致遠，若稽古即爲創新。偶有所獲，輒欣然示之諸師友，補苴罅隙，慨然芟削，冀止於至善也。管窺蠡測，一得之見，不敢謂己是人非；援經據史，斟酌損益，務期之於心安。不拘泥舊説，亦不輕出新意，非欲以此自矜於世也。

　　竹窗聽雨，夜月烹茶，寒暑數載如白駒之過隙。讀《易》君子若能溯流以窮源，由博而返約，於此則略窺門徑，而入其堂奧，閱是書而能博一笑，不辱師門，心願足矣。

　　是爲後記。

雷　寶

甲午冬月

圖書在版編目（CIP）數據

周易卦爻辭釋義/雷寶著. —北京：社會科學文獻出版社，
2015.11

ISBN 978-7-5097-7946-0

Ⅰ.①周…　Ⅱ.①雷…　Ⅲ.①《周易》-研究　Ⅳ.①B221.5

中國版本圖書館 CIP 數據核字（2015）第 194443 號

周易卦爻辭釋義

著　　者／雷　寶

出 版 人／謝壽光
項目統籌／袁清湘　李建廷
責任編輯／于占傑　李建廷

出　　版／社會科學文獻出版社·人文分社（010）59367215
　　　　　地址：北京市北三環中路甲 29 號院華龍大廈　郵編：100029
　　　　　網址：www.ssap.com.cn
發　　行／市場營銷中心（010）59367081　59367090
　　　　　讀者服務中心（010）59367028
印　　裝／北京季蜂印刷有限公司

規　　格／開　本：787mm×1092mm　1/16
　　　　　印　張：22　字　數：284 千字
版　　次／2015 年 11 月第 1 版　2015 年 11 月第 1 次印刷
書　　號／ISBN 978-7-5097-7946-0
定　　價／89.00 圓